16	3	2	13
5	10	11	8
9	6	7	12
4	15	14	1

Carlos Calado

TROPICÁLIA
A HISTÓRIA DE UMA REVOLUÇÃO MUSICAL

editora 34

EDITORA 34

Editora 34 Ltda.
Rua Hungria, 592 Jardim Europa CEP 01455-000
São Paulo - SP Brasil Tel/Fax (11) 3811-6777 www.editora34.com.br

Copyright © Editora 34 Ltda., 1997
Tropicália: a história de uma revolução musical © Carlos Calado, 1997

A FOTOCÓPIA DE QUALQUER FOLHA DESTE LIVRO É ILEGAL E CONFIGURA UMA
APROPRIAÇÃO INDEVIDA DOS DIREITOS INTELECTUAIS E PATRIMONIAIS DO AUTOR.

Edição conforme o Acordo Ortográfico da Língua Portuguesa.

Capa, projeto gráfico e editoração eletrônica:
Bracher & Malta Produção Gráfica

Revisão:
Alexandre Barbosa de Souza

1ª Edição - 1997 (4 Reimpressões), 2ª Edição - 2010 (2ª Reimpressão - 2025)

Dados Internacionais de Catalogação na Publicação (CIP)
(Câmara Brasileira do Livro, SP, Brasil)

Calado, Carlos, 1956-

C141t   Tropicália: a história de uma revolução
musical/ Carlos Calado. — São Paulo: Editora 34,
2010 (2ª Edição).
336 p. (Coleção Todos os Cantos)

ISBN 978-85-7326-081-6

Inclui bibliografia e discografia.

     1. Música popular brasileira - História
e crítica. I. Título. II. Série.

CDD - 780.9

TROPICÁLIA
A história de uma revolução musical

1. Cantando atrás das grades 9
2. Discípulos de João 23
3. A turma do Vila Velha 45
4. Uma garota de opinião 59
5. Os baianos na arena 71
6. Alegria no solar da fossa 89
7. Guerra ao iê-iê-iê 107
8. À procura das guitarras 119
9. A explosão 131
10. Primeiros tumultos.. 149
11. Tramando no estúdio 159
12. Uma festa de batismo 173
13. A síndrome das bananas 185
14. Festival de provocações.. 199
15. Medo e kryptonita no ar 229
16. O abraço de adeus 255
17. No exílio 267
18. De volta à Bahia 281
19. A herança tropicalista 297

Agradecimentos 303
Bibliografia... 305
Discografia básica 309
Índice remissivo 325

TROPICÁLIA
A HISTÓRIA DE UMA REVOLUÇÃO MUSICAL

1.
CANTANDO ATRÁS DAS GRADES

Gilberto Gil jamais tinha feito um show tão estranho. Naquela noite quente de verão, em fevereiro de 1969, cantou e tocou violão para cerca de 150 soldados e oficiais do Regimento de Paraquedistas, num quartel da Vila Militar de Deodoro, no Rio de Janeiro. O espetáculo não teria nada de tão excepcional se Gil não fosse um prisioneiro. Estava detido ali havia três semanas, de forma arbitrária, depois de passar outro tanto trancafiado em dois quartéis da Polícia do Exército.

A ideia do inusitado concerto partiu de um oficial, alguns dias após o comandante do quartel ter permitido que o preso recebesse um violão. Para a tropa, a noite se transformou quase em festa. Os soldados sabiam que dificilmente teriam outra chance de ver tão de perto o show de um cantor e compositor famoso, que estavam acostumados a ouvir no rádio e na televisão.

A intimidade com o violão e a própria música contribuíram para que Gil relaxasse e, por alguns instantes, até esquecesse a condição de detento. À sua frente estavam o tenente Crosseti e outros simpáticos oficiais e suboficiais que, entre algumas regalias, já tinham permitido que ele usasse uma sala da administração para se encontrar reservadamente com sua mulher, Sandra, nos dois sábados em que a visita fora liberada. Porém, apesar da relativa empatia que existia entre o cantor e a plateia de fardados, era impossível não sentir o tom de caricatura daquela situação.

O show aconteceu no pátio do quartel, logo após o jantar da tropa. Gil cantou e tocou durante mais de uma hora, como se estivesse fazendo um recital, em outro lugar qualquer. Lembrou seus sucessos e canções mais recentes, desde a popular "Procissão" até as tropicalistas "Domingo no Parque" e "Geleia Geral", sem qualquer autocensura na escolha do repertório. Não fosse a chegada repentina do comandante, por volta das 21h30, o concerto teria até se estendido mais. A ordem foi logo restabelecida: o coronel, que não sabia de nada, mandou encerrar o show imediatamente e, já em seu gabinete, repreendeu os responsáveis por aquela extravagante quebra de disciplina.

Separado do amigo e parceiro, preso em outro quartel da mesma Vila Militar, Caetano Veloso teve menos sorte. Não só viu recusado seu pedi-

Tropicália

do de um violão, como se viu intimado a fazer um recital mais insólito ainda que o de Gil. A cena aconteceu durante um dos três banhos de sol semanais, que consistiam em ficar de pé, numa área descampada, invariavelmente acompanhados por um soldado com uma metralhadora.

Naquele dia, Caetano foi abordado por um oficial. Ao contrário dos soldados, que tinham medo de ser flagrados conversando com o preso, de vez em quando os oficiais se dirigiam a ele, falando mais livremente. Alguns se divertiam de um modo meio sádico, fazendo ameaças para intimidá-lo ou humilhá-lo; outros queriam apenas bater papo. O caso daquele oficial era um pouco diferente. Começou a conversar com o cantor, mostrando um grande interesse por música. Mencionou algumas canções brasileiras bem antigas, perguntando se Caetano as conhecia, até terminar forçando-o a cantá-las.

A imagem não poderia ser mais surreal. Quando se deu conta, Caetano estava ali, plantado naquele terreno deserto, cantando para os dois militares, com uma metralhadora apontada para suas costas.

* * *

Caetano e Gil foram detidos em seus apartamentos, no centro de São Paulo, na manhã de 27 de dezembro de 68. Com o pretexto de que os levariam para prestar depoimentos na Polícia Federal, oficiais do 2º Exército colocaram os dois numa perua Veraneio e seguiram diretamente para o Rio de Janeiro, pela Via Dutra.

"Acho bom levar uma escova de dente", aconselhou um dos três oficiais que entraram no apartamento de Caetano, por volta das 6h.

"Como assim? Escova de dente para prestar um depoimento?", assustou-se o cantor.

"Talvez você durma lá hoje e precise de uma..."

"Mas eu vou ter que dormir lá?"

"Vamos! Não faça muitas perguntas", retrucou o policial, já mudando o tom de voz.

Apesar de estarem vivendo a mesma situação, as reações dos dois parceiros foram bem diversas. Ao perceber que não se tratava de um mero interrogatório, mas sim de prisão arbitrária, Caetano entrou quase em estado de choque, como se a ideia de ser detido jamais tivesse passado antes por sua cabeça. Mais sereno, após a surpresa inicial, Gil sentiu uma espécie de alívio. Na verdade, já vinha vislumbrando a possibilidade de ser preso havia alguns meses, desde que o grupo tropicalista começara a radicalizar mais suas provocações.

O perigo ficara mais evidente no episódio da canção "É Proibido Proibir", quando Caetano, os Mutantes e Gil foram vaiados e agredidos com tomates, ovos e pedaços de pau pela furiosa plateia do Festival Internacional da Canção. Já nas últimas semanas, a situação tornara-se quase insuportável. Criticados diariamente na mídia ou mesmo por colegas do meio artístico, sem falar nas cartas revoltadas de pais de família e prefeitos de cidades interioranas contra o programa que faziam na TV Tupi, os tropicalistas já estavam praticamente isolados. A angústia e o medo que Gil sentira por antecipação tinham enfim se dissipado. Os pressentimentos se transformaram em realidade.

De certo modo, aquela geração começava a viver uma situação inédita. Duas semanas antes, no dia 13 de dezembro, o repressivo Ato Institucional nº 5 tinha deflagrado as primeiras prisões de intelectuais e ativistas, cassações políticas, atos de censura e o fechamento do Congresso. O processo de recrudescimento do regime militar era muito recente e as notícias sobre torturas e assassinatos nas prisões ainda não tinham começado a circular pelo país.

Depois de passarem algumas horas na sede do Ministério da Guerra, na avenida Presidente Vargas, Gil e Caetano foram despachados para o quartel da Polícia do Exército, na rua Barão de Mesquita, no bairro da Tijuca. Ficaram trancafiados em duas solitárias minúsculas: dormiam no chão mesmo, ao lado de uma latrina e um chuveiro. Durante o dia ainda havia um pouco de luz, que entrava por uma pequena grade, no teto da cela. À noite, a escuridão era praticamente total.

Deprimidos, passaram dessa maneira a noite de ano-novo mais triste de suas vidas. Introduzida na cela por uma portinhola, como se fosse servida a animais, a comida era tão horrível e malcheirosa que os presos mal conseguiam olhá-la: um pedaço seboso de carne, já com aparência de podre, era jogado ao lado do arroz duro e do feijão preto aguado. Durante aquela primeira semana os dois não comeram nada, a não ser alguns pedaços de pão.

Com mais sorte, Caetano conseguiu atenuar a angústia e o medo lendo um pouco. Por iniciativa do editor Ênio Silveira, que também estava detido ali, recebeu dois romances. Os livros foram introduzidos clandestinamente em sua cela por um coronel rebelde, que estava cumprindo pena disciplinar, mas podia circular livremente pelas dependências do quartel. Caetano encontrara o diretor da Editora Civilização Brasileira por acaso, durante um dos raros banhos de sol concedidos aos presos. Apesar das ameaças dos soldados que os acompanhavam, sempre empunhando armas, os dois chegaram a trocar algumas palavras. No dia seguinte,

Tropicália

Caetano recebeu O *Bebê de Rosemary* (que tinha acabado de ser filmado por Roman Polanski) e O *Estrangeiro*, de Albert Camus, leituras nada confortantes para um prisioneiro.

Depois de passarem uma semana trancados nas solitárias, Gil e Caetano foram transferidos para outro quartel da Polícia do Exército, em Deodoro, na zona oeste. Ali, ficaram em celas coletivas contíguas, que permitiam alguma comunicação, embora muito precária. Entre os dez presos de sua cela, Gil conheceu o poeta Ferreira Gullar e os jornalistas Antônio Callado e Paulo Francis; na cela de Caetano, estavam prisioneiros mais jovens, como o ator Perfeito Fortuna.

A solidariedade dos companheiros amenizou um pouco a situação. Nas celas, os prisioneiros passavam o dia conversando, trocando histórias e fazendo conjecturas sobre a nova situação política do país. Os mais velhos, como um veterano líder comunista que estava na sela de Gil, narravam suas experiências em prisões anteriores, até para acalmar os mais aflitos. De vez em quando, alguns chegavam mesmo a cantar, mas bastava a animação e o barulho crescerem um pouco, para que a repressão se manifestasse imediatamente, aos gritos:

"É bom vocês calarem a boca já! Se eu atirar e matar algum de vocês, ninguém vai nem ficar sabendo", ameaçava um soldado, apontando sua arma na direção dos presos.

À noite, o medo aumentava bastante, nas duas celas. Era comum ouvir gritos desesperados de pessoas sendo torturadas, bem perto dali. Às vezes, os gritos eram tão altos que pareciam vir de uma cela no mesmo corredor em que estavam os detidos. Nessas horas, saber que corriam menos perigo do que os ativistas políticos pelo fato de serem intelectuais ou artistas conhecidos não ajudava muito.

No dia em que dois soldados armados com metralhadoras foram tirá-lo da cela, dizendo que estavam cumprindo uma ordem do oficial do dia, Caetano achou que sua hora tinha chegado. O pressentimento pareceu confirmado pelos olhos arregalados de outro soldado, que o viu ser escoltado. Certo de que iria ser fuzilado, Caetano seguiu os soldados por uma rua da Vila Militar, até chegarem a uma pequena casa branca. Só quando entrou, já completamente apavorado, percebeu que ali ficava o barbeiro do quartel. Era apenas mais um ato de intimidação a que Gil também foi submetido, no mesmo dia: os dois tiveram os cabelos completamente raspados. "Não se incomode com isso. Você é bonito de qualquer maneira", disse Antônio Callado, tentando reanimar Gil, ao vê-lo de volta à cela, com a humilhação estampada no rosto.

Dias depois, já mais tranquilo, Gil voltou a pensar em música e, ali mesmo, começou a compor algo. Caetano, ainda muito deprimido, assustou-se ao ouvir o amigo cantarolar, pela grade de sua cela, os primeiros versos de uma canção, mais tarde batizada de "Futurível":

Você foi chamado, vai ser transmutado em energia/ Seu segundo estágio de humanoide hoje se inicia/ Fique calmo, vamos começar a transmissão/ Meu sistema vai mudar/ Sua dimensão/ Seu corpo vai se transformar/ Num raio, vai se transportar/ No espaço, vai se recompor/ Muitos anos-luz além/ Além daqui/ A nova coesão/ Lhe dará de novo um coração mortal.

Através da música, Gil encontrara uma forma de se transportar para outra dimensão. Uma maneira — simbólica, ao menos — de sair daquela prisão.

* * *

Em meados de janeiro, definitivamente separados, Gil e Caetano foram transferidos para diferentes quartéis do Regimento de Paraquedistas, na mesma Vila Militar, em Deodoro. Gil ficou na unidade de Infantaria; Caetano, na de Aviação. Dessa vez foram detidos em celas individuais, maiores que as solitárias da Polícia do Exército.

A cela de Gil situava-se logo na entrada do quartel, ao lado do chamado corpo da guarda. Era ali que, em condições normais, seriam detidos os soldados do quartel que estivessem cumprindo alguma pena disciplinar. Como o rádio dos sentinelas ficava o tempo todo ligado, a proximidade permitia ao prisioneiro ouvir não só música, como notícias. A própria localização da cela, num corredor por onde necessariamente circulavam os oficiais e muitos soldados, acabava favorecendo o contato constante com o preso. Em pouco tempo, começou a se estabelecer uma certa camaradagem.

"Aquele abraço, Gil!", saudavam os soldados e alguns oficiais, usando um bordão do comediante Lilico, que estava se tornando muito popular na TV. Gil achava aquela expressão engraçada, mas como não costumava ver televisão, não tinha a mínima ideia de sua origem. "Que abraço é esse?", pensava.

Formalmente, Gil só foi interrogado uma vez. Como se estivesse tentando justificar a prisão do cantor, ou até mesmo entendê-la, o oficial responsável pelo interrogatório desenvolveu uma longa pauta de perguntas: queria saber detalhes da família do prisioneiro; se algum parente já tinha

Tropicália

sido ou ainda era comunista; os antecedentes políticos de Gil; se ele participara do movimento estudantil e por aí afora. Quanto mais o cantor afirmava não ter envolvimento algum com grupos ou partidos políticos, mais evidente era o desconforto do militar.

Numa outra ocasião, um oficial com todo o jeito de estar ligado ao setor de inteligência das Forças Armadas foi à cela de Gil, aparentemente, para conversar. Em um tom quase amistoso, o militar acabou expondo um ponto de vista mais plausível para justificar a prisão:

"Você sabe por que está aqui, não é? Vocês estavam pisando em um terreno perigoso. Incitar a juventude, num momento tão difícil para o país, com esses guerrilheiros por aí, é uma coisa muito perigosa. Vocês nem imaginam o que estavam promovendo", disse o oficial, menosprezando a inteligência do prisioneiro. Apesar de não ter ligações com grupos políticos, ele estava longe de ser o que se chamava de "inocente útil".

Na época do golpe militar de 64, em Salvador, Gil já enfrentara a repressão da Polícia Militar, em manifestações estudantis. Ao lado de outros artistas e intelectuais, em 68, participou de passeatas e atos públicos. Porém, no fundo, Gil não achava que a análise daquele militar fosse totalmente descabida. Por várias vezes, em meio aos eventos e provocações tropicalistas, tivera mesmo a sensação de ser usado. Sentia-se, de certo modo, um instrumento de algo maior do que tinha condições de perceber.

Outros militares do quartel eram mais simpáticos com o prisioneiro. Em duas noites, tiraram Gil da cela para levá-lo ao clube dos oficiais, onde costumavam se reunir. Conversando informalmente, chegaram a perguntar ao cantor quais eram os motivos de sua prisão, deixando implícito que eles próprios não tinham maiores informações sobre o caso. Estavam apenas cumprindo ordens superiores.

* * *

"Você não gostaria de ter um violão? Eu vou falar com o comandante..."

O sargento Juarez já tinha conversado algumas vezes com Gil, quando fez a sugestão. No dia seguinte, contente por ter obtido a permissão, lá estava de novo o sargento, emprestando seu próprio violão ao prisioneiro. Já mais descontraído, Gil usou o instrumento para terminar de compor "Futurível", iniciada na prisão da Tijuca. Fez também "Cérebro Eletrônico", "Vitrines" e uma outra canção que acabou sendo esquecida antes mesmo de ser batizada.

Além do violão, Gil passou a desfrutar outras regalias, como eventuais refeições no restaurante dos oficiais, acesso a revistas e a permissão para receber visitas aos sábados. Conseguiu até mesmo uma alimentação especial. Lendo uma reportagem sobre John Lennon, na revista *Manchete*, o cantor se interessou pelo conceito da macrobiótica. Viu ali um meio de cuidar mais de sua saúde, livrando-se dos gases e das enxaquecas que o incomodavam com frequência.

Na primeira visita de Sandra, que foi acompanhada por Gisêlda (mulher do músico Jards Macalé), Gil pediu à amiga que lhe conseguisse um livro sobre macrobiótica. Tão logo conheceu os princípios da dieta, já decidido a mudar sua alimentação, não teve dificuldades para conseguir que os oficiais começassem a lhe mandar alimentos mais naturais, como aveia, mel, arroz, frutas e verduras.

Apesar da camaradagem, Gil não escapou de pelo menos uma tentativa de humilhação nesse quartel. Numa noite, acordou assustado com o barulho de alguns soldados jogando baldes de água para dentro da cela. A ordem tinha sido dada por um oficial que, voltando de férias, aproveitou a ocasião para exercitar seu sadismo com o prisioneiro. Horas depois, com o dia já amanhecendo, os soldados retornaram. A mando de outro oficial que assumira o comando, enxugaram a cela e, de certo modo, até se desculparam:

"Não liga não, Gil. O capitão chegou de mau humor...".

* * *

Caetano já estava preso havia cerca de um mês, quando foi interrogado pela primeira vez, no quartel dos paraquedistas. As sessões de perguntas iniciavam-se sempre às sete da manhã e eram conduzidas pelo major Hilton. Autoritário e bastante minucioso, o comandante fez o que pôde para encontrar alguma contradição ou informação falsa nos longos depoimentos do preso. Primeiro, quis saber simplesmente tudo sobre a família Velloso: nomes, endereços, relações de parentesco e outros detalhes mínimos, que Caetano respondia, cada vez mais preocupado.

"O que vocês querem com a minha família?"

"Não interessa! Nós vamos averiguar todas essas informações. Se você estiver mentindo, vai se dar muito mal!", ameaçava o militar.

Numa segunda fase dos interrogatórios, o comandante passou a dissecar toda a vida de Caetano. Perguntou detalhes das escolas em que ele havia estudado, se havia feito política estudantil ou participado de manifestações públicas, até desembocar no polêmico caso do show que ele, Gil e os Mutantes fizeram na boate Sucata, três meses antes, em outubro de 68. Citando a denúncia que o radialista Randal Juliano fizera no ar, num programa chamado *Guerra É Guerra*, o militar sugeriu o motivo da prisão: a suspeita de que Caetano e Gil teriam desrespeitado dois símbolos nacionais, durante a temporada daquele show. Além de se enrolarem em uma bandeira verde-amarela, teriam cantado uma versão pornográfica do "Hino Nacional".

"Mas isso nunca aconteceu!"

"Você tem testemunhas?"

"Tenho!"

Caetano forneceu os nomes do empresário Ricardo Amaral, proprietário da Sucata, e do discotecário Dom Pepe. Os dois foram convocados a depôr e acabaram confirmando os detalhes da versão do acusado, diferentemente de Randal Juliano, cujo depoimento não foi realizado pela Polícia Militar, apesar de ter sido requerido pelo comandante do quartel.

Depois de analisar os depoimentos das testemunhas, já convencido de que Caetano tinha dito a verdade, o major Hilton prometeu a ele que iria pedir a soltura imediata. Chegou até a cumprimentá-lo pela ausência de contradições no depoimento e disse que tentaria libertá-lo em dois ou três dias. No entanto, os superiores do major não pensavam da mesma forma, ou talvez não tivessem decidido ainda o que fazer com os presos. Caetano ainda teve de enfrentar quase um mês na prisão.

Ter conseguido convencer o comandante de sua inocência no caso Sucata não mudou substancialmente o tratamento que Caetano recebia no quartel. Quando muito, além de visitas semanais, obteve permissão para comer a mesma comida dos oficiais. Quem fez o pedido foi Dedé, argumentando que o marido tinha uma cicatriz no pulmão, em consequência da tuberculose que o apanhara na adolescência. Com pose de durão, inicialmente o comandante duvidou:

"Nós vamos levá-lo para fazer um exame. Se você estiver mentindo, quem vai sofrer é ele!"

Porém, com o resultado da radiografia na mão, o major acabou cedendo. Como um prêmio de consolação, permitiu que o prisioneiro passasse a almoçar e jantar no próprio refeitório dos oficiais. Já a possibilidade de Caetano ter acesso a um violão foi rejeitada de cara e nem mesmo o argumento de que Gil gozava desse privilégio adiantou. A desculpa do major era que Gil teria direito a algumas regalias por possuir diploma universitário.

Até mesmo ouvir rádio era proibido ao prisioneiro. Mas, como a cela ficava bem distante da área dos oficiais, alguns sargentos do dia lhe emprestavam um radinho de pilha, que era escondido embaixo do travesseiro, sempre que algum oficial mais hostil se aproximasse. Caetano cansou de ouvir "F Comme Femme", canção romântica que tinha estourado no país por fazer parte da trilha da popular novela *Beto Rockfeller*. Pior era a intragável "Those Were the Days", hit meteórico de Mary Hopkin — uma cantora do País de Gales, descoberta e produzida por Paul McCartney — que deixava Caetano agoniado. Era o preço que pagava para poder se deliciar, de vez em quando, com "Hey Jude", dos Beatles. Já os noticiários não chegavam a interessá-lo. Afinal, a Censura já os tinha deixado completamente anódinos.

* * *

A falta de um violão não impediu que Caetano compusesse uma canção, já nos dias finais da prisão. Batizado com o nome de sua irmã mais nova, o quase baião "Irene" não poderia ser mais transparente: "Eu quero ir minha gente/ Eu não sou daqui/ Eu não tenho nada/ Quero ver Irene rir/ Quero ver Irene dar sua risada".

Ao ver frustrada a promessa de soltura, o compositor encontrou no sorriso da irmã a síntese da alegria e da liberdade que perdera desde aquele 27 de dezembro.

* * *

Caetano nunca chegou a saber o nome do oficial que o ficava observando, no quartel do Regimento de Paraquedistas. O sujeito aparentava ter pouco mais de trinta anos e, de algum modo, lembrava um personagem de cinema. Na mão, levava sempre uma varinha, semelhante a um chicote de equitação. Caetano sentia um medo estranho todas as vezes que ele se aproximava da cela, olhando-o fixamente.

Intrigado, chegou a perguntar aos soldados, ou mesmo aos oficiais menos hostis, quem era aquele sujeito. Invariavelmente, todos desconversavam. Depois de muita insistência, soube por um sargento que ele pertencia a uma espécie de elite do regimento, e que recebera treinamento especial contra terrorismo nos Estados Unidos.

O que mais aumentava o medo de Caetano era o fato de o sujeito jamais dizer coisa alguma. Só ficava olhando para dentro da cela, de um modo frio e duro — um olhar penetrante que Caetano não conseguia decifrar. Apavorado, o preso levantava hipóteses. Talvez fosse um jogo perverso, ou então uma forma sofisticada de intimidá-lo.

A cena se repetiu pelo menos dez vezes. Como fazia muito calor na cela, o jeito era passar a maior parte do tempo vestindo apenas uma sunga, o que aumentava mais ainda a sensação desagradável ao ser olhado daquele jeito. E se fosse um maníaco sexual? Caetano começou a se sentir ameaçado fisicamente.

Até que um dia foi levado por um soldado, devidamente armado com uma metralhadora, a uma sala da Vila Militar que ainda não conhecera. Quem abriu a porta, para sua surpresa, foi o oficial misterioso, que dispensou o soldado logo após pedir ao prisioneiro que entrasse. Caetano gelou, pensando em duas alternativas: tortura ou perversão sexual.

"Sente aí", disse o oficial, indicando uma cadeira. "Você se sente injustiçado?", perguntou, num tom bastante calmo.

"Eu me sinto..."

"É, eu entendo, mas você precisa ter paciência. Não pode ser bobo a ponto de não saber o que vocês estão fazendo. E também não vai sair daqui pensando que pode me fazer de bobo."

Daí em diante, Caetano ouviu, surpreso, uma longa preleção teórica. O militar discorreu sobre a rebeldia da juventude naquela época e como a música pop e o rock poderiam funcionar como elementos desagregadores dos valores tradicionais da família. Uma força que, no Brasil, estaria sendo usada pela esquerda para destruir a estabilidade social e política, segundo o militar, conseguida a tanto custo com a chamada "Revolução de 64". Foi quase uma aula de ciência política, recheada de menções a Freud e, principalmente, Marcuse — um pensador muito em moda, na época, graças ao livro *Eros e Civilização*. O oficial fez questão de exibir ao prisioneiro o quanto sabia sobre o assunto:

"Com essa capacidade de pulverizar a realidade, esse modo de tratar fragmentariamente os costumes e os valores morais, vocês podem causar mais danos à estabilidade de nossa sociedade do que a esquerda. Essa é a verdadeira subversão", disse o militar, antes de mandar o prisioneiro de volta à cela.

Entre surpreso e aliviado, depois de ouvir todas aquelas referências a Freud, Caetano voltou para a cela pensando que o viés sexual de sua primeira interpretação da atitude do estranho milico não deixava de ter algum fundo de verdade...

* * *

Na manhã da Quarta-Feira de Cinzas, quando o soldado lhe disse que se preparasse para ser solto, Gil não acreditou, imaginando que seria simplesmente transferido de prisão mais uma vez. E nem poderia pensar de outro modo, tal a tensão que se instalara no quartel durante o fim de semana anterior. Quando viu a tropa de prontidão, na sexta-feira de Carnaval, Gil já sabia que algo grave acontecera. No dia seguinte, Sandra nem pudera entrar no quartel para visitá-lo. Só quando a situação voltou ao normal é que Gil soube o motivo do estado de alerta. Tinham descoberto um suposto plano de assalto ao quartel, comandado pelo ex-capitão Carlos Lamarca, membro da Vanguarda Popular Revolucionária, que dias antes invadira um quartel do Exército, em São Paulo.

Mas o soldado dissera a verdade. Já a caminho do aeroporto, cruzando a avenida Presidente Vargas, Caetano e Gil ainda puderam ver os restos coloridos da folia do Carnaval de 69, que terminara poucas horas antes, naquela madrugada. Escoltados por agentes da Polícia Federal, os dois seguiram para Salvador, em um pequeno avião da Força Aérea.

No entanto, mais uma surpresa desagradável os esperava, ao desembarcarem na Bahia. Uma cópia da ordem de prisão expedida dois meses antes — para o caso de os dois não terem sido localizados em São Paulo, naquele 27 de dezembro — ainda estava em poder dos responsáveis da Aeronáutica, que não pensaram duas vezes: no mesmo instante, deram ordem de prisão aos supostos foragidos. Até que o conflito entre a Polícia Federal e a Aeronáutica fosse resolvido, os dois tiveram que engolir mais um dia detidos.

Já à frente do coronel Luiz Arthur, chefe da Polícia Federal de Salvador, o circo de desmandos prosseguiu:

"Olhem, eu não recebi papel algum, muito menos um processo contra vocês. Mas eles me disseram que vocês estão proibidos de sair da cidade e devem se apresentar aqui diariamente", explicou o oficial.

O mau presságio de Gil acabou se confirmando. Ele e Caetano tinham se livrado, aparentemente, das celas e dos quartéis militares, mas continuavam detidos, só que agora na cidade de Salvador.

* * *

Quase cinco meses depois, acompanhados por suas mulheres, Caetano e Gil estavam juntos de novo no aeroporto do Rio de Janeiro, para deixarem de vez o país. Foi a forma que conseguiram, devidamente autorizada pelos militares, de se livrarem da prisão domiciliar. Um agente da Polícia Federal, que fez questão de acompanhá-los até o avião, transmitiu com uma evidente dose de irritação o adeus oficial das autoridades brasileiras:

"Não voltem mais a este país. Se vocês voltarem, saiam do avião diretamente para a Polícia Federal, para nos poupar o trabalho de procurá-los".

Tropicália

Ame-o ou deixe-o: expulsos do país, Caetano Veloso e Gilberto Gil foram viver em Londres.

2.
DISCÍPULOS DE JOÃO

"Caetano! Venha ver aquele preto que você gosta!"

Assim dona Canô chamava o filho, quando o sorridente Gilberto Gil surgia na televisão, naquele ano de 1962. Em geral, essas aparições se davam no *Show dos Novos*, seção do programa de variedades apresentado por Jorge Santos, *JS Comanda o Espetáculo*, que se estendia por toda a tarde de sábado, na TV Itapoã.

Caetano, cujo conhecimento violonístico, na época, resumia-se a pouco mais de três acordes, ficava impressionado ao ver Gil dedilhar o violão, muito seguro e cheio de suíngue, passeando por aquelas harmonias complexas da bossa nova. Sem falar nos sambas que ele já compunha, também influenciados por João Gilberto.

Ouvir o mestre da bossa nova, pela primeira vez, tivera o efeito de uma verdadeira revelação na vida de Caetano. Estava com 16 anos, no início de 1959, quando um amigo do colégio lhe dera a dica, embora atravessada por uma boa dose de gozação:

"Caetano, você tem que ir lá no Clube Uirapuru ouvir um disco, com uma música que se chama 'Desafinado'. O sujeito canta, a orquestra vai para um lado e ele vai para o outro, todo desafinado. Você, que gosta de loucura, vai adorar".

Caetano ficou muito interessado. Naquela mesma semana, já ouvira Maysa — sua musa da época, que apresentava o programa *Convite Para Ouvir Maysa*, na Rádio Mayrink Veiga — cantando um samba inédito belíssimo, intitulado "Chega de Saudade". O garoto achou a canção diferente de tudo, a coisa mais bonita que já ouvira até então.

Dias depois, quando finalmente conseguiu ouvir o disco sugerido pelo amigo, Caetano se encantou. E também percebeu que ele não entendera coisa alguma: ao contrário, o vocal e o violão de João Gilberto não tinham nada de desafinados. Fascinado pela beleza estranha do que ouvira, Caetano ainda tentou discutir com o amigo, argumentando que ele se deixara influenciar pela própria canção, de autoria de Tom Jobim e Newton Mendonça. Na verdade, João era afinadíssimo. Mais do que isso: era simplesmente genial.

Tropicália

"Tá vendo o que eu disse, Caetano? Você é louco mesmo!"

Gil também não tinha completado ainda 17 anos, ao ser tomado pela mesma loucura, no início de 1959. Estava almoçando na casa de sua tia Margarida, em Salvador, logo depois de chegar do colégio, quando o rádio da sala de jantar tocou "Chega de Saudade". O garoto ficou tão impressionado com aquela sonoridade estranha que parou até de comer e se aproximou mais do aparelho para ouvir melhor.

Intrigado, Gil passou aquela tarde estudando com o rádio ligado até que, algumas horas mais tarde, conseguiu ouvir de novo o sujeito. Com aquela mesma voz mansa, acompanhado pelo violão quase sobrenatural, dessa vez ele cantou "Morena Boca de Ouro", de Ari Barroso. Como ainda não havia telefone na casa da tia, Gil não perdeu tempo. Foi correndo até o bar da esquina e telefonou para a Rádio Bahia. Tinha que descobrir de qualquer maneira o que era *aquilo*:

"Ah, o nome dele é João Gilberto..."

* * *

Música era artigo de primeira necessidade na casa da família Telles Velloso, em Santo Amaro da Purificação — uma pequena e alegre cidade da região do Recôncavo baiano. Além do rádio, geralmente ligado, dona Canô gostava muito de cantar. Com sua voz aguda de soprano, a dona da casa tinha um prazer especial em relembrar antigas canções, incluindo as de seu tempo de menina. Menos dotado musicalmente, seu Zezinho era incapaz de cantarolar uma melodia com a devida afinação, mas na volta do emprego de agente postal adorava ficar ouvindo sambas e canções de Dorival Caymmi e Noel Rosa, este geralmente interpretado por Aracy de Almeida.

Dos oito filhos do casal, um dos mais interessados nas espontâneas performances musicais da mãe era o sétimo, Caetano Emanuel Viana Teles Veloso (por erro do escrivão, o único da família com o sobrenome registrado sem os eles duplos), que nasceu em 7 de agosto de 1942. Desde pequeno, Caetano aprendia com facilidade não só as canções antigas que a mãe lhe ensinava, mas quase tudo que ouvisse no rádio. Também prestava muita atenção nos comentários que o pai costumava fazer sobre as letras de suas canções favoritas, como "Três Apitos", de Noel.

O gosto musical do garoto era tão variado que às vezes lhe rendia algumas gozações dos irmãos. Rodrigo e as irmãs mais velhas achavam graça no fato de Caetano apreciar, por exemplo, o indigesto Vicente Celestino, com suas canções melodramáticas e aquele carregado estilo vocal herdado da tradição operística.

Chega de Saudade: o álbum de João Gilberto que mudou a vida de Caetano e Gil, em 1959.

As canções do rádio começaram a frequentar muito cedo o cotidiano do garoto. Caetano ainda nem tinha completado quatro anos de idade quando, fanático pela canção "Maria Betânia" (de Capiba), praticamente exigiu que sua irmã caçula, prestes a nascer, devia ser batizada com o nome do sucesso gravado por Nelson Gonçalves. Assim foi feito, porém, a pedido dos pais, o nome da garota foi grafado com "th" e sem acento, como aparecia na Bíblia da casa, mas o intrometido escrivão não permitiu que Bethânia saísse sem o circunflexo.

A casa da família Telles Velloso era repleta de mulheres. Entre irmãs, tias e primas eram treze ao todo, quando Bethânia nasceu, em 1946. Além das três irmãs mais velhas de seu Zezinho, também foram morar com ele as filhas de uma irmã que morrera muito cedo — situação familiar que exigiu de dona Canô muita ponderação e sensibilidade, para conseguir harmonizar as opiniões e temperamentos de tantas mulheres, sem maiores conflitos.

Com idades próximas à de dona Canô, as primas de Caetano e Bethânia mais pareciam tias. Algumas não chegaram a se casar e, naturalmente, acabavam se afeiçoando mais a uma das crianças, a qual mimavam como se fossem segundas mães. Assim, enquanto dona Canô cuidava da organização geral da casa, os dengos e as brincadeiras ficavam mais por conta das primas.

Escolhido por Maria de Lurdes (ou Mariinha, como foi apelidada na família), Caetano a chamava de "minha Inha". Porém, para tristeza de ambos, a relação foi interrompida em 1948, com a mudança da prima para o Rio de Janeiro. O reencontro só aconteceu no início de 1956, quando Mariinha voltou a Santo Amaro da Purificação, para passar algumas semanas com a família e matar as saudades de seu primo favorito. Dias antes de ir embora, ela teve a ideia: pediu a seu Zezinho e dona Canô que deixassem Caetano passar o resto do verão com ela, no Rio. Mariinha era enfermeira e, como o garoto vivia resfriado e com crises constantes de bronquite, ela poderia levá-lo a um bom médico do Hospital dos Servidores, onde trabalhava.

De início, o combinado era que Caetano retornaria à Bahia em março, para o início das aulas. Porém, alguns dias após a ida para o Rio, a prima decidiu esticar mais a convivência com seu protegido: pediu aos tios permissão para matricular o garoto em um ginásio carioca, que ele frequentaria até o final do ano letivo.

Mariinha sabia que Caetano não andava bem na escola. Ele tinha acabado de *levar pau* no segundo ano do ginásio e seu comportamento,

Alegria em Santo Amaro: Caetano, aos oito anos (de camisa xadrez), cercado pelos irmãos Bethânia (à esq.), Rodrigo (atrás), Roberto (à dir.) e Nicinha (com vestido listrado).

A família Velloso: (da esq. para a dir.) os irmãos Nicinha, Clara e Rodrigo, seu Zezinho, dona Canô, a irmã Mabel, Caetano, a prima Mariinha; (à frente) Maria Bethânia, a prima Tânia e a irmã Irene, em Santo Amaro da Purificação, 1956.

segundo os professores, não era dos melhores. Em vez de prestar atenção nos professores, passava as aulas desenhando. Dizia que queria ser pintor. Talvez a mudança de ambiente pudesse fazer bem ao garoto.

Para alegria de Caetano, mais uma vez a resposta dos pais foi positiva. A esticada no Rio acabou se mostrando melhor do que a encomenda, porque a prima deixou de cumprir o trato com os tios na íntegra. Não conseguiu a pretendida vaga na escola e o garoto passou todo aquele ano sem a obrigação de estudar.

Mariinha morava na casa de Margarida, outra prima de Caetano, em Guadalupe, na zona norte do Rio. Seus plantões no hospital lhe davam direito a duas folgas semanais, que ela reservava para acompanhar Caetano em seu passeio favorito: ir ao auditório da Rádio Nacional, cuja programação musical ele já acompanhava em Santo Amaro. Os dias de descanso de Mariinha eram variados, o que permitia aos primos acompanhar diferentes programas. Se a folga caía em uma quarta-feira, eles assistiam ao programa de Manuel Barcelos. Se fosse no sábado, iam ao programa de César de Alencar. No domingo, a atração era Paulo Gracindo.

Caetano adorava essas frequentes idas à Rádio Nacional. Foi assim que teve a chance de ouvir, ao vivo, grandes estrelas e astros da música popular da época, como as cantoras Emilinha Borba, Marlene, Ângela Maria, Isaurinha Garcia, Linda e Dircinha Batista. Riu ao ver o então jovem galã Cauby Peixoto fugir das fãs mais eufóricas, que queriam rasgar a roupa do cantor de qualquer jeito. Emocionou-se com as canções dor de cotovelo de Dolores Duran. Viu cantar Jorge Goulart, Ivon Curi e Nora Ney, entre muitos outros.

Especial também, para o garoto, foi o dia em que viu a cantora Ester de Abreu, uma portuguesa loira e muito bonita, que ele já conhecia da Rádio Nacional. Imitando até mesmo o sotaque lusitano de Ester, Caetano aprendeu a cantar os fados que faziam sucesso nas festas promovidas pelo ginásio de Santo Amaro. A plateia ficava impressionada com aquele menino de 14 anos, que aparentava menos idade, desenhando tão bem os arabescos melódicos típicos do gênero.

Para Caetano, só o fato de estar ali, no auditório da Praça Mauá, próximo de todos aqueles artistas que conhecia do rádio, já tinha o efeito de uma visita ao Olimpo. Uma fantasia que só se desmanchava, por um instante, quando o apito de algum navio, ancorado no porto, conseguia furar o precário isolamento acústico do auditório da rádio e interromper o programa. Os apresentadores não conseguiam disfarçar: acabavam fazendo alguma piada e todos caíam na risada.

Mesmo quando estava na casa das primas, Caetano dedicava a maior parte de seu tempo ao rádio. Ouvia todos os musicais transmitidos pela Rádio Nacional, mas também adorava os programas humorísticos da Mayrink Veiga. Além do popular *PRK 30*, o garoto não perdia o programa de Chico Anysio, que na época dividia o palco com sua primeira mulher, Nancy Vanderley — uma comediante espetacular, capaz de interpretar muito bem dezenas de personagens, como o próprio Chico veio a fazer mais tarde.

Foi um ano ocioso para o garoto, que acabou sendo preenchido com muita música. Às vezes, Caetano sentia falta do piano da casa dos pais, que já usava diariamente para reproduzir as canções que ouvia no rádio. Compusera até um baiãozinho em dó menor, que não chegou a ganhar letra. Porém, como não havia instrumentos musicais na casa das primas, o único jeito era cantar. Em janeiro de 1957, exatamente um ano depois de ter deixado Santo Amaro, Caetano voltou para casa. As saudades da família e da cidade natal falaram mais alto, mas os doze meses passados no Rio aprofundaram bastante seus vínculos com a música.

* * *

O garotinho negro, sorridente e de rosto arredondado nem pestanejava. Já aos três anos de idade, quando o pai ou a mãe lhe perguntavam o que gostaria de ser quando crescesse, a resposta do pequeno Gil era imediata:

"Vou ser *musgueiro*!"

Gilberto Passos Gil Moreira nasceu em Salvador, em 26 de junho de 1942. Três semanas depois, o doutor José Gil Moreira, a professora primária Claudina e seu primogênito seguiram para a cidadezinha onde planejaram viver, já que na capital as chances de trabalho eram ínfimas para um médico recém-formado. Ituaçu era um vilarejo rodeado por montanhas, com menos de mil habitantes, no interior da Bahia. Com seu pequeno consultório montado na própria casa da família, seu Zeca passou a ser o segundo médico radicado naquela região.

Desde os primeiros anos, tudo o que estivesse relacionado à música interessava ao garoto. O pequeno musiqueiro ficava intrigado com os improvisos dos cantadores cegos e violeiros, que se enfrentavam em desafios durante as feiras de sábado, em meio a montes de melancias, sacos de farinha e pedaços de carne-seca, pendurados nas barracas. Não perdia por nada as exibições da banda A Lira Ituaçuense, que tocava seus dobrados militares nas festas cívicas, ou animava as festas de Nossa Senhora do Alívio, padroeira da cidade.

Tropicália

Gildina e Gil: os irmãos Passos Gil Moreira, em 1951.

Gil gostava de assistir até os ensaios da banda, para poder ficar conversando com os músicos, como o tubista Mané Fogueteiro, ou os irmãos Arnulfo e Sinésio, que entre os vários instrumentos que tocavam muito bem, sempre incluíam o acordeom. E, não bastasse o democrático serviço de alto-falante da praça, tocando gravações de Luiz Gonzaga, Francisco Alves, Orlando Silva, Sílvio Caldas, Marlene e as irmãs Linda e Dircinha Batista, ainda havia o gramofone de seu Magalhães, o encarregado do Correio, que jamais recusava os pedidos de Gil para que ele tocasse seus discos, especialmente os do cantor Bob Nelson.

Na casa da família, o rádio era mais do que uma simples fonte musical: ajudava também a alimentar as fantasias do garoto. Quando ouvia uma transmissão de música erudita, como alguma peça de Johann Sebastian Bach, por exemplo, o pequeno Gil pensava que aquele som era obra de criaturas celestes. Ficava imaginando uma porção de anjos, que se encontravam para tocar em um grande teatro no Céu. Já a música popular, calculava o garoto, tinha uma origem radicalmente diversa: a sanfona de um Luiz Gonzaga, a voz de um Orlando Silva ou os desafios dos cantadores da feira só podiam ser obras da Terra.

Depois das cornetas, tambores e outros brinquedos musicais que o filho lhe pedira durante a infância, dona Claudina não chegou a se surpreender quando Gil, aos nove anos, quis uma sanfona — um desejo influenciado, sem dúvida, pelas constantes aparições de Luiz Gonzaga, no rádio ou no serviço de alto-falante da cidade. O garoto encontrou no "rei do baião" seu primeiro ídolo musical.

"Uma sanfona? Então vou lhe botar na escola, pra você aprender direito", decidiu a mãe.

Poucos meses antes do pedido, em dezembro de 51, Gil tinha ido morar com a tia Margarida, irmã de seu pai, em Salvador. Como Ituaçu ainda não contava com um ginásio, essa foi a forma encontrada pela família para que o garoto pudesse continuar os estudos. Assim, enquanto frequentava o curso de admissão para o Colégio Nossa Senhora da Vitória, da congregação dos maristas, Gil teve suas primeiras aulas de música com o doutor José Benito Colmenero, um médico espanhol que ensinava acordeom, em seu próprio consultório, na avenida Sete de Setembro. Seis meses mais tarde, quando o doutor-acordeonista decidiu abrir uma escola com a namorada, a professora Regina, Gil virou aluno da Academia de Acordeom Regina.

Em Salvador, ao mesmo tempo em que aprendia a dominar os segredos do instrumento, o garoto entrou em contato com um novo universo musical. O bairro de Santo Antônio, onde ficava a casa da tia, era

Tropicália   31

um dos mais festivos da cidade, dominado por uma classe média baixa de ascendência negra. Ali, próximo do Pelourinho, entre várias igrejas e o secular Convento do Carmo, nasceram grandes e tradicionais blocos de carnaval, como Os Filhos de Gandhi ou Os Corujas (hoje rebatizado de Os Internacionais).

Após dois anos de estudo de acordeom, Gil já estava tocando com o Bando Alegre, um conjunto formado com colegas do colégio. Com o tempo, a Academia Regina também passou a oferecer outras atividades musicais além das aulas. As primeiras apresentações de Gil, no rádio, se deram em um programa que a academia passou a produzir, às segundas-feiras, na Rádio Excelsior.

Foi também nesse programa que Gil conheceu pessoalmente grandes acordeonistas oriundos de vários cantos do Nordeste, como Hermeto Pascoal e Sivuca, muito antes de eles se tornarem instrumentistas famosos. Aos poucos, o programa da academia foi se tornando uma espécie de entreposto dos sanfoneiros: sempre que algum deles passava por Salvador, rumo ao Sul do país, era convidado a se apresentar na rádio.

No final de 56, depois de quatro anos de curso na academia, Gil decidiu deixá-la, ao receber o diploma de acordeonista — devidamente despachado para a casa do pai. Como não tinha pretensões de se tornar professor, achou que já aprendera o suficiente. Além de tocar com desembaraço, já se arriscava nos improvisos, criando variações para peças como a "Dança Ritual do Fogo" (de Manuel de Falla) ou o choro "Tico-Tico no Fubá" (de Zequinha de Abreu).

Também já esboçava, nessa época, seus primeiros xotes, baiões e sambas. Essas seriam suas primeiras composições, teoricamente; mas, como não as considerava nem um pouco originais, não se dava ao trabalho de anotá-las ou decorá-las. Na verdade, o compositor Gilberto Gil só veio a nascer depois de ouvir João Gilberto.

* * *

Apesar de ter estreitado mais seus laços com a música durante o ano que passou no Rio de Janeiro, Caetano não deixou de lado suas outras paixões. No caso do cinema, diversão que começou a apreciar ainda na infância, a ligação só aumentou. De volta à Bahia, em 1957, o garoto passou a frequentar diariamente os dois cinemas de sua cidade. Tanto o Cine Santo Amaro, quanto o Cine Subaé, exibiam um novo filme a cada dois dias, o que permitia aos mais fanáticos, como ele e o amigo Chico Motta, irem ao cinema todas as noites.

Turma de escola: Gil era o único negro entre os colegas do
Colégio Nossa Senhora da Vitória, em Salvador, 1956.

Canudo conquistado: Gil, com os pais,
em sua colação de grau na Faculdade
de Administração de Empresas,
em 29 de dezembro de 1964.

Ver as imagens se movendo, naquela tela enorme, já era uma atração irresistível, mesmo que o filme não fosse dos melhores. Porém, quando assistiu *La Strada*, de Federico Fellini, numa sessão matinal de domingo, Caetano ficou muito impressionado. Passou o dia sem comer, no fundo do quintal, completamente abalado. Chegou mesmo a chorar, deixando dona Canô preocupada, sem entender o que acontecera com o filho. As expressões da atriz Giulietta Masina e a cena final em que Anthony Quinn olhava para o céu ficaram girando durante dias na cabeça do garoto, que aos 15 anos viveu uma espécie de choque metafísico.

Desde aquele dia, o cinema ganhou um novo significado na vida de Caetano. O garoto passou a ler tudo que caísse em suas mãos sobre o assunto, fossem as reportagens e críticas publicadas em revistas, como *O Cruzeiro* e *A Cigarra*, fossem eventuais comentários nos jornais locais, como *A Tarde*. No entanto, só quando se mudou para Salvador, junto com Bethânia, em março de 1960, é que Caetano teve acesso a um tratamento mais sofisticado do universo cinematográfico. Chegou mesmo a colecionar as críticas e artigos de Glauber Rocha, que na época dirigia o suplemento cultural do *Diário de Notícias*.

Nessa fase, o hábito de ir ao cinema já tinha assumido proporções mais vorazes. Caetano via praticamente todos os filmes que estivessem em cartaz na cidade, alguns até mais de uma vez, se gostasse muito. Já começando a cultivar a ideia de fazer filmes, passou a escrever críticas de cinema para o jornal *O Archote*, de Santo Amaro. Mais tarde, chegou a publicar também alguns artigos no *Diário de Notícias*.

No entanto, em Salvador, Caetano encontrou muito mais que um número maior de salas para saciar sua sede cinematográfica. Deslumbrado, tanto pela paisagem como pela arquitetura local, deparou-se com uma cidade que desfrutava, naquele momento, de seu renascimento cultural. Um período especialmente rico para os artistas e intelectuais da Bahia, que pode ser chamado de Era Edgard Santos.

Reitor da Universidade Federal da Bahia, entre os anos de 1946 e 1962, o audacioso Edgard Santos investiu pesado no avanço cultural da instituição e da cidade. Especialmente durante a década de 50, levou para Salvador artistas e pensadores de peso, como o maestro e compositor alemão Hans Joachim Koellreutter (que dirigiu os Seminários Livres de Música), os músicos suíços Anton Walter Smetak e Ernst Widmer, a arquiteta italiana Lina Bo Bardi (para a direção do Museu de Arte Moderna da Bahia), a bailarina e coreógrafa polonesa Yanka Rudzka (diretora da Escola de Dança), o antropólogo e fotógrafo francês Pierre Verger e o escrito português Agostinho da Silva (criador do Centro de Estudos Afro-Orientais). Ao se radicarem na cidade, essas figuras acabaram injetando boas doses de modernidade e vanguarda na vida cultural da Bahia.

Edgard Santos idealizou uma espécie de choque intelectual, tentando reverter a marginalização cultural da Bahia dos anos 40. Em sua concepção, a Universidade — necessariamente livre para criar e refletir — deveria desempenhar a função de ponta de lança da sociedade. Assim, em vez de contratar professores retrógrados, ou incentivar artistas convencionais, Santos preferiu apostar na inteligência.

Claro que, ao implantar um programa cultural de caráter tão vanguardista, Santos ganhou adversários e desafetos a granel. Além da esquerda mais populista, os próprios alunos das escolas ligadas às áreas científicas reclamavam da suposta predileção do reitor pelas escolas de arte. Embora também tivesse sido o responsável pela criação do Instituto de Física e da Escola de Geologia, Santos realmente não economizava recursos para conseguir os melhores professores para as escolas de arte. Hostilizados pelo resto do campus, quando não eram logo chamados de "bichas", os alunos de Teatro, Dança e Música eram tratados como "os filhinhos do reitor".

Mesmo sem ter cursado os Seminários Livres de Música, Caetano também recebeu o impacto direto dos eventos promovidos pela Universidade. Assistir, por exemplo, a um concerto do pianista David Tudor, tocando obras do iconoclasta John Cage, no salão nobre da Reitoria, foi uma experiência inesquecível para ele. Na época, com apenas 19 anos, Caetano tomou contato assim, pela primeira vez, com a irreverência dos *happenings*. Em uma das peças, a música concebida por Cage baseava-se no silêncio: usando luvas, Tudor apenas simulava os movimentos das mãos, sem tocar as teclas do instrumento. Numa outra obra, em que um rádio era ligado aleatoriamente pelo pianista, o acaso acabou criando uma surpresa hilariante:

"Rádio Bahia, cidade do Salvador", disse o conhecido locutor da emissora local, numa sincronia inesperada, como se estivesse seguindo à risca uma partitura. A plateia, incluindo o professor Koellreutter, caiu na risada.

Bethânia, que não tinha gostado nada da ideia de deixar Santo Amaro da Purificação, também terminou conquistada pelas atrações programadas para as escolas de arte e museus da Universidade. Especialmente na Escola de Teatro, dirigida na época por Eros Martim Gonçalves, a garota pôde assistir a montagens de peças de autores contemporâneos, como Paul Claudel, Tenessee Williams, Bertolt Brecht e Albert Camus, que aumentaram mais ainda sua vontade de ser atriz.

Tropicália

* * *

O interesse pelo cinema acabou aproximando Caetano do diretor de teatro Álvaro Guimarães — figura decisiva para os rumos de sua carreira artística. Os dois se conheceram em 62, por intermédio de amigas comuns, Sônia Castro e Lena Coelho, pintoras ligadas ao CPC (Centro Popular de Cultura). Elas conheciam a paixão que ambos dedicavam à chamada sétima arte e apostaram que os dois se entenderiam bem. Não deu outra. Além do fato de o diretor de teatro conhecer Glauber Rocha pessoalmente, algumas ideias de Alvinho — em especial o projeto de fazer um filme — logo conquistaram Caetano. Por seu lado, Alvinho também ficou impressionado com os frequentes comentários do crítico de cinema a respeito da música popular brasileira.

De fato, o namoro de Caetano com o cinema já enfrentava naquele período um poderoso rival. Ao descobrir João Gilberto, o rapaz converteu-se imediatamente ao violão e ao canto moderno de seu conterrâneo. O impacto que o mentor da bossa nova exerceu sobre Caetano foi mais forte até mesmo que a experiência de ler os contos de Clarice Lispector ou os poemas de João Cabral de Melo Neto. Na opinião de Caetano, em termos de cultura brasileira, João Gilberto estava acima de tudo.

Depois de se encontrar outras vezes com Caetano, ouvindo-o discorrer tão apaixonadamente sobre João, a bossa nova e a evolução da música popular brasileira, um dia Alvinho disparou um convite, quase em tom de intimação:

"Cau, você vai fazer a música para a minha próxima montagem!"

Caetano tomou um susto. Apesar de tocar um pouco de piano e de arriscar alguns acordes no violão, o rapaz não achava que tivesse talento suficiente para se dedicar tão seriamente à música, nem como instrumentista, nem como compositor.

"Como assim *fazer* a música? Eu posso ter ideias e conversar sobre essas coisas, mas eu não sei o suficiente para colocar música na sua peça."

"Quando você fala comigo sobre João Gilberto, Dorival Caymmi, Noel Rosa e a música popular brasileira, eu sinto que você conhece tudo isso a fundo. Eu faço questão que seja você!", exigiu Alvinho, que planejava montar uma comédia de Joaquim Manoel de Macedo, intitulada *O Primo da Califórnia*.

Alvinho não parecia disposto a ceder e Caetano se viu obrigado, pelo menos, a tentar. Acabou musicando alguns trechos do texto da peça, previamente indicados pelo amigo. Alvinho não só gostou do resultado, como também convenceu Caetano a acompanhar os atores, ao piano, durante as apresentações do espetáculo. Assim nasceu uma parceria, que acabou abrindo os olhos do então crítico de cinema para suas possibilidades musicais.

O diretor fez questão de que Caetano também musicasse sua montagem seguinte: *A Exceção e a Regra*, do alemão Bertolt Brecht. Inseguro, Caetano chegou a argumentar que essa peça já tinha música original, escrita por Paul Dessau. Porém, Alvinho decidiu esquecer as partituras e quis que o amigo criasse novas melodias para as canções do espetáculo — tarefa que Caetano mais uma vez desempenhou bem, a ponto de chamar atenção do crítico e diretor de teatro Luiz Carlos Maciel, que na época passava uma temporada em Salvador.

Quando finalmente decidiu fazer seu primeiro filme, Alvinho não teve dúvidas sobre quem chamaria para compor a música. Era um curta-metragem sobre menores abandonados, que se chamou *Moleques de Rua*. Convocado mais uma vez, Caetano imaginou uma música sem palavras, para ser entoada apenas na companhia de um violão. Mais ou menos como Alvinho fizera com ele, intimou a irmã:

"Tá louco? Eu não sei cantar nada!", assustou-se a garota, que na época tinha apenas 16 anos.

Além de jamais ter-se imaginado seguindo a carreira de cantora, Bethânia não gostava de sua voz, que achava ser excessivamente grave e rascante. Desde a infância, o que ela queria mesmo era ser atriz. Suas brincadeiras com os irmãos, em geral, estavam ligadas ao mundo artístico: filmes, programas de rádio e peças de teatro (ou *dramas*, como se dizia em Santo Amaro da Purificação), em que Bethânia geralmente era disputada por seus dotes cênicos.

Já na adolescência, em Salvador, Bethânia não chegou a estudar teatro de modo mais sistemático, mas acompanhou, como ouvinte, muitas aulas da Escola de Teatro, principalmente quando estas eram realizadas no jardim do prédio — arisca, a garota preferia ficar assistindo de longe. Como alunos oficiais, na escola, ela e Caetano fizeram juntos apenas um curso de férias de dança moderna.

O timbre marcante de Bethânia, que acabou sendo convencida pelo irmão a gravar a trilha sonora, encantou Alvinho, que tempos depois, já em 63, incluiu-a em sua montagem de *Boca de Ouro*, de Nelson Rodrigues. Caetano também participou desse trabalho, mas somente como ator, desempenhando o papel secundário de um repórter. Quanto à música, Alvinho pôs em prática uma ideia simples que, graças ao timbre incomum de Bethânia, produziu um efeito impressionante: antes da primeira cena da peça, com o palco e a plateia totalmente às escuras, Bethânia entrava vestida de preto para cantar "Na Cadência do Samba" (de Ataulfo Alves e Paulo Gesta), sem qualquer acompanhamento instrumental. A plateia ficava encantada.

A repercussão desse espetáculo contribuiu bastante para que Bethânia começasse a se tornar conhecida entre o meio artístico e a imprensa de Salvador. Transformando Caetano em compositor para teatro e cinema, ou lançando Maria Bethânia como cantora, Álvaro Guimarães acabou servindo de agente do destino: empurrou os irmãos Velloso definitivamente para a música.

* * *

Foi após uma projeção de *Moleques de Rua*, o curta-metragem de Alvinho Guimarães, que Caetano e Tom Zé se conheceram pessoalmente, apresentados pelo jornalista Orlando Senna (que mais tarde veio a se tornar cineasta). Nessa época, Tom Zé já era uma figura popular em Salvador, principalmente no meio universitário, graças às canções satíricas e irreverentes que compunha, incluindo alguns trabalhos para o CPC.

Caetano não chegara a assistir à hilariante estreia musical de Tom Zé na televisão, dois anos antes, em 1960, mas se lembrava da repercussão entre os colegas do colégio no dia seguinte. A cena aconteceu durante um popular programa de calouros, chamado *Escada para o Sucesso*:

"Como é o nome de sua música?", perguntou o apresentador, logo depois de apresentar o calouro Antônio José.

"*Rampa para o Fracasso...*"

"O quê? Tá bulindo com o meu programa?", duvidou ainda o apresentador, antes de cair na risada.

O sucesso foi imediato. Além da provocação bem-humorada do título, Tom Zé tinha começado a explorar uma nova forma de compor. Como não achava nenhuma de suas músicas muito apropriadas para aquela ocasião, resolveu fazer uma especial. Pegou todos os jornais daquela semana, espalhou-os pelo quarto e acabou compondo uma canção com as manchetes mais chamativas, unidas numa espécie de colagem.

Nessa época, apesar de também ser um apreciador da bossa nova, Tom Zé já tinha consciência de que sua aproximação com a música era diferente do padrão mais comum. Pouco depois de começar a tocar violão, aos 17 anos, percebeu que não era capaz de fazer uma canção bonita para a namorada. Porém, em vez de desistir da música, Tom Zé encontrou a maneira de transformar seu aparente defeito em virtude.

Carlos Calado

Boca de Ouro: Caetano também estava no elenco da montagem teatral que lançou Bethânia como cantora, em 1963.

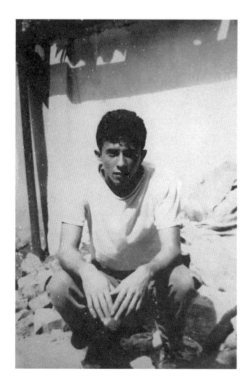

Ainda em Irará: Tom Zé, aos 18 anos, antes de começar a estudar música.

Reciclagem universitária: graças ao CPC, Tom Zé ganhou uma vaga na Escola de Música de Salvador.

O mais importante numa canção, pensou, consistia em aqueles dois ou três minutos de diálogo entre voz e violão chamarem a atenção do ouvinte de alguma maneira. Deixando de lado suas tentativas frustradas de compor canções românticas ou bem-acabadas, Tom Zé passou a fazer letras utilizando as personagens curiosas de sua terra, os *doidos* de Irará. Uma delas, por exemplo, homenageava a popular Maria Bago Mole, iniciadora sexual dos filhinhos de papai da cidade: "Guilherme se requebra/ Rufino bota pó/ Euclides morde o braço/ Das Dores fala só/ Mas todos passam bem com Maria Bago Mole".

Descontada uma certa diferença de idade e algumas peculiaridades geográficas, Tom Zé vinha do mesmo universo cultural de Caetano e Gil. Antônio José Santana Martins nasceu em Irará, no sertão baiano, em 11 de outubro de 1936. Os baiões de Luiz Gonzaga e os xaxados de Jackson do Pandeiro também animaram boa parte de sua adolescência, junto com os cantores e cantoras popularizados pelos programas da Rádio Nacional. Porém, talvez pelo fato de a luz elétrica só ter chegado a Irará em 1949, o que realmente marcou Tom Zé foi o folclore da região, das cantigas dos violeiros aos sambas de roda das lavadeiras.

Foram essas raízes musicais, curiosamente, que acabaram levando Tom Zé a entrar em contato com o sofisticado universo da música contemporânea. Depois de algumas parcerias com o poeta e letrista José Carlos Capinan, em incursões por danças populares como o bumba meu boi e a chegança, Tom Zé surpreendeu-se ao ouvir dos colegas do CPC que sua música estaria se repetindo. Afinal, pensou o compositor, não fizera nada mais do que reproduzir a música folclórica, sempre imutável, que estava acostumado a ouvir desde a infância, em sua terra.

Apesar de não concordar com a crítica, quando os colegas do CPC sugeriram que poderiam ajudá-lo a conseguir uma vaga na Escola de Música da Universidade da Bahia, para que ele se reciclasse, Tom Zé aproveitou a oportunidade. Naquela época, essa escola não fazia as mesmas exigências de currículo que as instituições similares pediam. Desde que o candidato demonstrasse um certo talento prévio, nem o fato de o sujeito não saber ler música impedia-o de ser aceito.

Assim, depois de frequentar um curso básico durante um ano, Tom Zé ganhou uma vaga para o curso superior. O que lhe permitiu ter acesso a professores de prestígio, como Ernest Widmer (composição), Yulo Brandão (contraponto), Jamari Oliveira (harmonia), Lindembergue Cardoso (instrumentação) e Sérgio Magnani (orquestração).

* * *

Calças curtas: Tom Zé, aos 11 anos, com os irmãos Augusto (à esq.) e Marita.

Ouvir João Gilberto acabou transformando a trajetória musical de Gilberto Gil. O impacto foi tamanho que, embora já tocasse acordeom havia sete anos, o rapaz começou a encarar o violão com outros olhos, ou melhor, com outros ouvidos. Quanto mais ouvia o violão de João no rádio, mais foi aumentando sua vontade de conhecer melhor aquele instrumento que, até então, jamais lhe despertara o mínimo interesse.

Enquanto não assumiu de vez essa atração, Gil tentou, de alguma maneira, participar do universo harmônico que a nascente bossa nova sintetizara. Junto com outros garotos do bairro, formou um quinteto, para tocar em festinhas e clubes da cidade, batizado de Os Desafinados. Apesar desse nome, com assumida inspiração na canção que servira de cartão de visita a João Gilberto, o conjunto tocava essencialmente música instrumental, com direito até a alguns improvisos jazzísticos. A formação era curiosa: acordeom, violão, vibrafone, baixo e bateria. Quando Éverton, outro acordeonista, tocava seu instrumento, Gil assumia o vibrafone. Ou vice-versa.

Em 60, quando a irmã Gildina ganhou um violão de presente de aniversário, exatamente no dia 11 de agosto, a curiosidade do rapaz ficou mais aguçada ainda. Depois de passar algum tempo olhando de longe para aquele instrumento todo preto, com a cavidade revestida de plástico branco, Gil não conseguiu resistir mais: tinha que aprender a tocar como João Gilberto. Arranjou um método básico e, sozinho mesmo, começou a dedilhar o instrumento à procura dos primeiros acordes.

Não foi nada fácil, ainda mais para alguém tão acostumado ao teclado do acordeom, que permite visualizar facilmente os acordes. Ainda mais difícil foi tentar reproduzir a batida de João. Gil já conseguia imitar com facilidade aquele jeito suave de cantar, mas na hora de ajustar o vocal com a batida do violão, nada feito. Por mais que tentasse entender aquela suposta divisão de samba, sentia algo de baião ali. No fundo, havia mesmo. Afinal, o compositor de "Bim-Bom" — uma espécie de baião-bossa-nova — nasceu e cresceu em Juazeiro, uma cidadezinha do sertão baiano, à beira do rio São Francisco, na divisa com Pernambuco.

No início de 61, já completamente convertido à doutrina musical de João Gilberto, Gil chegou enfim à conclusão de que o acordeom não era mais capaz de expressar as novidades sonoras daquela época. A música popular brasileira tinha mudado e, com a expansão da bossa nova, o violão passara a assumir um papel de liderança.

O rapaz estava tão decidido a aposentar seu acordeom que não encontrou muita dificuldade para que a mãe, dona Claudina, lhe arranjasse dinheiro para comprar um novo instrumento. Numa manhã de sábado, bem cedo, Gil foi à Mesbla e escolheu um Di Giorgio nº 3, um dos melhores violões disponíveis naquela época. Junto, também levou para casa o método para violão de Canhoto.

Algumas horas depois, o novo instrumento foi devidamente batizado. Gil tinha programado passar o fim de semana na ilha de Itaparica e, naturalmente, levou seu violão. Já dentro da lancha, encontrou Clodoaldo Brito, o popular Codó, um dos melhores violonistas de Salvador, que costumava tocar na Rádio Sociedade da Bahia.

"O que é isso aí, menino?"

"Um violão, que eu comprei agora, na Mesbla."

Era um dia de sorte. Além de ter seu instrumento afinado por um *expert* no assunto, e ainda poder assisti-lo em um recital particular, Gil também foi adotado pelo violonista, naquela tarde, como uma espécie de afilhado musical. Desde então passou a frequentar a casa de Codó, que lhe deu várias dicas.

A mudança definitiva de instrumento coincide, curiosamente, com a entrada de Gilberto Gil na Universidade. Em 1961, depois de tentar, sem conseguir, o ingresso na faculdade de Engenharia, o rapaz começou a frequentar o recém-criado curso de Administração de Empresas, da Universidade Federal da Bahia. De certo modo, essa foi uma alternativa que Gil encontrou para não frustrar totalmente as espectativas de sua família, que esperava que o filho do doutor da pequena Ituaçu fosse um doutor também.

Graças ao conhecimento musical que já possuía, Gil só precisou de alguns meses para deslanchar no violão. Nessa época, já começara a engordar o salário que recebia — trabalhando na Alfândega, como fiscal aduaneiro — com os trocados que ganhava compondo e gravando *jingles* para o Estúdio JS, de Jorge Santos. No início, ainda usava o acordeom; logo depois começou a gravar com o violão. O primeiro trabalho de Gil nessa área foi encomendado pela empresa Calçados da Bahia, a Calba, que produzia um sapato popular (uma versão local do Vulcabrás):

> *Você pensava que fosse impossível/ Mas afinal seu calçado chegou/ É mais durável, pois é flexível/ É bossa nova que a Calba criou/ Parece incrível, mas é flexível/ É o calçado que você sonhou/ É bossa nova exclusiva da Calba/ É bossa nova que a Calba criou.*

Jingles como esse ajudaram a abrir as portas para as primeiras aparições de Gil na televisão. A convite do mesmo Jorge Santos, que começou a apresentar seu *JS Comanda o Espetáculo*, na TV Bahia, em 62, Gil passou a selecionar os calouros do programa, além de acompanhá-los. E, quando tinha oportunidade, já exibia seus primeiros sambas, como "Felicidade Vem Depois" (inicialmente intitulado "Se Você Disser"), influenciado pelos mestres da primeira geração da bossa nova, como Tom Jobim, Carlos Lyra e Roberto Menescal, além, obviamente, de João Gilberto.

No ano seguinte, já estava gravando seu primeiro disco como cantor, compositor e violonista. *Gilberto Gil: Sua Música, Sua Interpretação* (lançamento da JS Discos) era um compacto duplo com quatro composições próprias: "Serenata de Teleco-Teco", "Maria Tristeza", "Vontade de Amar" e "Meu Luar, Minhas Canções".

Correndo de um lado para o outro, entre as aulas e os livros da faculdade, as gravações de *jingles*, os programas de rádio e TV e o início do namoro com a bancária Belina de Aguiar, Gil não tinha tempo nem de imaginar que, em breve, seria obrigado a escolher entre a vocação musical e a carreira de executivo.

* * *

Ser discípulo de João Gilberto, às vezes, também acarretava enfrentar certos preconceitos. Quando Gil já começara a ficar conhecido em Salvador, graças às suas aparições na TV local, um dia Tom Zé recebeu de seu professor de violão a incumbência de transmitir um recado:

"Tom Zé, você que é amigo de Gilberto Gil, diga a ele que não fica bem. Ele, um rapaz direito, cantando na televisão com aquela vozinha de moça? Essa tal de bossa nova não é coisa pra homem não! Aquele *eim*, *eim*, *eim*! Aquilo fica até suspeito para um rapaz de bem. É muito sincopado, muito desmunhecado!".

3.
A TURMA DO VILA VELHA

Gil e Caetano se conheceram pessoalmente em Salvador, numa tarde de 1963. Caetano vinha andando pela rua Chile, próximo da Farmácia Chile, quando viu o violonista se aproximar. Ele estava acompanhado por Roberto Santana, amigo comum que já tinha prometido apresentá-los ao saber que Caetano era fã do violão e da bossa de Gil.

O primeiro encontro foi muito rápido, mas os dois combinaram que se veriam dias depois, na casa da atriz Maria Muniz. Ligada à Escola de Teatro, Maria gostava de convidar amigos para tomarem uma sopa, aos sábados, na varanda do casarão de sua família, no Boulevard Suíço, no bairro de Nazaré. A sopa acabou se transformando em um sarau semanal, no qual músicos e artistas jovens, como Fernando Lona, Alcyvando Luz, Tom Zé, Orlando Senna, Maria Lígia e Álvaro Guimarães, entre outros, trocavam ideias e mostravam seus trabalhos ao resto do grupo, informalmente.

Mais despachado, Gil conseguiu quebrar a timidez inicial de Caetano. A admiração por João Gilberto já surgiu como um definitivo ponto de identidade entre os dois, logo no primeiro bate-papo. Os encontros passaram a ser frequentes, em geral para cantarem e tocarem violão juntos. Assim, Caetano acabou mostrando a Gil as melodias e canções que já vinha compondo havia algum tempo. Eram bastante simples ainda, mas Gil viu uma certa graça nas composições do novo colega e se ofereceu para ensinar a ele um pouco de harmonia — especialmente aqueles acordes de bossa nova que Caetano, na falta de informações básicas, jamais conseguira reproduzir em seu violão.

Nasceu assim uma amizade que, tempos depois, virou parceria. Espontaneamente, Gil acabou se tornando um dos maiores responsáveis por Caetano ter assumido a música profissionalmente.

* * *

Caetano não estava muito animado com o programa daquela tarde, no final de 63. Laís Salgado, professora da Escola de Dança, tinha insistido em apresentá-lo a uma cantora. O problema era que, em duas ocasiões

Tropicália

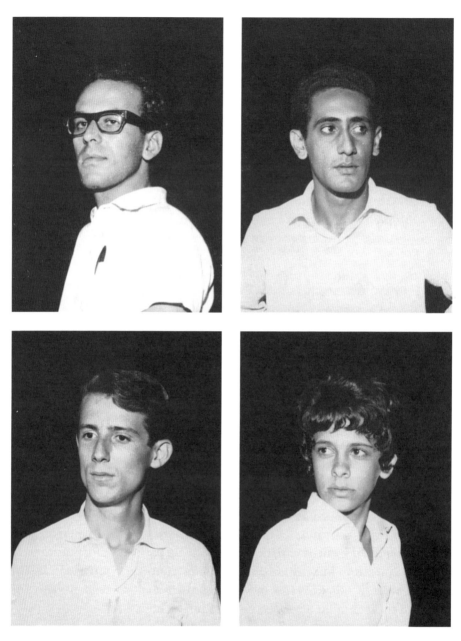

Parceiros musicais: o cantor e ator Fernando Lona, o contrabaixista Alcyvando Luz, o pianista Antônio Renato (Perna Fróes) e Maria da Graça (Gal) estavam no elenco dos primeiros shows no Teatro Vila Velha.

semelhantes, Caetano não gostara muito do que ouvira. A caminho da Bazarte, uma galeria de arte conjugada com um bar, frequentada por artistas e intelectuais de Salvador, no bairro do Politheama, ele já previa mais um encontro repleto de sorrisos amarelos. Para seu consolo, ao menos poderia rever Dedé Gadelha, uma simpática bailarina, aluna de Laís, que ele e Bethânia tinham conhecido havia pouco tempo.

Amiga de Dedé, Maria da Graça gostava muito de cantar, mas jamais tinha ido além das rodinhas de amigos e das festas do colégio. Na verdade, ela conhecia Caetano da televisão. Já o vira mostrando suas composições no *Música e Poesia*, programa que Carlos Coqueijo, crítico de música do *Jornal da Bahia*, apresentava na TV Itapoã. Isso só fez aumentar o retraimento da garota. Mais tímida ainda que o próprio Caetano, ela mal conseguia falar direito.

Gal, como era chamada pelos amigos (na verdade, Gau, uma redução de Gagau, seu apelido de infância), só se acalmou um pouco quando pegou o violão e começou a cantar "Vagamente", uma bossa da dupla Ronaldo Bôscoli e Roberto Menescal, que acabara de ser gravada por Wanda Sá. Quando a garota terminou de cantar, Caetano fez uma pergunta, como se já pressentisse a resposta:

"Pra você, quem é o maior do cantor do Brasil?"

"João Gilberto!"

"Eu também acho."

Impressionado, depois de ouvi-la cantar mais um pouco, Caetano pegou o violão e ensinou a ela uma canção que fizera há pouco, chamada "Sim, Foi Você". O encontro, que começara com cara de fiasco, não poderia terminar melhor. Caetano saiu dali seguro de que acabara de conhecer a maior cantora do país.

* * *

Dona Mariah, mãe de Gal, jamais escondeu que gostaria de ter sido atriz. Separada do marido e com a filha pequena para criar, foi praticamente obrigada a trabalhar no comércio de leite, junto com um irmão fazendeiro. Talvez buscando uma espécie de compensação pessoal, ela incentivou desde muito cedo a ligação de Gal com as artes. Isso começou ainda no período de gravidez, através de um ritual educativo: passava uma hora por dia, em frente à vitrola, compenetrada, ouvindo discos de música erudita. Acreditava que, dessa maneira, poderia transmitir a energia da música para a filha, em seu útero.

Quando Maria da Graça Costa Penna Burgos nasceu, em 26 de setembro de 1945, seus pais já estavam separados. O que não impedia a decidida dona Mariah de levar com frequência a filha a montagens teatrais e concertos, desde uma idade em que ela ainda não poderia entender muita coisa. O rádio, sempre presente, também influiu muito na formação musical da garota, que aprendeu logo a apreciar as vozes de Dalva de Oliveira, Ângela Maria, Marlene, Linda e Dircinha Batista, Anísio Silva e Luiz Gonzaga, entre muitos outros.

Depois de dar à filha seu primeiro violão, dona Mariah não conseguiu, como gostaria, que Gracinha se dedicasse à música clássica, muito menos que ela continuasse os estudos, interrompidos ao final do curso ginasial. Desde menina, ela já dizia que queria ser cantora. Porém, avessa a qualquer tipo de escola, aprendeu a cantar e a tocar o violão sozinha, apoiando-se no rádio, nos discos e no próprio ouvido.

Já adolescente, quando o negócio da mãe faliu, Gal foi obrigada a procurar um emprego. Teve sorte: conseguiu trabalho na Ronny, uma boa loja de discos no Porto da Barra, que lhe permitia passar o dia ouvindo música. Exceto durante as festas de final de ano, quando o movimento na loja era maior, Gal podia ficar apreciando, tranquilamente, os discos de seus cantores internacionais favoritos, como Nat King Cole e Frank Sinatra. Tinha a chance também de se atualizar com as últimas novidades do cenário brasileiro, como os instrutivos discos do selo Elenco. Para alguém que não imaginava se dedicar a outra coisa na vida, além de cantar, o estágio na loja acabou funcionando como um valioso curso de apreciação musical.

* * *

Dedé e Gal acabaram fazendo um pacto: no dia em que Caetano beijasse uma delas, a outra deveria sair de cena imediatamente. Essa foi a forma que as amigas encontraram para resolver um delicado impasse. Depois de encontrá-lo algumas vezes, quase sempre juntas, em barzinhos do Politheama ou mesmo na universidade, as duas perceberam que estavam interessadas em Caetano.

O problema era que o rapaz, muito tímido, dava sinais ambíguos. E quanto mais os três se encontravam para bater papo e cantarem juntos, no pátio do Edifício Mossoró, na Graça, onde Dedé morava, maior era a confusão das garotas. Às vezes, quando dona Mariah não estava em casa, punham um disco na vitrola e começavam a dançar. E, justamente por timidez, Caetano acabava dançando mais com Gal, o que só aumentava a dúvida de sua verdadeira favorita.

Gracinha: a pequena Maria da Graça, com a mãe, dona Mariah, que a fazia ouvir música ainda no útero.

Mas o impasse acabou se definindo, por sinal, num dia particularmente explosivo. Naquele 31 de março (que acabou sendo oficializado como o dia do golpe militar de 64), Gal se despediu dos amigos e foi mais cedo para casa. Minutos depois, da janela de seu apartamento, olhando para o pátio do prédio de Dedé, viu os dois se beijando.

O romance começou com lances de filme de Costa-Gavras. Para ver a namorada, nos dias seguintes, Caetano chegou a enfrentar o toque de recolher, que acabara de ser decretado pelos militares. Dedé, que já atuava no movimento estudantil, ficava aflita, com medo de que ele fosse seguido. Mesmo sem estar envolvido diretamente com a agitação política na universidade, Caetano acabara de frequentar um curso sobre o método Paulo Freire de alfabetização, patrocinado pelo CPC. E, para aumentar mais a aflição de Dedé, que já sabia de vários colegas foragidos, seu amigo Tenório, estudante de Medicina e ativista procurado pela polícia, estava escondido a poucos metros, em um apartamento do mesmo edifício.

* * *

Em meados de 64, quando recebeu o convite para organizar um show de música popular brasileira, na inauguração do Teatro Vila Velha, Caetano já sabia que podia contar com boa parte da turma de amigos que se reunia aos sábados, na casa de Maria Muniz. A ideia partiu do Teatro dos Novos, um grupo formado por dissidentes da Escola de Teatro da Universidade (como os atores Othon Bastos e Carlos Petrovich), que planejou abrir o Vila Velha com uma variada semana cultural. O grupo era dirigido por João Augusto Azevedo, crítico carioca que fora ensinar teatro na Bahia e acabou ficando de vez.

Azevedo conheceu os irmãos Velloso no verão daquele mesmo ano, após uma apresentação do Teatro dos Novos, no ginásio de Santo Amaro da Purificação. O diretor ficou impressionado com Maria Bethânia, especialmente depois de ouvi-la cantar. Voltou a Salvador pensando até na possibilidade de se tornar uma espécie de mentor intelectual da garota, que já não escondia de ninguém seu sonho de se tornar atriz. Na primeira chance, Azevedo convidou Caetano e Bethânia para trabalharem juntos.

Intitulado *Nós, Por Exemplo*, o show que ocupou o palco do Vila Velha, na noite de 22 de agosto de 64, tinha uma intenção bem definida: introduzir um grupo de jovens compositores, cantores e instrumentistas, em maior ou menor medida influenciados pela bossa nova, com pretensões de renovar a música popular brasileira. Provando que essa ambição não era descabida, o show acabou ofuscando todas as outras atrações da

Happy hour: Caetano, com os atores Wilson Melo, Echio Reis e Carlos Petrovich.

Banquinho e violão: Gil e Gracinha, numa roda musical em Salvador.

Cidade alta: Caetano, com o irmão Rodrigo (no centro) e um amigo, no Belvedere da Sé, em Salvador.

semana comemorativa. No dia seguinte, era o assunto das conversas nas faculdades e bares da cidade.

O número mais aplaudido da noite foi "Sol Negro", uma espécie de canção-lamento que Caetano compôs especialmente para Bethânia e Gal cantarem juntas no show, explorando o belo contraste das duas vozes (esse mesmo duo foi incluído no primeiro álbum gravado por Bethânia, para a RCA, no ano seguinte). O próprio Caetano interpretou "É de Manhã" e "Não Posso Mais Dizer Adeus", canções praticamente inéditas, que ele fizera havia pouco tempo. Gil também cantou duas composições próprias: "Maria Tristeza" e "Samba Moleque", que apareceu no programa como "Samba Ainda Sem Nome". No mais, ele, Gal, Bethânia e Caetano se revezaram no palco, revisitando clássicos da música popular brasileira, como "O 'X' do Problema" (de Noel Rosa) e "João Valentão" (de Dorival Caymmi), ou pérolas da bossa nova, como a "Marcha da Quarta-Feira de Cinzas" (de Carlos Lyra e Vinicius de Moraes) e "Água de Beber" (de Tom Jobim e Vinicius de Moraes).

Outra atração do show foi o cantor e ator Fernando Lona (futuro parceiro de Geraldo Vandré), que mostrou composições próprias, como "Saudade Sem Nome". O elenco se completou com um trio de instrumentistas, que acompanhou os cantores: além de interpretar seu samba "Bem Bom no Tom", Alcyvando Luz exibiu-se ao violão, trompete e contrabaixo; o pianista Antônio Renato (que mais tarde fez parte de bandas de Caetano e Gil, já conhecido como Perna Fróes) interpretou a sua "Crepúsculo"; finalmente, numa experiência inusitada, o percussionista Djalma Corrêa misturou música eletrônica com um solo de bateria, em "Bossa 2000 D.C.". No dia seguinte, o *Jornal da Bahia* ampliava a boa repercussão do espetáculo. Com o título "Bossa nova baiana em oito vozes foi sucesso ontem no Teatro Vila Velha", uma crítica não assinada (provavelmente escrita por Carlos Coqueijo) elogiou o "nível das composições locais" e a escolha geral do repertório, concluindo:

"As falas dos participantes, a movimentação no palco, os arranjos, tudo funcionou a contento. A classe de Alcyvando Luz, o virtuosismo de Antônio Renato ao piano, a calma sensibilidade de Caetano Veloso, o ritmo impressionante de Djalma Corrêa, a bossa dramática de Fernando Lona, a positiva modernidade de Gilberto Gil, a doce agressividade de Maria Bethânia e a pureza quase infantil desta extraordinária Maria da Graça. O espetáculo precisa voltar ao cartaz".

A sugestão do jornal acabou se concretizando. Duas semanas mais tarde, exatamente no feriado de 7 de setembro, o show foi reapresentado,

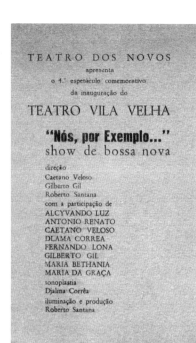

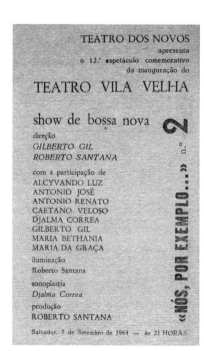

Estreia: os programas das duas versões do show *Nós, Por Exemplo*, no Teatro Vila Velha, em 1964.

com algumas modificações. A mais notável se deu no elenco: o compositor e cantor Tom Zé, ainda apresentado no programa como Antônio José, entrou no lugar de Fernando Lona.

O repertório de *Nós Por Exemplo n° 2* também era um pouco diferente do primeiro show. Caetano manteve "Sol Negro", o grande sucesso da primeira apresentação com o duo de Bethânia e Gal, mas preferiu aproveitar a oportunidade para mostrar outras composições mais recentes: o divertido "Clever Boy Samba", que gozava os playboys da cidade, e "Sim, Foi Você", justamente a canção romântica que ensinara a Gal, no dia em que a conhecera. Já Bethânia decidiu trocar as canções de Noel Rosa e Batatinha, do primeiro show, por "O Amor em Paz" (de Jobim e Vinicius) e "Diz Que Fui Por Aí" (Zé Kéti).

* * *

O sucesso da segunda versão de *Nós Por Exemplo* foi maior ainda que o da primeira. E o resultado mais evidente da excelente repercussão do show foi o convite da produção do Vila Velha para uma temporada mais extensa do grupo, de 21 a 23 de novembro de 64. O mesmo elenco de cantores, compositores e músicos da primeira versão (com Fernando Lona novamente, em vez de Tom Zé) reuniu-se para um espetáculo totalmente diferente, com direção assinada por Caetano, Gil e Alcyvando Luz.

Nova Bossa Velha, Velha Bossa Nova tinha um caráter assumidamente didático e histórico. Era um espetáculo que buscava não apenas divulgar o sentido e a estética musical da bossa nova, mas também refletir sobre ela. Caetano, Gil e seus parceiros baianos consideravam-se descendentes diretos da bossa e, com esse espetáculo, pretendiam inscrever-se numa perspectiva de renovação da música popular brasileira.

A primeira parte do show reunia clássicos como "Rosa" (de Pixinguinha), "Sonhei Que Tu Estavas Tão Linda" (Lamartine Babo), "Feitio de Oração" (Noel Rosa) e "Na Baixa do Sapateiro" (Ari Barroso), em versões mais ou menos modernas. Em seguida, a transição para o novo estilo era representada por canções como "Duas Contas" (Garoto) e "Fim-de-Semana em Eldorado" (Johnny Alf), entre outras, até desembocar na bossa propriamente dita. "Chega de Saudade", a obra-prima da dupla Tom Jobim e Vinicius de Moraes, fechava o roteiro.

Na verdade, *Nova Bossa Velha, Velha Bossa Nova* antecipou uma discussão musical que só veio a ser deflagrada frente ao grande público bem mais tarde pelos tropicalistas. O conceito geral do espetáculo foi esboçado por Caetano e sintetizava uma maneira radicalmente joão-gilber-

Bossa baiana: o programa do show *Nova Bossa Velha, Velha Bossa Nova*, que fez sucesso no Teatro Vila Velha.

tiana de ver a música popular brasileira, ou mesmo de encarar a própria bossa nova. Caetano detectou em João Gilberto um modo original de entender a tradição musical do Brasil. Era muito sintomático que, argumentava Caetano, entre as 12 faixas de *Chega de Saudade*, o primeiro LP de João, ele tivesse recriado quatro sambas tradicionais: "Rosa Morena" (de Dorival Caymmi), "Aos Pés da Cruz" (Marino Pinto e Zé da Zilda), "Morena Boca de Ouro" e "É Luxo Só" (Ari Barroso).

Radicalizando as ideias de João, Caetano chegou a uma concepção oposta ao que a bossa nova significava, naquela época, para muita gente — um estilo de samba bem próximo do jazz, que soava sofisticado aos ouvidos daqueles que não apreciavam a música popular brasileira de um Orlando Silva ou de um Wilson Batista. Para Caetano, a imagem dos rapazes da zona sul do Rio de Janeiro, que decalcavam o jazz norte-americano para se sentirem mais *up to date*, mais moderninhos, não tinha nada a ver com a verdadeira bossa nova sintetizada por João Gilberto.

A ideia de que a bossa teria vindo para acabar com a suposta chatice da música brasileira dos anos 40 e 50 chegava a irritar Caetano, que pensava exatamente de modo contrário. Para ele, a bossa nova só veio valorizar mais ainda a tradição musical do país: o que se considerava bonito antes da bossa poderia soar mais belo ainda a partir da bossa. Caetano enxergava uma mensagem muito nítida na atitude musical de João Gilberto: em vez de ser "enterrada", a música popular brasileira anterior à bossa deveria receber muito mais atenção ainda depois da revolução da bossa. Havia algo em João Gilberto, desde "Chega de Saudade", que passava uma espécie de rasteira estética no samba-jazz praticado então por conjuntos como o Tamba Trio, o Bossa Três e o Zimbo Trio. Sintetizando em duas palavras: Caetano era o que se poderia chamar de joão-gilbertiano ortodoxo.

Dias após o show, em sua coluna no *Jornal da Bahia*, o meticuloso crítico Carlos Coqueijo fazia alguns reparos, especialmente quanto à inclusão de algumas músicas no roteiro. Mas acabava referendando o sucesso do espetáculo, usando adjetivos como "inesquecível" e "maravilhoso":

"Quando disse que, com o espetáculo anterior, se inaugurara uma nova fase na música popular na Bahia, não exagerei, pois pela primeira vez houvera o contato direto do grande público com músicos e cantores que criavam um estilo novo, ao sabor da época, é verdade, mas impregnado de baianidade. As composições autênticas de Caetano Veloso demonstravam o que afirmo".

Entre outros aspectos, Coqueijo elogiava o refinamento cênico do show, destacando um dos números de maior efeito: "Gosto Que Me Enrosco", o clássico samba de Sinhô, que no show ganhou uma versão mais amaxixada. Sentado sobre um grande banco sem encosto, como numa pose de fotografia do começo do século, o elenco cantava a música olhando para Alcyvando Luz, que tocava seu contrabaixo, numa extremidade do banco. Quando todos cantavam a estrofe "mas o homem/ com toda a fortaleza/ desce da nobreza/ e faz o que ela quer", vinha a surpresa: Alcyvando saltava do banco, subitamente, carregando seu enorme baixo de pau. A plateia morria de rir.

Animado com o alto nível musical dos dois shows do grupo, Coqueijo chegou a escrever para Aloysio de Oliveira, o criador do conceituado selo Elenco. Coqueijo assinou em baixo o trabalho dos garotos, aconselhando ao produtor que mandasse buscá-los imediatamente, para gravarem um acetato. Mas Aloysio não deve ter acreditado nos elogios, porque a resposta jamais chegou às mãos de Coqueijo.

Estrela instantânea: Bethânia, em cena do musical *Opinião*, que a transformou em ícone da canção de protesto.

4.
UMA GAROTA DE OPINIÃO

Antes mesmo de apresentarem *Nova Bossa Velha, Velha Bossa Nova*, Caetano, Gil e a turma do Vila Velha já tinham decidido que, após a temporada desse espetáculo, começariam a produzir shows individuais. Bethânia, que naquela época já se destacava bastante como intérprete, foi a escolhida para inaugurar a série.

Uma das boas ideias do show *Mora na Filosofia* (nome emprestado do samba homônimo de Monsueto) estava no aproveitamento do cenário da montagem de *Eles Não Usam Black-Tie* (peça de Gianfrancesco Guarnieri), que o Teatro dos Novos estava apresentando no Vila Velha durante aquele mês de dezembro, com direção do mesmo João Augusto Azevedo. O cenário era um belo projeto do artista plástico Calazans Neto, que simulava uma favela de um morro do Rio de Janeiro.

Dirigida por Caetano e Gil, com produção de Orlando Senna, Bethânia não deixou por menos: aproveitou o cenário para exibir seu potencial de atriz. Canções como "O Morro" (de Carlos Lyra e Gianfrancesco Guarnieri) e "Favela" (de Heckel Tavares) viraram quase textos teatrais na interpretação de Berré — seu apelido na época. Esbanjando movimentação cênica e sugestões dramáticas, ela praticamente transformou o que poderia ser um recital de canções em um verdadeiro musical.

Comparado aos dos shows anteriores do grupo, o repertório escolhido por Bethânia era mais tradicional. Clássicos da música popular brasileira, como "Chão de Estrelas" (de Orestes Barbosa e Sílvio Caldas), "Meu Barracão" (de Noel Rosa) e "Foi Ela" (de Ari Barroso), tiveram um espaço bem maior em relação a canções mais recentes, como a bossa "A Felicidade" (de Tom Jobim e Vinicius de Moraes).

Bethânia também fez questão de incluir "Acender as Velas", um samba do carioca Zé Kéti, que aprendera com ninguém menos que Nara Leão. A ex-musa da bossa nova tinha passado semanas antes por Salvador, em meio a uma turnê pelo Nordeste, junto com o pianista Sérgio Mendes, e fora apresentada à turma do Vila Velha por Roberto Santana. No encontro, Nara chegou até a ouvir uma fita com a gravação do show *Nova Bossa Velha, Velha Bossa Nova*, além de conhecer algumas

Tropicália

canções dos compositores do grupo, tocadas ao violão, de maneira informal.

Nara gostou da turma e do que ouviu, especialmente da voz de Bethânia, a qual elogiou bastante. Incentivando-a a seguir cantando, mostrou a Bethânia alguns sambas de Zé Kéti, ainda inéditos. Foi como se Nara tivesse pressentido que seu destino e o daquela garota baiana iriam se cruzar, num futuro muito breve.

Interessada também nas composições da turma, Nara foi embora levando uma fita com algumas canções, como "É de Manhã", de Caetano. Ao chegar no Rio, animada com a descoberta, a cantora teve uma surpresa bastante desagradável. O registro tinha sido feito em um gravador com ciclagem diferente do padrão e, apesar de várias tentativas, não conseguiu entender as músicas gravadas. Um detalhe técnico que poderia ter alterado a discografia de Nara, ou até mesmo a trajetória musical da turma do Vila Velha.

* * *

Em janeiro de 65, a estrela do show *Mora na Filosofia* já tinha voltado à dura realidade de estudante secundarista, trocando os encantos do palco pelas tarefas escolares. Uma reprovação no exame de Matemática tinha obrigado Bethânia, muito a contragosto, a prolongar seu ano letivo. Confinada na casa dos pais, em Santo Amaro, ela tentava se preparar para o exame de "segunda época", último obstáculo que a separava do diploma do colégio.

O único jeito de amenizar a chatice daquela obrigação era escutar música. Quando o telefone tocou, Bethânia ouvia "O Último Desejo", samba de seu querido Noel Rosa. Do outro lado da linha, alguém disse que estava falando de Salvador, da Escola de Teatro, e que acabara de receber um telefonema do Rio de Janeiro. Estavam à procura de uma cantora chamada Maria Bethânia, para resolver uma situação de emergência: precisavam dela para substituir Nara Leão, no musical *Opinião*.

"Tá legal", desdenhou Bethânia, desligando o aparelho, certa de que algum amigo metido a engraçadinho estava tentando lhe passar um trote.

Na quarta tentativa, depois de ter sido até destratada pela garota, a pessoa quase implorou:

"Por favor, eu queria falar com um adulto da casa...".

Não era brincadeira. Nilda Spencer, diretora da Escola de Teatro, recebera um telefonema do Teatro de Arena. Nara Leão adoecera e a temporada do espetáculo, no Rio de Janeiro, precisava continuar. Foi a própria cantora quem indicou Bethânia para substituí-la, lembrando do encontro em Salvador.

Para uma aspirante a atriz, como Bethânia, tratava-se de um convite absolutamente irrecusável. Porém, qualquer chefe de uma família de classe média baiana coçaria várias vezes a cabeça frente àquela situação. A ideia de ver a filha caçula, que ainda nem completara 18 anos, ir às pressas para o Rio de Janeiro, trabalhando como atriz, não era nada animadora. Mesmo assim, seu Zezinho decidiu respeitar o desejo da garota e impôs somente uma condição: o irmão teria que ir junto.

Caetano não ficou especialmente animado com a perspectiva de passar algum tempo no Rio, mas aceitou acompanhar Bethânia. Já andava decepcionado com as aulas do segundo ano da Faculdade de Filosofia, que após o golpe de 64 ficara sem seus melhores professores e colegas. Mesmo assim, nessa época nem passava por sua cabeça a ideia de trabalhar profissionalmente com a música. Gostara da experiência dos shows no Vila Velha, mas achava que, no máximo, poderia colaborar com Bethânia e os amigos do grupo, como uma espécie de conselheiro. Era o cinema que ainda atraía a fatia maior de seus interesses.

* * *

Com as passagens de avião que os levaria ao Rio de Janeiro, os irmãos Velloso tomaram o ônibus para Salvador na manhã de 29 de janeiro. Não bastasse toda a ansiedade provocada pela situação, a chegada na capital carioca rendeu um grande susto à garota. Um daqueles típicos temporais de verão desabou sobre a cidade e, em meio ao atropelo da chegada, Bethânia, que nunca tinha viajado para além de Salvador, acabou se perdendo do irmão.

Já no teatro, ainda assustada com a confusão, Bethânia rodou a baiana quando um funcionário lhe disse que tinha ordens de levá-la a um hotel, já que o ensaio só aconteceria à noite. Para a garota de Santo Amaro da Purificação, hotel não era lugar para uma moça educada e de família como ela. E a irritação cresceu ainda mais com o ataque de riso do rapaz que, entre gargalhadas, mal conseguia explicar que também havia hotéis decentes no Rio. Mesmo assim, ao se reencontrarem, ela e Caetano decidiram ficar na casa da prima Mariinha, em Guadalupe.

À noite, de volta ao teatro, após as devidas apresentações, Bethânia e Caetano sentiram algo estranho no ar. Era até compreensível: ao conhecerem a garota indicada por Nara Leão, uma dúvida brotou nas cabeças dos integrantes do Arena. Aquela baiana morena, de cabelos crespos, muito magra e com um marcante nariz adunco, seria mesmo a figura certa para substituir uma carioca da zona sul, branca e sofisticada como Nara?

"Ela é muito feia!", alguém chegou a dizer, antes mesmo que Bethânia tivesse a chance de fazer um teste.

Porém, a madrinha Nara Leão bateu o pé, argumentando:

"E daí? Ela fica iluminada quando canta!".

Sem saber que seus dotes físicos estavam sendo avaliados nos bastidores do teatro, Bethânia foi ficando incomodada com a situação. Não entendia porque ninguém parecia interessado em ouvi-la cantar. Assim, na primeira oportunidade, a decidida Berré voltou a rodar a baiana. Ao ver Augusto Boal sozinho, intimou:

"O senhor não é o diretor?"

"Sim..."

"E não vai me ouvir cantar não?"

"Vou, na primeira oportunidade..."

"Mas como o senhor pode dizer que eu vou fazer o show se ainda não me ouviu cantar? Pelo amor de Deus, moço!"

Rindo muito, pela bronca que acabara de levar da espevitada garota, Boal marcou imediatamente uma audição, para a qual foram convidados alguns jornalistas e artistas. Sem ter tido tempo para aprender as canções do espetáculo, dois dias depois, Bethânia repetiu no palco do Teatro de Arena o repertório que estava acostumada a cantar, incluindo "De Manhã" (de Caetano) e "Mora na Filosofia" (Monsueto).

A exibição da cantora comprovou que Nara Leão acertara ao indicá-la, tranquilizando o diretor e o grupo — foi um sucesso. Logo após o recital, enquanto Bethânia recebia pessoalmente os elogios do poeta Vinicius de Moraes, Caetano foi abordado por um sujeito bem-vestido, que estava simplesmente maravilhado com o que ouvira:

"Você é o irmão de Maria Bethânia? Muito prazer. Meu nome é Guilherme Araújo. Eu sou assistente de Aloysio de Oliveira, na gravadora Elenco, e gostaria de conversar com a sua irmã. Ela é a primeira cantora internacional que eu encontro no Brasil!".

Excitado pelo que viu e ouviu no show, o diretor Augusto Boal também admitiu sua surpresa, em uma entrevista à revista O *Cruzeiro*:

"Ela canta num misto de dureza macha e violência do agreste, sem, no entanto, perder sua suavidade de mulher sofrida. Foi uma grande descoberta para mim e, daqui por diante, teremos de reavaliar todos os padrões que temos sobre cantoras".

Bethânia nem teve tempo para se acalmar. Mal começou a aprender

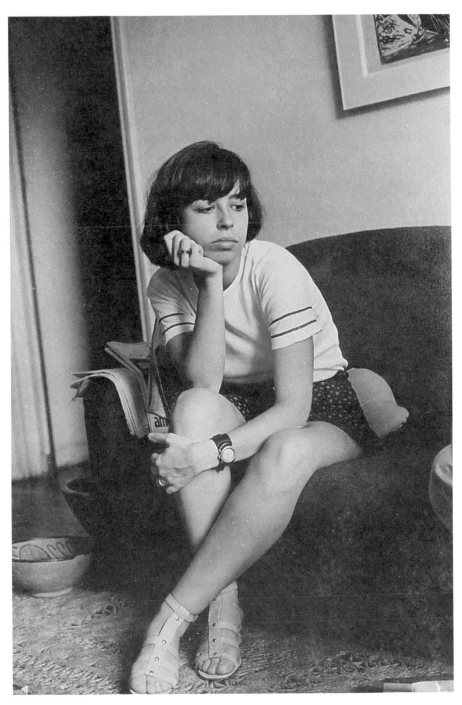

Joelhos famosos: Nara Leão, a musa da bossa nova, foi a responsável pela ida de Bethânia para o Rio de Janeiro.

as canções e textos do espetáculo, na casa da professora Geni Marcondes, já se assustou novamente. Sentiu que sua estadia no Rio de Janeiro, diferentemente do que imaginara, não seria tão rápida.

O Teatro de Arena já sabia que Nara Leão não resolveria seu problema nas cordas vocais em um curto prazo e novas temporadas do espetáculo já estavam sendo agendadas, em São Paulo e Porto Alegre. A atriz Suzana de Moraes foi convocada para assumir o papel, provisoriamente, mas, assim que Bethânia estivesse pronta, era com ela que o Arena contava.

* * *

Opinião já era um grande sucesso havia mais de um mês, quando Bethânia foi chamada, às pressas, para substituir Nara Leão. A plateia que lotava as sessões do espetáculo, no teatro do Super Shopping Center, em Copacabana, encontrava no musical escrito por Oduvaldo Vianna Filho, Paulo Pontes e Armando Costa um veículo apropriado para sublimar seu inconformismo frente ao governo militar.

O retrato da sociedade brasileira sugerido pelo espetáculo não escondia sua afinidade com as doutrinas reformista do PCB, o velho Partidão. Um favelado (interpretado pelo sambista carioca Zé Kéti), um retirante nordestino (o compositor maranhense João do Vale) e uma garota da zona sul carioca (Nara Leão) armavam no palco uma espécie de tribuna catártica. Os três desfiavam sambas, baiões e canções de protesto, que embutiam temas candentes, como miséria, reforma agrária ou distribuição de renda. A plateia vibrava, ao ouvir versos como: "Podem me prender/ Podem me bater/ Podem até deixar-me sem comer/ Que eu não mudo de opinião" (*Opinião*, de Zé Kéti).

A estreia de Bethânia aconteceu em 13 de fevereiro de 65, com o efeito de uma explosão. Praticamente da noite para o dia, a cantora baiana virou personalidade nacional. O impacto da agressiva interpretação que Bethânia emprestou a "Carcará" — um baião de João do Vale, que descrevia a valentia de um tipo de gavião do Nordeste — transformou a cantora em ícone da canção de protesto.

Um recurso dramático quase ingênuo aumentava bastante o impacto do número. Perto do final da canção, Bethânia recitava dados sobre a migração no país ("Em 1950, mais de 2 milhões de nordestinos viviam fora de seus Estados natais; 10% da população do Ceará emigrou; 13% do Piauí; 15% da Bahia; 17% de Alagoas"), num tom de denúncia tão irado que fazia a plateia explodir em aplausos.

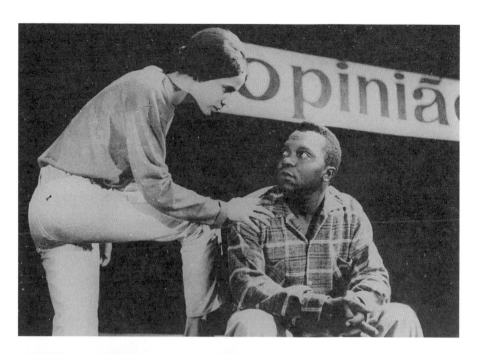

Garotas de *Opinião*: Bethânia, com o compositor João do Vale (acima), em cena do musical do Teatro de Arena; o espetáculo estreou com Nara Leão (ao lado), que também contracenava com João do Vale e Zé Kéti.

A química do palco, estimulada pelo ambiente político daquele momento, acabou construindo uma personagem pública que tinha muito pouco a ver com a verdadeira Maria Bethânia. A garota baiana, criada em uma família classe média do Recôncavo, jamais passara fome, muito menos sofrera os terríveis efeitos das secas nordestinas, como imaginaram alguns críticos e as plateias que a viram interpretando, com muita emoção e verossimilhança, as canções do espetáculo.

Na verdade, até conhecer a canção de João do Vale, Bethânia nem sabia exatamente o que era um carcará, muito menos tinha visto algum, voando no céu da Bahia. Bastante apegada à família, a garota (que, vale lembrar, tinha ainda somente 18 anos) foi obrigada a amadurecer rapidamente, para encarar a carreira profissional e a súbita popularidade. Perseguida pelos repórteres, era comum perguntarem sua opinião sobre os mais diversos problemas do país, como se o fato de cantar canções como "Carcará" fizesse dela uma ativista política.

Por essas e outras, durante as semanas que passou no Rio, fazendo *Opinião*, Bethânia teve várias crises de choro, aflita e ansiosa por voltar à Bahia. Nem o apoio carinhoso dos colegas Zé Kéti e João do Vale, nem a generosidade de Nara, que continuou incentivando pessoalmente sua substituta após a estreia, foram suficientes para que Bethânia se tranquilizasse. Quando a temporada carioca terminou, ela chegou até a comprar a passagem de volta para Salvador.

Augusto Boal teve que se desdobrar para convencê-la a acompanhar o espetáculo em São Paulo, onde, aliás, obteve idêntico sucesso, seguindo depois para Porto Alegre. Apesar de se sentir sem estrutura para arcar com tamanhas responsabilidades, o apelo do palco foi mais forte e a aspirante a atriz acabou cedendo. Bethânia decidiu enfrentar, pelo menos por mais algum tempo, a armadilha que o destino lhe aprontara: o papel de musa do protesto.

* * *

Ao desembarcarem em São Paulo, para a temporada de *Opinião*, a primeira impressão que Caetano e Bethânia tiveram da cidade era a de que estavam no interior da Bahia — para os irmãos Velloso, a capital paulista parecia uma Feira de Santana muito maior. Comparada com o Rio de Janeiro, repleto de belos edifícios e paisagens deslumbrantes, o urbanismo de São Paulo deu a eles uma impressão de acanhamento e provincianismo.

A plateia paulista era bem diferente. Em vez do costumeiro despojamento carioca, com suas meninas de calças jeans e rapazes com camisas de mescla, em geral as mulheres paulistas que iam ver o espetáculo, no Teatro Ruth Escobar, eram bem mais formais, com seus cabelos feitos, armados com muito laquê. No entanto, era um público mais caloroso e bem maior que o carioca.

O sotaque dos paulistanos também chamou logo a atenção dos baianos. Às vezes, na rua ou dentro de algum ônibus, os irmãos Velloso chegavam a ficar na dúvida se aquele português italianado era falado por estrangeiros ou brasileiros mesmo. Até aquela época, Caetano e Bethânia só tinham escutado aquele sotaque estranho no rádio, nas eventuais aparições das cantoras Isaurinha Garcia e Dalva de Oliveira. Em Santo Amaro da Purificação, quando ouviam alguma gravação de Isaurinha, com sua carregada pronúncia macarrônica, os dois recusavam-se a acreditar que as pessoas pudessem falar daquela maneira, nas ruas de São Paulo.

"Essa mulher deve ser doida", diziam, divertindo-se.

* * *

A ida de Caetano e Bethânia para o Sul não impediu que o grupo do Vila Velha levasse adiante seus planos musicais. Gil foi o escolhido para estrelar o espetáculo seguinte. No dia 8 de março, ele apresentou *Inventário*, um show bastante informal, aberto inclusive a pedidos da plateia, que acabou se transformando em sua despedida oficial do público de Salvador. O samba "Eu Vim da Bahia", composto por Gil dois meses antes do show, não poderia ser mais sintomático: o baiano de Ituaçu já antecipava musicalmente sua futura condição de migrante.

Assim que recebeu o diploma de administrador de empresas, no final de 64, Gil se inscrevera em um concurso na Gessy Lever, que estava recrutando recém-formados pelo país. A intenção da empresa era preparar os estagiários aprovados para a formação de um novo quadro de gerentes. Os testes e entrevistas aconteceram em São Paulo, onde Gil passou 10 dias. Obviamente, o rapaz aproveitou a ocasião para entrar em contato com a vida musical paulistana. Depois de conhecer alguns bares e casas noturnas, como o Bossinha e a Baiúca, numa noite, durante uma esticada no João Sebastião Bar, Gil acabou sendo apresentado a um tímido estudante de Arquitetura, fã de bossa nova, que os amigos chamavam de Carioca. O rapaz já compunha canções e sambas que deixaram o baiano impressionado. Claro que Gil não foi embora sem antes mostrar uma das suas composições mais recentes: o samba "Roda".

"Caetano, o cara que eu conheci não é normal", contou ao amigo, mais tarde, na volta a Salvador. "Ele se chama Chico Buarque de Hollanda."

Aprovado nos testes da Gessy Lever, em princípio, Gil teria que retornar imediatamente a São Paulo, para iniciar o estágio. Só que a ideia de interromper o namoro com Belina, por um longo período, não o agradou. O jeito foi propor um acordo à empresa. Gil pediu seis meses para que pudesse arrumar a vida e se casar. Depois disso, poderia se mudar definitivamente para São Paulo, já levando a mulher e o violão.

O futuro estagiário da Gessy Lever cumpriu à risca o que prometeu. Gil e Belina casaram-se em 29 de maio e, na semana seguinte, o casal já estava desembarcando em São Paulo, mais exatamente no dia 7 de junho. Porém, naquela mesma noite, Gil sentiu que sua carreira de executivo estava ameaçada antes de começar. Sentado na plateia do Teatro Record, assistindo à gravação do programa *O Fino da Bossa* (que, por sinal, estreara três semanas antes), depois de aplaudir muito Elis Regina e o Zimbo Trio, Gil decidiu seu futuro: faria o que pudesse para entrar naquele mundo.

* * *

Passados quase três meses, acompanhando a irmã no Rio e em São Paulo, Caetano não via mais a hora de voltar a Salvador. Gostara de conhecer o pessoal do Arena e alguns artistas, além de ter presenciado a rápida decolagem da carreira profissional de Bethânia, mas já estava começando a ficar agoniado.

Nem mesmo o relativo sucesso de sua canção *De Manhã* — que acabou entrando tanto na montagem de *Opinião*, como no lado B do compacto com "Carcará", que Bethânia gravou em março — ajudou a diminuir a ansiedade do rapaz. Com saudades da Bahia e, mais ainda, de Dedé, ele chegava a escrever várias cartas por dia para a namorada.

"Hoje só tem duas", brincava o carteiro com a garota, nos dias em que o apaixonado se mostrava mais lacônico.

Para alívio do casal, quando foi marcada uma apresentação especial de *Opinião* em Salvador, num final de semana de abril, ainda em meio à temporada paulista, Caetano viu um jeito de se livrar do papel de leão de chácara de Bethânia. Já confiava o suficiente em Boal para entregar a irmã aos cuidados do diretor e, assim, acabou convencendo seu Zezinho de que sua presença não era mais tão necessária.

Livre finalmente de sua missão, conseguiu matar as saudades da namorada e da Bahia, mas já sabia que não ficaria em Salvador por muito tempo. Depois de conhecer a turma do Vila Velha e de assistir a uma apresentação do próprio Caetano (uma noite de bossa nova, no Teatro de Arena, da qual também participaram o Jongo Trio, Taiguara, Djalma Dias

"Carcará": o primeiro compacto de Bethânia trazia no lado B
"De Manhã", primeira canção gravada de Caetano.

Festa em família: Caetano (atrás, ao lado do amigo Chico Motta) e Dedé
(sentada, ao lado de Irene e Rodrigo, irmãos de Caetano), em 1965.

e a cantora Marisa Gata Mansa), Boal teve a ideia de fazer um espetáculo com os baianos. Seria a próxima montagem de seu grupo, que no dia 1º de maio estreava, em São Paulo, *Arena Conta Zumbi*, um inovador musical assinado por Gianfrancesco Guarnieri e Edu Lobo.

Enquanto Boal esboçava a nova produção do Arena, Caetano aproveitou o retorno a Salvador para realizar seu primeiro show individual, dentro da série planejada pelo grupo do Vila Velha. Intitulado *Cavaleiro*, o espetáculo destacava também a participação de Dedé, que na época, com 16 anos, cursava a Escola de Dança da Bahia. Orientada por Caetano e pelo poeta Duda Machado, que codirigiu o show, Dedé criou coreografias, na linha da dança moderna, que serviam para ilustrar algumas canções e textos de autores como Guimarães Rosa e Graciliano Ramos.

Composições próprias de Caetano, como "De Manhã", "Clever Boy Samba", "Samba em Paz" e "Cavaleiro", dominavam o repertório do show, mas não faltaram surpresas. Entre elas, Caetano cantava uma versão bem pessoal, levemente *cool*, da dramática "Strange Fruit" (de Lewis Allen), enquanto Dedé compunha com gestos a figura de Billie Holiday — a diva do jazz. Em outra cena, os dois namorados protagonizavam uma coreografia romântica: lembrando o casal Charles Chaplin e Paulette Goddard, transformavam-se no vagabundo e na florista mais famosos do cinema mudo.

5.
OS BAIANOS NA ARENA

Um ano depois de seu primeiro show coletivo, lá estavam Bethânia, Caetano, Gil, Gal e Tom Zé, reunidos de novo, num palco. Impressionado com o grupo musical do Vila Velha, o diretor Augusto Boal decidiu investir no talento dos baianos. Em 26 de setembro de 1965, estreou o musical *Arena Canta Bahia*, no Teatro de Arena, em São Paulo. O elenco trazia ainda o cantor e compositor baiano Piti, que também participara de espetáculos no Vila Velha, além do violonista carioca Macalé.

Apesar de incluir composições de Caetano e Gil, o espetáculo escrito e dirigido por Boal não tinha nada a ver com o pioneiro *Nós, Por Exemplo*, show que revelara a nova geração de cantores e compositores baianos influenciados pela bossa nova. Carregando nas tintas, Boal idealizou uma Bahia excessivamente nordestina, que causava estranhamento àqueles que, como Caetano, Bethânia e Gal, conheciam por dentro o universo particular do Recôncavo — mais negro, sensual e opulento do que o resto do Nordeste do país. No entanto, temas como seca, pobreza, injustiça social ou luta pela terra, inevitavelmente associados ao cotidiano nordestino, ajustavam-se com perfeição à visão teatral e política de Boal.

Caetano — que gostara bastante de *Arena Conta Zumbi*, tanto pelas belas canções de Edu Lobo, como pela tentativa de criar um musical tipicamente brasileiro — não se conformava com o fato de, num espetáculo dedicado à Bahia, não haver nenhuma canção de Dorival Caymmi. Chegou a apontar e discutir essa contradição com Boal algumas vezes, mas o diretor fechou a questão: argumentava que a inclusão de alguma canção mais doce ou sensual, como as de Caymmi, comprometeria a "mensagem" do espetáculo.

Na opinião de Caetano, orientar a empatia da plateia contra a opressão do regime militar e a situação social do país, numa espécie de catarse política, acabava tornando *Arena Canta Bahia* um espetáculo superficial — o que também acontecera, de certo modo, em *Opinião*. Nas duas montagens, a música não estava no foco da ação: era apenas um instrumento de ideias políticas.

Tropicália

Talvez porque fosse mais tímido naquela época, além de respeitar a inteligência de Boal, Caetano acabou se resignando. Apesar de discordar daquela visão, acabou participando do trabalho como um profissional. Para seu alívio, porém, a temporada do espetáculo foi curta, já que a resposta do público não se revelou das mais calorosas. Louco para retornar à Bahia, nem o convite de Boal para que participasse de um novo musical, com o mesmo grupo, conseguiu segurá-lo em São Paulo. Mal terminou a temporada, voltou para os braços de Dedé.

* * *

A turma estava excitadíssima naquela noite. E não era para menos: finalmente, teriam a chance de conhecer João Gilberto. Amigo do mestre da bossa, o crítico Carlos Coqueijo já prometera, havia algum tempo, apresentá-lo a seus discípulos baianos. No final de 1965, quando João voltou ao país pela primeira vez, depois de viver quase três anos nos Estados Unidos, Coqueijo organizou um jantar em sua casa e convidou todo o grupo.

Caetano custou a acreditar que fosse verdade — conhecer João, para ele, era realizar um sonho de anos. Gal ficou mais nervosa ainda que ele. A garota chegou até a rua, mas não teve coragem de tomar o ônibus para ir até a casa de Coqueijo. Começou a tremer e a suar tanto, que acabou desistindo e voltando para casa.

O convidado de honra chegou acompanhado pela esposa, Miúcha, que na época estava grávida da futura cantora Bebel Gilberto. Para apreensão geral, de cara, João ameaçou aprontar uma das suas excentricidades: entrou em um quarto e passou um tempo enorme lá dentro, aumentando mais ainda a alta ansiedade dos discípulos.

Felizmente, o convidado terminou indo para a sala, mais tarde. Simpático, tocou violão e cantou algumas músicas, além de contar alguns detalhes de sua vida nos Estados Unidos. Porém, para decepção geral, logo depois foi embora, parafraseando em ação o velho samba de Geraldo Pereira: deixou a moçada com água na boca.

Caetano certamente adoraria ter ouvido o que o papa da bossa andava pensando sobre a situação da música popular brasileira naquela época. Semanas antes, ao sair da TV Record, após uma rápida aparição no programa *O Fino da Bossa*, com uma única frase João dinamitara os conjuntos instrumentais e cantores influenciados pelo *bebop* que andavam dominando o cenário musical com o chamado samba-jazz:

"É melhor tocar iê-iê-iê do que este jazz retardado".

Arena Canta Bahia: Gil (encoberto), Bethânia, Piti, Gal, Tom Zé e Caetano formaram o elenco do espetáculo de Augusto Boal, que estreou em setembro de 1965.

Bahia em tom de protesto: Piti, Gil, Caetano e Tom Zé (à frente), em cena do musical *Arena Canta Bahia*.

* * *

Gal não perdeu a segunda chance. Naquela tarde, estava conversando no pátio do apartamento de Dedé e Sandra, na Graça, quando o colunista social Sílvio Lamenha apareceu de repente.

"Vou encontrar João Gilberto..."

Gal se levantou, com um pulo. E suplicou:

"Pelo amor de Deus! Me leve com você! O meu sonho é conhecer o João Gilberto!", implorou, bem mais decidida do que na noite em que não teve coragem de ir à casa de Carlos Coqueijo para conhecer seu ídolo.

Os dois entraram no carro do jornalista e foram encontrar o cantor no Edifício Nápoli, onde a mãe de João morava.

"Já ouvi falar de você, Gracinha. Você tem um violão aí? Vá buscar!"

Na casa de Sílvio, ainda sem acreditar muito no que estava acontecendo, Gal entregou o instrumento ao mestre e ficou vendo-o tocar e cantar por alguns minutos.

"Cante 'Mangueira', Gracinha", disse ele, de repente, sugerindo justamente um samba pelo qual Gal se apaixonara havia pouco tempo. Por isso, andava cantando-o bastante naqueles dias.

Sem fazer nenhum comentário, depois de ouvi-la cantar, João continuou pedindo outras canções, inclusive alguns clássicos de seu repertório, como "Corcovado". O mestre parecia estar avaliando se a aluna tinha feito suas lições direitinho. Até que, mostrando-se satisfeito, ele deu seu parecer:

"Menina, você canta lindo. Vou voltar um dia só para fazer um disco com você".

A dedicada discípula de João Gilberto quase caiu dura.

* * *

Bethânia já estava na Bahia havia mais de três meses, quando recebeu o telefonema de Guilherme Araújo. De volta da Europa, onde passara quase um ano com uma bolsa de estudos, o ex-assistente do produtor Aloysio de Oliveira não pensou duas vezes quando soube que a cantora andava afastada dos palcos: convidou-a para fazer uma temporada na tradicional boate Cangaceiro, casa noturna carioca que costumava exibir em seu palco grandes damas da canção, como Elizeth Cardoso e Helena de Lima.

Um ano antes, Guilherme ficara bastante impressionado com a primeira aparição de Bethânia no Rio de Janeiro, às vésperas da estreia da garota no musical *Opinião*. Porém, tanto o sucesso do espetáculo do Teatro de Arena, como a própria viagem à Europa, acabaram impedindo que ele tentasse concretizar seu plano de trabalhar com ela.

Bethânia ouviu a proposta até o fim e respondeu sem rodeios:

"Guilherme, eu vou com o maior prazer, mas só se eu puder cantar o que eu quiser. Não quero cantar 'Carcará', nem nada parecido!".

Foi justamente essa a razão de Bethânia ter se afastado dos palcos e voltado para a Bahia. "Carcará" fizera tamanho sucesso que, em qualquer lugar que se apresentasse, Bethânia era praticamente forçada a cantá-la. A canção de João do Vale tinha se tornado um peso insuportável. Bethânia não aguentava mais a pressão de produtores de TV e proprietários de casas noturnas para que ela continuasse desempenhando o papel de musa da canção de protesto.

Sem objeções, Guilherme aceitou a exigência de Bethânia, que retornou ao Rio de Janeiro num ônibus. Juntos, os dois prepararam o roteiro do show *Recital* na boate Cangaceiro, que estreou com sucesso em abril de 1966. A direção foi assinada pelo próprio Guilherme Araújo. Bethânia cantava antigos sambas, boleros, sambas-canções ou mesmo composições de Caetano e Gil, mas absolutamente nada que lembrasse canções de protesto. O mais curioso é que, talvez por receio da reação da explosiva baiana, ninguém na plateia teve coragem de pedir "Carcará", durante a longa temporada do espetáculo.

Além de significar uma virada na carreira de Maria Bethânia, que conseguiu assim enterrar seu estigma de cantora de protesto, o show na boate Cangaceiro também marcou o início da produtiva colaboração de Guilherme Araújo com os baianos. Após se tornar empresário de Bethânia, ele se aproximou rapidamente do resto do grupo. Meses depois, já estava empresariando Gil, Caetano e Gal.

Guilherme tinha muito pouco a ver com outros empresários e agentes que atuavam no mercado musical daquela época. Na verdade, era mais um produtor: dava palpites no repertório, no roteiro dos shows, ou até mesmo no visual de seus artistas. Muito antes que o termo assessor de *marketing* existisse, Guilherme também já desempenhava essa função, acompanhando as aparições de seus artistas nos meios de comunicação e divulgando pessoalmente as novidades de seus contratados entre os jornalistas especializados.

A grande diferença de Guilherme em relação a seus concorrentes começava por sua formação artística. Logo que concluiu o segundo grau, no Rio de Janeiro onde nasceu, ele frequentou durante três anos o curso de direção teatral de Paschoal Carlos Magno, no Teatro Duse. De lá, foi

Timidez: Macalé ainda não compunha quando fez a direção musical do show de Bethânia na boate Cangaceiro, em abril de 1966, no Rio de Janeiro.

direto trabalhar como assistente de direção e produção, no Canal 6, a TV Tupi carioca.

Um ano depois, Guilherme já estava produzindo e dirigindo programas musicais. Um deles, escrito pelo jornalista Antônio Maria e apresentado pelo ator Paulo Autran, chamava-se *Dentro da Noite*. Porém, uma bolsa do governo italiano acabou levando-o a Roma para estudar televisão. O estágio seria de quatro meses, mas ele acabou ficando na Europa por quase um ano e meio.

Na volta ao país, Guilherme se viu meio perdido. Achou que o nível da TV brasileira tinha piorado sensivelmente. Desestimulado e com dificuldade de trabalhar nessa área, começou a pensar em algo diferente. Foi a cantora Sylvia Telles que, sem saber, deu um grande empurrão na carreira do futuro empresário. Apresentado por ela a Aloysio de Oliveira, que o levou para trabalhar na área de promoção da gravadora Elenco, Guilherme começou a conviver com artistas como Nara Leão, Edu Lobo e Roberto Menescal — experiência que se aprofundou, posteriormente, também ao lado de Aloysio, na produção dos shows da boate Zum-Zum.

A essa altura, Guilherme já descobrira o que mais gostaria de fazer no *showbiz*: produzir e lançar cantores e compositores, de preferência jovens. Assim, quando se aproximou de Bethânia e do grupo baiano, Guilherme encontrou finalmente a chance de pôr em prática o que imaginara: tornar-se um empresário-produtor.

* * *

As pressões para que Caetano voltasse ao Sul continuaram vindo de vários lados, mas ele resistiu. Ficou quase um ano na Bahia, sem vontade nenhuma de sair. Além de namorar Dedé e de compor algumas canções, Caetano passou o tempo pensando em possíveis opções para seu futuro. Indeciso, não sabia se queria retomar o curso de Filosofia, se teria coragem suficiente para escrever um roteiro e dirigir seu primeiro filme, ou mesmo se deveria estudar mais inglês. Porém, alguns fatos independentes de sua vontade precipitaram a alternativa que ele menos levava em conta.

Primeiro, foi o sucesso da canção "De Manhã", que após ser lançada por Bethânia recebeu novas gravações de Elizeth Cardoso e Wilson Simonal. A inusitada onomatopeia que fecha a letra ("E foi por ela/ Que o galo cocorocô") funcionou como diferencial em meio a todas as variações de bossa nova que tocavam no rádio naquele momento.

Depois, aconteceu a visita do produtor Solano Ribeiro, pedindo pessoalmente a Caetano uma canção inédita para o 2º Festival Nacional da

Música Popular, da TV Excelsior. Levando uma fita com algumas canções de Caetano, o próprio Solano decidiu inscrever "Boa Palavra", que terminou classificada em 5º lugar, na interpretação de Maria Odete, em junho de 66.

Mas o que mais pesou, para que Caetano resolvesse apostar na carreira musical, foi mesmo a pressão dos amigos e pessoas mais próximas. Roberto Pinho, que na época era estudante de Antropologia, praticamente intimou Caetano a voltar para o Sul. Argumentando que ninguém pode fugir de seu destino, Pinho achava que o amigo tinha uma missão, uma obrigação com o futuro da música popular brasileira.

Outra figura essencial foi Alex Chacon, um divertido artista gráfico chileno, radicado no Rio de Janeiro, que se aproximou de Caetano ao passar uma temporada em Salvador. Na volta ao Rio, depois de deixar o telefone e o endereço do enorme apartamento de luxo em Copacabana que sua mulher tinha acabado de herdar, Chacon foi taxativo:

"Eu não estou convidando você. Estou intimando! O apartamento é grande e tem um bom espaço só para você".

Caetano ainda tentou resistir mais uma vez, mas Dedé deu o empurrão final. Para acompanhar o namorado, decidiu abrir mão do ano e meio que lhe faltava para completar o curso na Escola de Dança da Bahia. Convenceu a família de que estava interessada em estudar jornalismo e, assim, conseguiu a permissão para ir morar com a avó no Rio de Janeiro, em julho de 66. Foi o golpe de misericórdia na indecisão de Caetano.

* * *

Embora tivesse nascido em Teresina, no Piauí, o poeta e letrista Torquato Neto convivia havia já seis anos com tantos amigos e colegas da Bahia que já se considerava meio baiano. Até mesmo a namorada, Ana Maria Silva, que ele conhecera no Rio de Janeiro, era baiana, nascida na cidade de Ilhéus.

Muito tímido, geralmente calado, entre amigos Torquato revelava seu humor ferino. Ana jamais esqueceu o primeiro passeio que fizeram juntos, logo depois de ser apresentada a ele pelo irmão, no final de 1963. Naquela noite, decidiram assistir a um show com a sambista Aracy de Almeida, na inauguração do teatro da União Nacional dos Estudantes, na Praia do Flamengo. Mal entraram na sala, Torquato disparou uma das suas:

"Eu quero sentar bem ali na frente, porque me disseram que a Aracy usa cueca. Eu tenho que tirar isso a limpo".

A ligação de Torquato Pereira de Araújo Neto com a Bahia começou em 1960, aos 15 anos de idade, depois de ser expulso do colégio de sua cidade natal, por proselitismo político. Severos, os pais o castigaram, mandando-o para o internato do Colégio Nossa Senhora da Vitória — o mesmo pelo qual Gil acabara de se formar — em Salvador. Porém, antes de ter tempo para estreitar mais os laços com a turma musical da cidade, Torquato mudou-se para o Rio, em 63, interessado em ingressar na Faculdade de Jornalismo. Pouco depois, já estava trabalhando como jornalista: foi redator do *Correio da Manhã* e setorista no Aeroporto Santos Dumont.

A tradicional família Araújo não alterou sua rotina mensal, após o filho ter concluído o colégio. Além da mesada enviada pelo pai, o promotor público Heli da Rocha Nunes de Araújo, Torquato continuou recebendo, religiosamente, uma caixa de produtos de higiene e mantimentos enviados pela mãe, dona Maria Salomé. Entre outros itens, não faltavam sabonetes Alma de Flores, pasta dental Philips e lenços bordados com as iniciais *TN*. Sem falar nas roupas, sempre as mais tradicionais e cafonas, que acabavam transformando o rapaz em uma figura pitoresca.

Além de gostar muito de cinema, Torquato já escrevia compulsivamente desde os tempos do colégio. Costumava preencher dezenas de cadernos com poemas e reflexões. Já suas letras de música só começaram a sair do papel em 65, quando nasceram as primeiras parcerias com Gil e Caetano. Porém, ao contrário de seus parceiros, não tinha a mínima pretensão de interpretar as canções que escrevia. Não bastasse sua enorme timidez (nesse aspecto, só perdia para Gal, mais calada ainda do que ele; os dois empatavam até na mania de roer as unhas), Torquato era incapaz de cantarolar duas frases musicais com a devida afinação. Provavelmente, passaria fome como cantor.

A parceria com Gil decolou de vez no início de 66, época em que Torquato esteve algumas semanas em São Paulo. Com Belina em Salvador, prestes a parir Nara, primeira filha do casal, Gil passou a hospedar amigos como Torquato, o também poeta e letrista José Carlos Capinan, o compositor Geraldo Vandré e o cineasta e eventual letrista Ruy Guerra. Não foi à toa que durante esse período o lar dos Gil Moreira, que ficava no afastado bairro de Cidade Vargas, no extremo sul da cidade, ganhou o apelido de "pensão de baianos".

* * *

Capinan era o mais politizado da turma. Em 1963, quando conheceu Caetano, Gil e os outros integrantes do futuro grupo musical do Teatro

Tropicália   79

Amigos: Torquato Neto, Caetano Veloso e Capinan em 1966.

Sorrisos: Gil, no casamento do parceiro Torquato Neto com Ana Maria.

Vila Velha, em Salvador, era estudante das escolas de Direito e Teatro, além de ativista do Centro Popular de Cultura. Seu primeiro trabalho musical foi justamente uma peça teatral, intitulada *Bumba-Meu-Boi*, que foi musicada por Tom Zé. Os companheiros do CPC não deixaram por menos: trancaram Capinan em uma sala até que ele terminasse de escrever o texto da peça. Apesar da aparência, não se tratava de um rígido método de trabalho stalinista, mas pura sacanagem de universitários.

Os ensaios, realizados numa garagem que servia de sede ao CPC, atrás da antiga Escola de Direito, costumavam terminar tarde, em geral após a meia-noite. Dali, iam todos para os bares da Praça Castro Alves, encontrar com outros amigos, como Glauber Rocha, Orlando Senna e alunos das escolas de Educação, Letras e Teatro. Na falta de condução, como moravam longe, Capinan e Tom Zé acabavam dormindo em um apartamento que era alugado por dois amigos: o cineasta Geraldo Sarno e o advogado Nemésio Sales, militante do Partido Comunista. Com direito, ainda, de usufruírem da geladeira e da excelente biblioteca da casa.

Na fatídica noite de 31 de março de 1964, véspera do golpe militar, Capinan fora ao Cine Glória para ver *A Noite*, de Michelangelo Antonioni. Na saída, o estado de alerta já tinha sido decretado entre os militantes e ativistas políticos da cidade. Depois de se esconder na casa da bailarina Dulce Lamego, Capinan e mais dois atores do CPC fugiram para sua cidade natal, a pequena Entre Rios, a 160 km de Salvador, no litoral norte da Bahia.

Não bastasse o medo da perseguição política, os três fugitivos ainda foram obrigados a passar por uma situação constrangedora. Sentados à mesa para o jantar, junto com os outros 12 irmãos de Capinan, tiveram que engolir o comentário irônico do austero chefe da família:

"Comunista quer transformar o mundo, mas na hora em que a coisa aperta corre para a casa do pai".

Ao saber que um carro de polícia chegara a ser visto nas redondezas, fazendo perguntas, dias depois os foragidos decidiram voltar para Salvador. Já sozinho, decidido a procurar trabalho em São Paulo, Capinan embarcou no antigo "trem nordestino", que saía de Palmeira dos Índios, em Alagoas, e vinha cruzando o Nordeste em direção ao Sudeste do país.

Em São Paulo, através dos publicitários Juvenal Azevedo e Sérgio Toni, Capinan conseguiu um emprego na emergente agência Alcântara Machado. Trabalhou como revisor, assistente de redação e até em criação, época em que foi apresentado a um compositor paraibano que fazia *jingles*, chamado Geraldo Vandré. Enquanto isso, graças aos contatos que

Tropicália

fizera no CPC, aproximou-se de Gianfrancesco Guarnieri e Augusto Boal, do Teatro de Arena, que o introduziram no meio musical paulistano. Assim ficou conhecendo, por exemplo, Edu Lobo, um de seus futuros parceiros.

O reencontro com Gilberto Gil, que Capinan já costumava encontrar em Salvador nas saídas dos espetáculos dos CPCs, também se revelou produtivo. "Ladainha", primeira canção composta pelos dois baianos, ainda em 65, acabou se transformando na primeira obra gravada de Capinan. Interpretada por Nara Leão, entrou no lado B do compacto com "A Banda", a popular canção de Chico Buarque que venceu o Festival de Música Popular Brasileira da TV Record de 66.

* * *

"Alô! Gilberto Gil? Aqui é a Elis Regina! Quem me deu seu telefone foi o Edu..."

Num dia de março de 66, Gil estava trabalhando no escritório da Gessy Lever, na Praça da República, quando teve a boa surpresa. Para um compositor jovem e ainda pouco conhecido em São Paulo, nada poderia ser mais animador do que receber um telefonema da cantora mais popular do país, demonstrando estar muito interessada em conhecer suas músicas. Naquela mesma tarde, ao final do trabalho, Gil atendeu o convite. O apartamento de Elis ficava a um pulo dali, na esquina das avenidas Rio Branco e Ipiranga.

Dias antes, ao retornar ao país, após uma viagem de dois meses pela Europa, a famosa "Pimentinha" também tivera uma surpresa. Viu a hegemonia de seu programa de televisão, *O Fino da Bossa*, ser ameaçada pelo sucesso do *Jovem Guarda*, o programa que o "Brasa" Roberto Carlos e sua turma — destacando o "Tremendão" Erasmo Carlos, a "Ternurinha" Wanderléa, a "Queijinho de Minas" Martinha e conjuntos como os Golden Boys, o Trio Esperança e os Vips, entre outros — animavam nas tardes de sábado, pela mesma TV Record. Para enfrentar a briga de audiência, a cantora não perdeu tempo: decidiu fazer mudanças no programa e introduzir novidades em seu repertório.

Elis achou graça, ao ver Gil de terno e gravata, com pinta de executivo, carregando uma pasta modelo 007. Mas bastou ouvir algumas músicas inéditas do rapaz, como "Louvação" (parceria com Torquato Neto) e "Ladainha" (com letra de Capinan), para que Elis esquecesse as aparências e aprovasse na hora a indicação de Edu Lobo. Aquelas canções, com um certo sotaque nordestino e boas doses de indignação social, eram exatamente o que ela estava procurando.

O Fino da Bossa: Elis Regina comandava o programa que reunia os maiores nomes da MPB, na TV Record.

"Procissão": o primeiro sucesso de Gil fazia parte de seu segundo compacto, lançado em 1966.

Mais contente ainda ficou Gil com o resultado do encontro. Havia quase um ano morando em São Paulo, depois de participar dos espetáculos do Teatro de Arena, ele já fizera alguns contatos e amizades no meio musical, mas ainda continuava à espera de uma oportunidade mais consistente.

Numa ironia do destino, essa chance surgiu dois meses depois, em consequência de um desastre. No exato momento em que um incêndio começou a se alastrar pela sede da rádio Record, em São Paulo, era a gravação de "Louvação" (com Elis e Jair Rodrigues) que estava sendo transmitida pela emissora. A música de Gil voltou a ser tocada muitas vezes, nos dias seguintes ao acidente, transformada pelos programadores em uma espécie de hino do reerguimento da emissora. Depois de virar sucesso em São Paulo, para que a repercussão da canção se estendesse ao resto do país, bastou apenas que Elis a cantasse na televisão. Esse foi o empurrão que faltava para que Gil começasse a fazer aparições no *Fino*, assim como em outros programas de TV, exatamente como ele imaginara ao se estabelecer na cidade.

No dia em que Vicente Creazzo, o diretor de pessoal da Gessy Lever, chamou-o para conversar, Gil sentiu que chegara o momento de tomar uma decisão. Bastante compreensivo, Creazzo deu seu recado em tom amistoso. Já tinha visto Gil se apresentando na televisão, e sabia que a causa da sensível queda de rendimento do rapaz na empresa só podia ser a divisão entre as duas carreiras.

"Gil, eu acho que sua situação aqui está ficando complicada. O pessoal da diretoria vem notando que você está perdendo o interesse pelo projeto da companhia. É uma pena, mas eu acho que você vai ter que fazer uma opção."

A vida de Gil não andava fácil. Para chegar diariamente no escritório, às 8h da manhã, precisava pegar o ônibus, no distante bairro de Cidade Vargas, por volta das 6h30. Depois da jornada de trabalho na empresa, vinha o segundo expediente: quando não tinha algum *bico* ligado à música, Gil costumava marcar ponto no Redondo, um bar frequentado por artistas e intelectuais, em frente à praça Roosevelt, bem ao lado do Teatro de Arena, onde se encontrava com os amigos. Dormindo muito pouco, já havia algumas semanas que ele começara a dar evidentes sinais de cansaço. Às vezes, cochilava no escritório. Chegara até a faltar no trabalho.

Gil se viu em uma encruzilhada. Por um lado, a direção da Gessy Lever demonstrara um especial interesse em contar com ele para um posto de liderança. Consciente de estar instalada em um país cuja maioria da população é mestiça, a companhia valorizava o fato de Gil ser negro e ter saído do Nordeste — sem dúvida, uma visão bastante moderna para a época. Por outro lado, para se habilitar ao prometido cargo de gerente, ele ainda teria que passar pelo menos três anos fora do país, cumprindo estágios na Austrália, na Índia e na Inglaterra.

Dessa vez, os conselhos de seu Zeca, preocupado com o futuro do filho, não impediram que Gil seguisse seu coração. Em junho, já decidido finalmente a abandonar o emprego, ainda conseguiu, com a ajuda de Creazzo, uma indenização da empresa, que lhe garantiu um certa tranquilidade financeira nos meses seguintes. Permitiu também a mudança da família para o Rio de Janeiro, onde as chances para um compositor eram maiores. Daí em diante, Gil só dependeria de sua música.

* * *

Caetano não esperava uma recepção como aquela. Depois de 25 horas de estrada, quando o ônibus que o levou da Bahia ao Rio de Janeiro estacionou na rodoviária, ele avistou uma figura conhecida. Era simplesmente Sylvia Telles, que tinha ido buscá-lo, acompanhada por seu cãozinho de estimação.

A amizade começara dias antes, quando a cantora carioca foi a Salvador para apresentar um show no Vila Velha. Sem músicos para acompanhá-la, Sylvinha contava apenas com alguns *playbacks* e, no dia do primeiro ensaio, perdida, ameaçou entrar em pânico.

A produção do teatro não pensou duas vezes: ligou para a casa de Caetano, que atendeu no ato a emergência. Tratada como uma diva, Sylvinha ficou impressionada com o rapaz. Além da familiaridade que Caetano tinha com seu repertório, ele resolveu rapidamente os problemas técnicos do show e ainda contribuiu com soluções cênicas que o enriqueceram bastante.

Agradecida, antes de ir embora, Sylvinha juntou-se ao coro de amigos que já pressionava Caetano para retornar ao Rio de Janeiro:

"Você tem que ir!", reforçou, oferecendo-se para ajudá-lo no que precisasse, assim que chegasse no Rio.

Não era conversa mole de despedidas. Sylvinha fez mesmo questão de buscar Caetano na rodoviária, pessoalmente, com seu automóvel. Depois de deixá-lo no apartamento de Alex Chacon, na avenida Nossa Senhora de Copacabana, quase esquina com a rua Santa Clara, a atenciosa cicerone já foi avisando:

"Agora você arruma suas coisas. Eu passo mais tarde, para te levar à casa do Edu Lobo, que está te esperando".

Antes da fama: os primeiros compactos de Caetano e Gal,
lançados pela RCA em 1966.

Os dois compositores tinham se conhecido rapidamente, no ano anterior, em São Paulo, por causa de uma coincidência muito curiosa. Dias antes da estreia de *Arena Conta Zumbi*, mostrando ao pessoal do Arena algumas canções que fizera na Bahia, Caetano deixou seus colegas atônitos. Ao ouvir a delicada "Onde Eu Nasci Passa Um Rio", alguém notou:

"Puxa, mas essa é igual àquela música do *Zumbi*..."

Era verdade. Apesar de as letras e andamentos serem bem diferentes, a melodia da canção de Caetano tinha um trecho muito parecido com "Upa Neguinho" — o samba que Edu Lobo compusera havia pouco para o musical do Arena. Basta *rallentar* um pouco a música de Edu para se perceber a semelhança. Sem se conhecerem, vivendo em diferentes regiões do país, Caetano e Edu certamente tinham algo em comum. Os dois chegaram a ser apresentados, comentaram o caso e riram da coincidência, mas nunca mais tinham se visto.

O novo encontro foi bem mais caloroso. Edu recebeu Caetano de braços abertos, oferecendo-se a ajudá-lo no que fosse possível. Como Sylvinha Telles, ele cumpriu mesmo a promessa, abrindo as primeiras portas e apresentando o novo colega ao meio musical carioca. Surpreso, ao se ver acolhido de uma maneira que não imaginara, Caetano entrou na turma da MPB pelo portão principal.

* * *

Entre setembro e outubro de 66, a fase final do 2º Festival da Música Popular Brasileira, promovido pela TV Record, alastrou de vez a febre dos festivais. O alto nível de várias canções acirrou a competição, que terminou com dois vencedores: na opinião do júri, "A Banda" (de Chico Buarque), interpretada por Nara Leão e pelo próprio Chico, empatou com "Disparada" (de Geraldo Vandré e Théo de Barros), defendida por Jair Rodrigues e o Trio Novo.

A dobradinha Elis Regina-Gilberto Gil ajudou a impulsionar um pouco mais a carreira do ex-executivo da Gessy Lever: "Ensaio Geral" (de Gil) terminou em quinto lugar, interpretada pela Pimentinha. Outra revelação desse festival foi o compositor Caetano Veloso, visto pela primeira vez nas televisões de vários cantos do país.

Ele nem sabia que tinha sido focalizado pela câmera. De pé, usando um comportado paletó e gravata, no meio da plateia do Teatro Record, Caetano assistia a Maria Odete defender sua canção "Um Dia". Durante a apresentação, foi flagrado várias vezes pelo *cameraman*: sendo cumprimentado por pessoas da plateia, divertindo-se com a interpretação um

Tropicália   87

tanto carregada da cantora, ou ainda ouvindo comentários do empresário Guilherme Araújo, que estava a seu lado.

O sorriso tímido do compositor, mesmo sem identificação alguma no vídeo, chamou a atenção dos telespectadores. Nos dias que seguiram a transmissão do festival, muita gente reconheceu e cumprimentou Caetano por sua inesperada aparição na TV. Foi como se o diretor de imagens da Record tivesse intuído que, além de ganhar o prêmio de melhor letrista do festival, aquele rapaz tímido, magro e de cabelos encaracolados seria o próximo astro da música popular brasileira.

6.
ALEGRIA NO SOLAR DA FOSSA

"Pode acreditar, Caetano! Quem me deu essa dica foi a Maria Gladys, que também está morando lá. O Solar é um lugar muito bonito. E bem barato!"

A empolgação e os argumentos de Cléber Santos, na época diretor do Teatro Jovem, eram irresistíveis. Depois de passar algumas semanas hospedado no apartamento da família Chacon, Caetano já andava pensando em encontrar seu próprio canto. A sugestão de um lugar bom e barato foi muito bem-vinda, pois o dinheiro que recebia pelos direitos autorais das gravações de suas músicas ainda era bem curto. A salvação do rapaz era a namorada. Dedé o ajudava bastante, graças ao emprego de escriturária que conseguira no Banco F. Barreto, incluindo os convites diários para que Caetano almoçasse ou jantasse com ela no apartamento da avó, no bairro do Flamengo.

O Solar Santa Terezinha — apelidado de Solar da Fossa, segundo a lenda, quando Fernando Pamplona mudou-se para lá, curtindo a dor de cotovelo de um casamento desfeito — era um casarão branco, com esquadrias azuis, em estilo colonial, que ficava bem perto da cervejaria Canecão, na encosta do Morro da Babilônia, no bairro de Botafogo.

Originalmente, em meados do século XIX, o lugar serviu de residência para o Vigário-Geral do Rio de Janeiro. Mais tarde, dirigido por freiras, foi transformado em asilo de idosos e pensionato para moças, até virar uma espécie de *apart-hotel*, provavelmente o primeiro do gênero no país (até ser demolido, já na década de 70, para dar lugar ao atual *shopping* Rio Sul).

Caetano gostou bastante do Solar. Ainda mais porque os 200 cruzeiros novos pedidos como aluguel encaixavam-se perfeitamente em seu magro orçamento. Para se ficar com um apartamento, nem mesmo fiador era exigido pela proprietária, dona Jurema — uma senhora loura, de olhos azuis, que os moradores mais bem-humorados comparavam à escritora George Sand, por causa de seu gosto por charutos.

Já a responsável pela portaria e tesouraria, dona Lourdes, mostrava um respeito incomum pela vida boêmia de seus hóspedes: jamais acordava ninguém, a qualquer hora do dia, exceto por motivos expressos de trabalho. Outra figura pitoresca era dona Beth, uma das primeiras moradoras do Solar, conhecida como a "quebra-galhos". Ministrava remédios aos doentes, cuidava dos passarinhos dos viajantes e, como tinha telefone, coisa rara ali dentro, anotava recados para os vizinhos.

A localização também era ótima. Saindo do Solar, bastava atravessar o túnel novo, a pé mesmo, para se cair de boca na vida noturna de Copacabana. Às vezes, o programa principal de Caetano e Dedé era assistir a Bethânia cantar na boate Cangaceiro, perto do Lido. Depois, vinha o sagrado chope com os amigos, até de madrugada, no bar Cervantes, famoso por seus sanduíches, na rua Prado Júnior. E, mesmo que estivessem quase duros, ainda podiam recorrer ao Beco da Fome, na mesma rua.

Entre os 85 apartamentos que compunham os vários corredores do Solar, era difícil encontrar um que não tivesse um violão pendurado na parede. Exceto por alguns jornalistas, professores ou mesmo aeromoças que ajudavam a compor a fauna local, os artistas eram maioria. Em temporadas mais ou menos extensas, passaram por lá compositores e músicos como Toquinho, Gutemberg Guarabira, Zé Kéti e os integrantes do grupo vocal MPB-4, e atores, como Maria Gladys, Cláudio Marzo, Betty Faria e Miriam Pérsia.

Mal se acomodou no apartamento 72, um quarto conjugado com banheiro e uma pequena cozinha, Caetano percebeu que não demoraria muito a se sentir em casa: no apartamento que ficava exatamente à frente do seu, já moravam o sambista Paulinho da Viola e o letrista Abel Silva.

O artista gráfico Rogério Duarte, que costumava visitar Caetano com frequência (e que mais tarde também acabou se tornando morador), tinha uma boa definição para o lugar:

"O Solar é uma festa móvel, onde só é proibido o que é proibido".

* * *

O falante Rogério vinha de uma família de intelectuais da cidade de Nazaré das Farinhas, na região baiana do Recôncavo. João Duarte, seu pai, chegou a morar alguns anos nos Estados Unidos, onde trabalhou como engenheiro da General Electric. De volta ao país, após comandar a eletrificação daquela região, ele acabou se tornando catedrático da Universidade da Bahia.

Rogério nasceu em 1939, na pequena Ubaíra, cidade onde os Duarte tinham uma fazenda, mas foi criado em Salvador. A educação formal do garoto já começou fora dos padrões convencionais. Alfabetizado em casa, por problemas de saúde, só entrou na escola aos 9 anos de idade, o que acabou reforçando sua ligação íntima com os livros. Preocupado com o filho, que costumava ficar lendo até o raiar do dia, o pai chegava a quebrar a lâmpada do quarto do garoto, para forçá-lo a dormir mais cedo. Naturalmente, o malandro tinha sempre uma lâmpada sobressalente.

Ainda durante o curso secundário, no Colégio da Bahia, Rogério já exercitava seu gosto pelas polêmicas e exibições intelectuais. Inventou um movimento cultural chamado dicurvismo (um nome pomposo que não significava coisa alguma), só para poder polemizar no jornal-mural com o amigo Afonso Alves Dias, descendente do poeta Castro Alves. Os dois se esculhambavam publicamente e, depois, morriam de rir.

Desinteressado pelo ensino tradicional, Rogério nem chegou a se formar no curso clássico. Achava tudo aquilo inócuo e, depois de inúmeros atritos e desentendimentos com os professores, abandonou o colégio. Inscreveu-se nos Seminários Livres promovidos pela Universidade Federal da Bahia, cursando disciplinas de música, teatro e artes plásticas. Nessa época, além de frequentar as casas e ateliês de vários artistas locais, como Mário Cravo, Carlos Bastos e Martim Gonçalves, Rogério já tinha Glauber Rocha entre seus amigos mais próximos. Como intelectual precoce e artista, recusava qualquer especialização: já escrevia poesia, contos e esboços de romances, além de praticar várias modalidades de artes plásticas e se dedicar ao estudo do violão clássico.

Sem ver muitas perspectivas na Bahia, em 1960, decidiu se mudar para o Rio de Janeiro. Graças a uma bolsa de estudos, concedida por Anísio Teixeira, seu tio, que dirigia o Instituto Nacional de Estudos Pedagógicos, o rapaz podia frequentar as instituições que desejasse, desde que mandasse relatórios periódicos para o Ministério de Educação e Cultura. Acabou optando por cursos na Escola de Belas Artes, no Museu de Arte Moderna e na Escolinha de Arte do Brasil.

Aluno do vanguardista Aloísio Magalhães, Rogério entrou assim em contato com o que havia de mais moderno em termos de desenho industrial e arte moderna. Foi durante as aulas, *workshops* ou simplesmente transitando nas dependências do MAM que ficou conhecendo outros artistas inquietos, como Hélio Oiticica, de quem veio a se tornar amigo íntimo.

Por volta de 1963, Rogério passou a se dedicar também à atividade política. Embora fosse militante do PCB, assumia o papel de herético dentro do Centro Popular de Cultura. Polemizava com os defensores da discutível doutrina estética do realismo socialista, levantando a bandeira

Tropicália

Amigo influente: autor do cartaz de *Deus e o Diabo na Terra do Sol* (de Glauber Rocha), o artista gráfico Rogério Duarte tinha uma forte ascendência sobre Caetano.

Terra em Transe: o filme de Glauber Rocha, que entrou em cartaz em maio de 1967, estimulou Caetano a desenvolver uma estética mais violenta em suas canções.

da arte de vanguarda, que na opinião dos stalinistas não passava de "arte burguesa". Entre seus opositores estavam o poeta Ferreira Gullar e o dramaturgo Oduvaldo Vianna Filho, o Vianinha, autor de um apelido que o marcou nos anos seguintes: Rogério Caos.

A essa altura, já ganhava a vida trabalhando como artista gráfico. Fazia capas de livros e discos, anúncios, embalagens de produtos e, principalmente, cartazes. Entre os vários trabalhos que fez a convite de Glauber Rocha, o mais popular foi o cartaz para o longa-metragem *Deus e o Diabo na Terra do Sol*. Defensor radical da cultura de massa, que encarava como um veículo de socialização da arte moderna, Rogério acreditava que o cinema, o cartaz e o design iriam acabar enterrando manifestações artísticas mais clássicas como o teatro, a pintura ou a escultura.

"Um filósofo inglês disse que a prova da existência de um pudim é comê-lo. Para mim, o contato mais íntimo entre sujeito e objeto é o uso", dizia em 1966, à repórter Marisa Alvarez Lima, da revista *A Cigarra*. Para Rogério Duarte, a arte tradicional, feita para ser contemplada friamente, estava com seus dias contados.

* * *

"Você está por fora, Caetano. Veja o programa de Roberto Carlos. Ele é que é forte. O resto está ficando um negócio chato, tão chato que eu prefiro cantar músicas antigas".

Acompanhando de perto as inquietações do irmão, depois de algumas conversas, Bethânia pressentiu que o novo caminho musical que ele procurava passava pela Jovem Guarda. Fã assumida de Roberto Carlos, ela recomendou que Caetano prestasse atenção no Brasa e sua turma, especialmente no programa da TV Record.

Obviamente, como qualquer pessoa que vivesse no Brasil daquela época, Caetano conhecia várias canções de Roberto e até achara algumas interessantes de início. Só que o fato de elas serem tocadas com tanta insistência nas rádios acabava deixando-o entediado. No fundo, achava aquelas canções comerciais demais para dar muita atenção a elas. Já em relação ao programa *Jovem Guarda*, a história era diferente: além de não ter aparelho de TV em seu apartamento do Solar da Fossa, Caetano não se interessava nem um pouco por televisão. Trocar os bate-papos e a boêmia de todas as noites por uma telinha em branco e preto estava fora de questão.

Porém, depois de uma certa insistência da irmã, Caetano acabou indo até o apartamento da avó de Dedé para assistir ao *Jovem Guarda*. E nem

Tropicália

precisou ver o programa inteiro para reconhecer que Bethânia tinha razão. Caetano sentiu que o impacto poético de Roberto e Erasmo Carlos não se limitava apenas a canções como "Quero que Vá Tudo Pro Inferno" ou "Querem Acabar Comigo". O próprio jeito de cantar dos dois parceiros, incluindo o visual pop do programa, trazia uma informação poética bem mais contundente do que a música dos seguidores da bossa nova, com seus concertos para estudantes universitários, cheios de boas intenções sociais.

E os conselhos de Bethânia não pararam por aí. Conhecendo tão bem o irmão como conhecia, Berré achava também que Caetano não devia se prender apenas ao violão bem tocado da bossa nova, mas sim adotar um instrumento mais de acordo com os rumos de sua poesia e daqueles tempos. Nenhum outro instrumento era tão agressivo, ou representava melhor as rupturas daquela década, como a guitarra elétrica:

"Largue esse violão e cante com uma guitarra. O violão é muito pouco para você! Escolha um instrumento que tenha o mesmo grito, que tenha o seu gesto".

Bethânia acabara de acender uma luz no meio do túnel.

* * *

A ideia foi de João Araújo. O diretor da Philips ficou interessado em conhecer melhor os trabalhos de Caetano e Gal, após as recomendações que recebera de três músicos que considerava muito: Roberto Menescal, Edu Lobo e Dori Caymmi. Araújo acabou gostando do que ouviu e decidiu contratar Caetano e Gal, mas achou que ainda era cedo para que cada um fizesse seu próprio LP — daí a ideia de gravar o disco em dupla.

Contando com a produção de Dori Caymmi, que já os conhecia desde Salvador, e caprichados arranjos de Menescal, Francis Hime e do próprio Dori, Caetano e Gal se alternaram nos vocais das 12 faixas. Oito canções do repertório eram de Caetano, como "Coração Vagabundo", "Onde Eu Nasci Passa um Rio", "Avarandado" e "Remelexo", mas também não faltaram composições de amigos, como Edu Lobo ("Candeias"), Sidney Miller ("Maria Joana") e da dupla Gilberto Gil e Torquato Neto ("Minha Senhora" e "Zabelê"). Fã de Dori, a quem já considerava na época o melhor violonista de bossa nova depois de João Gilberto, Caetano estaria bem contente, não fosse pelos horários do estúdio. Acostumado a ir para a cama quase pela manhã e a acordar já no meio da tarde, ele teve que lutar para se manter acordado durante as gravações, que começavam por volta das 10h — os horários vespertinos e noturnos, naturalmente, já estavam ocupados por artistas mais conhecidos.

Para o público e quase toda a imprensa, o LP *Domingo* marcou a estreia fonográfica de Caetano e Gal. Na verdade, porém, isso já havia acontecido há mais de um ano, na mesma época em que o grupo do Vila Velha participara da montagem de *Arena Canta Bahia*. Animada com o sucesso de Maria Bethânia, depois de lançar o primeiro LP da cantora, a RCA decidiu contratar Gil, Caetano, Gal e Tom Zé para gravarem compactos.

Quando Guilherme Araújo surgira no Teatro de Arena, dois anos antes, oferecendo a Bethânia um possível contrato com a Elenco, Caetano ficara inclinado a aconselhar que a irmã aceitasse. Já conhecia a qualidade do trabalho da pequena gravadora de Aloysio de Oliveira e sabia de seu prestígio no meio musical. Porém, ainda um tanto inseguros quanto a essa ser a melhor opção comercial, ele e Bethânia preferiram consultar os amigos do Arena. Vianinha — o dramaturgo Oduvaldo Vianna Filho — terminou convencendo-os de que seria melhor assinarem com a RCA, uma grande gravadora, com maior poder de fogo. O conselho tinha sentido, mas não se mostrou muito eficaz na prática. Tanto o compacto de Caetano (que gravou "Samba em Paz" e "Cavaleiro", duas composições próprias), como o de Gal (que, ainda usando o nome Maria da Graça, escolheu "Eu Vim da Bahia", de Gilberto Gil, e "Sim, Foi Você", de Caetano), passaram completamente desapercebidos.

O lançamento do álbum *Domingo* já marcou um avanço. Muito longe ainda de ser um sucesso de público, rendeu uma boa dose de reconhecimento à dupla, não só na imprensa, mas principalmente entre o primeiro time da música popular brasileira. Um dos que elogiaram o disco, ao lado de Ronaldo Bôscoli, Edu Lobo e Wanda Sá, foi Tom Jobim. Além de apreciar "Coração Vagabundo", que chegou até a incluir algumas vezes em seus shows, o maestro fez um comentário que deixou Caetano especialmente envaidecido:

"Você não está cantando como um compositor, rapaz. Está cantando como um cantor".

Na verdade, quando finalmente chegou às lojas, em julho de 1967, *Domingo* já estava soando um tanto ultrapassado. Aquela atmosfera de bossa nova tardia, realçada pela voz delicada e joão-gilbertiana de Gal, já tinha pouco a ver com o que Caetano começara a vislumbrar para suas novas canções. O texto que ele escreveu para a contracapa do LP trazia um evidente aviso:

"Acho que cheguei a gostar de cantar essas músicas porque minha inspiração agora está tendendo pra caminhos muito diferentes dos que segui até aqui. Algumas canções deste disco são recentes ("Um Dia", por

Tropicália

exemplo), mas eu já posso vê-las todas de uma distância que permite simplesmente gostar ou não gostar, como de qualquer canção. A minha inspiração não quer mais viver apenas da nostalgia de tempos e lugares, ao contrário, quer incorporar essa saudade num projeto de futuro".

Com Gil, não foi muito diferente. *Louvação*, seu primeiro LP, que a Philips mandara para as lojas dois meses antes, em maio, também já não refletia o que andava girando na cabeça do compositor à época do lançamento. Reunindo 12 canções de Gil, compostas entre 64 e 66 (com letras de cinco parceiros), soava apenas como uma antologia.

Do típico samba de protesto "Roda" (letra de João Augusto, do Teatro dos Novos) à caymmiana "Beira-Mar" (parceria com Caetano), passando pelo baião "Viramundo" (letra de Capinan), o disco introduzia o variado universo musical de Gil, com arranjos discretos de Dori Caymmi e Carlos Monteiro de Sousa (não creditados no LP, nem na edição em CD, três décadas mais tarde).

"Há várias maneiras de se cantar e fazer música brasileira: Gilberto Gil prefere todas. Assim, ele se entende com o público", apontou, na contracapa, Torquato Neto, letrista de três canções do disco: "Louvação", "A Rua" e "Rancho da Rosa Encarnada", esta em parceria com Geraldo Vandré. A mais ambiciosa das 12 faixas, certamente, era "Lunik 9". Composta no início de 66, sob o impacto do pouso de um veículo soviético na Lua, responsável por enviar à Terra as primeiras imagens de nosso satélite, essa canção prenunciou a fascinação de Gil por temas como o cosmos e o avanço da tecnologia. Num misto de orgulho e preocupação, exprimia suas inquietações de artista frente à conquista do espaço.

"Provavelmente, alguém vai fazer música sobre isso. Deixa eu fazer logo a minha", pensou Gil, estimulado pela competição com os colegas. Para expressar melhor a complexidade do tema, criou uma espécie de suíte, com diversos andamentos e ritmos (marcha, marcha-rancho, samba). A letra, relativamente longa para a época, inclui trechos narrados, com um toque épico. E o arranjo, com diferentes atmosferas, é recheado de efeitos orquestrais.

Esse avanço musical veio acompanhado, curiosamente, por uma dose de conservadorismo. Na letra, assumindo um receio excessivo frente às possíveis mudanças trazidas pela tecnologia, Gil misturou Orlando Silva e bossa nova. "O que será do verso sem luar?", perguntava. Por causa desse romantismo exagerado, que encobria uma visão um tanto reacionária do progresso tecnológico, logo depois de seu LP ser lançado, Gil já não conseguia mais ouvir "Lunik 9" sem achá-la bobinha, ingênua demais.

* * *

Foi uma verdadeira revelação. Gil chegou a chorar, tamanha a emoção que sentiu, ao conhecer a Banda de Pífaros de Caruaru, tocando no seu *habitat* natural, em Pernambuco. Ver e ouvir uma manifestação tão típica do universo da caatinga, em pleno sertão nordestino, trouxe imediatamente ao baiano de Ituaçu lembranças de sua infância e origens musicais.

No início de 67, logo depois de terminar as gravações de *Louvação*, seu primeiro LP, Gil decidira aceitar um convite do Teatro Popular do Nordeste para passar o mês de fevereiro em Recife. Apesar de ter que suspender por algumas semanas suas aparições no programa *Ensaio Geral*, que ajudava a comandar na TV Excelsior, Gil não quis desperdiçar uma oportunidade tão rara. Além de fazer uma série de shows na cidade, também teria tempo para conhecer o sertão pernambucano, uma região do Nordeste que sempre o interessou, até pelas afinidades que tinha com sua terra natal.

Voltado principalmente para o público universitário, o Teatro Popular do Nordeste desenvolvia projetos na linha dos antigos CPCs. Promovendo uma espécie de intercâmbio de cultura popular, levava compositores e artistas de outras regiões do país para exibir seus trabalhos em Recife, tendo o cuidado de colocá-los em contato direto com o folclore e a cultura popular local.

O intercâmbio já começaria na própria produção do show de Gil, que recebeu o título de *Vento de Maio*, emprestado de uma parceria recente com Torquato Neto. Em vez de levar músicos do Rio ou de São Paulo, Gil deveria aproveitar instrumentistas da própria cidade. Entre eles estava o contrabaixista Antônio Alves, o Toinho, que anos depois veio a fazer parte do Quinteto Violado. Outro talento local indicado a Gil foi o baterista Naná Vasconcelos, que só não participou do conjunto porque já tinha compromissos assumidos com a Banda da Aeronáutica.

Ciceroneado pelo compositor Carlos Fernando (autor de sucessos gravados posteriormente por Elba Ramalho), Gil descobriu um universo musical riquíssimo, que o deixou muito impressionado. Além de irem até Caruaru para ouvir a Banda de Pífaros, Fernando também apresentou a Gil as cirandas de Nazaré da Mata, tendo o cuidado de fornecer gravações de todo esse material para que o visitante pudesse se aprofundar mais nos ritmos e manifestações folclóricas.

Gil retornou ao Rio de Janeiro com a cabeça fervilhando de ideias. Já na ida para Recife, tinha tido uma conversa bastante polêmica com Guilherme Araújo, que o acompanhara na viagem. O empresário confessou

Tropicália 97

que andava bastante descontente com a música popular no Brasil. Em sua opinião, comparada ao que estava acontecendo em outras partes do mundo, a MPB soava velha e preconceituosa. O resultado prático disso era que os jovens brasileiros, principalmente nas grandes cidades, estavam ouvindo música estrangeira como nunca. Ou mesmo se contentavam com as poucas atrações do iê-iê-iê nacional, que quase sempre deixavam a desejar.

O que Gil e Guilherme viram em Pernambuco confirmou o diagnóstico do empresário. Guardadas as proporções, encontraram uma juventude parecida com a do Rio de Janeiro e São Paulo: garotas de minissaia e rapazes cabeludos, como os que circulavam por Copacabana ou pela rua Augusta, que se mostravam mais interessados nas novidades da música pop internacional do que em ficar discutindo os possíveis caminhos da MPB politizada.

Guilherme sentia que estava na hora de tentar rejuvenescer a música brasileira. Para isso, era preciso deixar os preconceitos com ritmos estrangeiros ou mesmo com certos instrumentos de lado. Por que não usar guitarras elétricas? O visual também era muito importante: quem quisesse atingir o público mais jovem teria que se vestir como ele, usar roupas mais modernas, em vez da sisudez que dominava o cenário musical do país.

Durante a viagem, Gil refletiu sobre a conversa. Nessa época, já andava fascinado com a música pop dos Beatles, especialmente o recém-lançado compacto de "Strawberry Fields Forever", canção que ouvia sem parar. Por que não juntar a música da Banda de Pífaros, que o impressionara tanto, com o rock dos Beatles? Por que não injetar o universalismo e a modernidade da música pop na mais típica música popular brasileira? Mal desembarcou no Rio de Janeiro, Gil foi procurar Caetano para narrar as experiências em Pernambuco e falar de suas novas inquietações musicais.

"A gente precisa fazer alguma coisa, Caetano! Vamos falar com o pessoal!"

Ansioso, Gil teve a ideia de convocar uma reunião de compositores, especialmente aqueles dos quais ele e Caetano sentiam-se mais próximos. Com uma certa dose de ingenuidade, acreditou que poderia convencer os colegas e amigos a aderirem ao projeto de um movimento para renovar a música popular brasileira, para torná-la mais "universal".

O encontro acabou acontecendo no Rio, onde viviam a maioria dos compositores. No dia combinado, na casa de Sérgio Ricardo, estavam presentes Dori Caymmi, Edu Lobo, Sidney Miller, Chico Buarque, Francis Hime e Paulinho da Viola, além de Caetano, Torquato e Capinan. Gil abriu a reunião com uma longa preleção. Para começar, deu detalhes de suas experiências musicais em Pernambuco, incluindo a "descoberta" da Banda de Pífaros de Caruaru. Em seguida, afirmando que considerava os Beatles a manifestação musical mais importante daquela época, Gil falou da necessidade de se passar a compreender a música popular como um meio da cultura de massas. E que, numa sociedade dominada pela cultura de massas, a música tinha se transformado em uma mercadoria para um consumo mais rápido e fácil. Assim, o nacionalismo defensivo das canções de protesto, que impregnava também quase toda a produção da MPB daquela época, não teria mais sentido. Estava na hora de todos se unirem para criar um movimento que revigorasse a música brasileira.

Caetano falou pouco, mas reforçou as ideias de Gil. Disse que já não sentia mais, principalmente na produção musical recente do país, a mesma coragem que havia gerado a bossa nova. Incluindo todos os presentes ali, Caetano sentia que a música popular brasileira tinha se colocado em uma posição de resguardo. Para mudar aquele estado de coisas, precisariam de mais coragem.

As reações variaram de pura incompreensão ao simples desinteresse. Dizendo ter concordado apenas em parte com a análise e a proposta de Gil, Sérgio Ricardo achava que realmente todos deveriam radicalizar mais: em sua opinião, a melhor maneira de atingir "as massas" seria organizando shows para operários, nas portas de fábricas. Chico Buarque, distante, não deu muita atenção à conversa — movimentos artísticos nunca chegaram a contagiá-lo. Já Dori Caymmi era mais refratário ainda: não podia nem ouvir falar em Beatles e música pop.

Apesar da evidente dificuldade de harmonizar concepções musicais, personalidades e interesses tão diversos, Gil não desistiu de imediato. Tentou ainda organizar outra reunião com os mesmos compositores, que também terminou frustrada. Foi um sinal de que, se quisessem arriscar a criação de um movimento de renovação da música brasileira, dali em diante os baianos só poderiam contar com eles mesmos.

* * *

Na volta da temporada em Pernambuco, Gilberto Gil não estava preocupado somente em renovar sua música. O afastamento de São Paulo servira também para que ele pudesse refletir melhor sobre o rumo de sua vida pessoal. Apesar do recente nascimento de Marília, sua segunda filha, Gil voltou decidido a se separar de Belina. Nessa resolução, pesou não só o desgaste do casamento, mas também uma nova paixão, que começara a se esboçar pouco antes da viagem.

Gil e Nana Caymmi até teriam razões para duvidar do futuro de seu *affair*. Além de casamentos recém-desfeitos, os dois tinham filhos pequenos e moravam a 429 km de distância um do outro. Sem falar em outro aspecto, bastante sério aos olhos mais provincianos e preconceituosos daquela época: ela era branca e ele, negro. Mesmo assim, nada impediu que a atração inicial acabasse se transformando em namoro e, logo depois, em um informal casamento.

A aproximação aconteceu durante as gravações do programa *Ensaio Geral*, que os dois faziam semanalmente no Canal 9, em São Paulo, ao lado de outros cantores e compositores, como Maria Bethânia, Marília Medalha, Tuca, Francis Hime, Toquinho, Sérgio Ricardo, Ciro Monteiro e o Tamba Trio. O programa, que estreou em 19 de dezembro de 66, era a primeira tentativa da TV Excelsior no sentido de enfrentar a hegemonia musical da TV Record — detentora dos contratos com os artistas mais populares do gênero naquele momento.

Quando a notícia do *affair* chegou às páginas dos jornais e revistas de variedades, o tempo fechou. Tanto a mãe de Nana, dona Stela, como o pai de Gil, seu Zeca, foram radicalmente contra a ligação dos dois. Enfrentando a reação tempestuosa das famílias, o casal viveu seu romance entre lances shakespearianos de *Romeu e Julieta*.

Nana retornara ao país em junho de 66, depois de morar cinco anos em Caracas casada com um médico venezuelano. Resolvida a se separar do marido, desembarcou no Rio de Janeiro com os dois filhos, já grávida do terceiro. Pouco depois do parto, retomou a carreira de cantora, interrompida desde o casamento, com a mudança para a Venezuela. Em outubro, Nana já estava participando do 1º Festival Internacional da Canção, no Rio de Janeiro.

Não foi nada fácil. Com o filho recém-nascido nos bastidores, à espera da amamentação, Nana subiu ao palco do Maracanãzinho, para defender a canção "Saveiros" (do irmão Dori Caymmi, com letra de Nelson Motta). Para sair dali com o primeiro prêmio, que lhe garantiu uma razoável independência econômica, a cantora teve que enfrentar uma enorme vaia. Nana só soube tempos depois, mas entre os adversários que a vaiaram naquele festival estava o próprio Gil, que concorria com a canção "Minha Senhora" (parceria com Torquato Neto), interpretada pela tímida Gal Costa.

O primeiro ano do romance não teria sido possível sem a ponte aérea Rio-São Paulo. Ao se separar de Belina, Gil decidiu também voltar a morar na capital paulista e, assim, ficou vivendo em um apartamento do Hotel Danúbio. Nana morava no Rio, com os filhos, mas ia a São Paulo

Dupla *cool*: Gal e Caetano, na época em que gravaram juntos o LP *Domingo*, uma retomada tardia da bossa nova.

Caso tumultuado: Gil e Nana Caymmi assumiram o romance, no início de 1967, mesmo contra a vontade de suas famílias.

todas as segundas-feiras, para gravar na TV Excelsior ou, mais tarde, para participar de programas na TV Record.

O casamento com Nana foi o único de Gil que não resultou em filhos, mas acabou rendendo uma nova parceria musical. Composta pelo casal, no apartamento do Hotel Danúbio, a delicada "Bom Dia" marcou, de certo modo, a transição de Gil para a explosão tropicalista.

* * *

Era o empurrão estético que faltava. Caetano ficou muito impressionado ao ver *Terra em Transe*, o longa-metragem de Glauber Rocha, que entrou em cartaz em maio de 1967, depois de ser proibido e, finalmente, liberado pela Censura. A maneira inovadora de o cineasta baiano retratar o país, simbólica e violenta, produziu o efeito de uma iluminação interior. Caetano encontrou no filme de Glauber a chave para começar a encarar ideias e questões estéticas que o incomodavam havia tempos.

Seis meses antes, pouco depois de se mudar para o Solar da Fossa, Caetano compusera a canção "Paisagem Útil", que já trazia uma ruptura poética em relação a suas composições anteriores. A primeira pessoa a ouvi-la foi o vizinho Paulinho da Viola, cujo apartamento Caetano visitava quase diariamente. Os dois costumavam bater papo e tocar violão, além de um mostrar ao outro o que estavam compondo. Paulinho ficou intrigado ao ouvir pela primeira vez versos como:

> *Os automóveis parecem voar/ Mas já se acende e flutua/ No alto do céu uma lua/ Oval, vermelha e azul/ No alto do céu do Rio/ Uma lua oval da Esso/ Comove e ilumina o beijo/ Dos pobres tristes felizes/ Corações amantes do nosso Brasil.*

Paulinho escutou a canção até o final, atento. E, só depois de alguns instantes de silêncio, deu sua opinião:

"Caetano, vou te dizer uma coisa. Isso é muito estranho. Eu nem sei dizer se eu gosto ou se eu não gosto, mas é uma coisa íntegra em si mesma. É diferente de tudo que tem por aí".

Terra em Transe também parecera a Caetano diferente de tudo que ele já vira no cinema brasileiro. Porém, o que mexeu profundamente com Caetano (que já era fã do cineasta franco-suíço Jean-Luc Godard) não foram tanto as novidades de linguagem do filme de Glauber, mas antes de tudo a liberdade que ele assumiu em relação aos cânones e preconceitos políticos que imperavam no país daquela época.

O rei na *Discoteca*: Roberto Carlos, em uma aparição no programa de TV do irreverente Abelardo "Chacrinha" Barbosa.

O tratamento dado ao confronto entre o protagonista da história, o jornalista/poeta Paulo Martins (interpretado por Jardel Filho), e dois líderes políticos, o ditador Don Porfirio Díaz (Paulo Autran) e o populista Dom Felipe Vieira (José Lewgoy), era mais que inovador, revolucionário mesmo. Camuflado pelo codinome Eldorado, o Brasil surgia estampado em uma violenta e perturbadora alegoria, que escancarava o grotesco de seu cotidiano.

Para Caetano, o filme de Glauber funcionou, antes de tudo, como um catalisador de ideias e sugestões que andavam girando em sua cabeça, mas ainda sem coragem suficiente para assumi-las e colocá-las em prática. De alguma forma, Caetano já sonhava em fazer algo semelhante a *Terra em Transe* na música popular. A identificação foi imediata. Nem mesmo o fato de Duda Machado — o amigo da Bahia cujas opiniões respeitava muito e com quem dividia o apartamento do Solar nessa época — ter feito críticas ao filme de Glauber diminuiu o impacto.

Como se tudo, enfim, começasse a se conectar, Caetano lembrou das recentes conversas com Rogério Duarte e o escritor e cineasta José Agrippino de Paula, que costumavam visitá-lo juntos, no Solar. Caetano estranhava vê-los falar, com uma especial animação, de Chacrinha — o já cinquentão apresentador de TV que, invariavelmente vestido com fantasias carnavalescas, comandava seus programas de calouros empunhando uma debochada buzina e, entre outras excentricidades, atirava bananas e pedaços de bacalhau para a plateia.

"Chacrinha é a personalidade teatral mais importante do Brasil", dizia José Agrippino, com a expressão de quem já tinha passado por experiências que Caetano ainda não tivera condições de alcançar.

Com a pulga atrás da orelha, Caetano recorreu mais uma vez à televisão da avó de Dedé e surpreendeu-se. Ao assistir pela primeira vez o programa de Chacrinha, viu a imagem de um país subdesenvolvido, exibindo suas entranhas, com uma vitalidade e uma alegria que o deixaram maravilhado. A *Discoteca do Chacrinha* e *Terra em Transe* tinham mesmo muito em comum.

Versando sobre temas como a arte pop, o cinema norte-americano ou as últimas novidades do rock n' roll, as conversas com José Agrippino e Rogério costumavam ser muito ricas e, invariavelmente, provocativas. Agrippino deixava Caetano pensando, ao afirmar que, entre Erasmo e Roberto Carlos, não tinha dúvidas em preferir o estilo mais roqueiro do Tremendão.

"Roberto Carlos é doce demais, é muito meloso", argumentava o escritor paulista.

Já Rogério, que introduziu Caetano nas primeiras discussões sobre o *kitsch*, também se aventurava no papel de produtor musical:

"Caetano, nós temos que fazer um repertório novo para Gal, que não seja iê-iê-iê, nem bossa nova. A gente tem que pensar nos sambas-canções mais cafonas, que representem a alma do Brasil. Precisamos encontrar algo com essa violência poética, mas também com elementos do iê-iê-iê", sugeria, antecipando a estética de um movimento que só veio a nascer meses depois.

Chicote no lombo dos adversários: o bailarino Lennie Dale (à esq.) e o compositor Geraldo Vandré, durante a catártica performance da canção de protesto "Aroeira".

7.
GUERRA AO IÊ-IÊ-IÊ

O ambiente jamais estivera tão tenso nos bastidores da TV Record. Desde que o ibope de *O Fino* começara a cair, logo após o programa comandado por Elis Regina ter entrado em seu segundo ano, os ânimos do elenco começaram a se exaltar. Nem mesmo o reforço de Miéle e Ronaldo Bôscoli, convocados às pressas para assumir a direção do musical, reverteu a queda de audiência. Assim, em 19 de junho de 67, quando a emissora decidiu tirar o programa do ar, Elis e seus colegas mais radicais já tinham declarado guerra ao inimigo que, aparentemente, estaria roubando a atenção do público: o iê-iê-iê de Roberto Carlos e seu programa *Jovem Guarda*.

Duas semanas antes, durante o *Show do Dia 7*, o especial mensal em que a Record reunia os astros e estrelas de seu *cast*, a "Pimentinha" já tinha deixado bem claro, frente às câmeras, que não iria aceitar aquele estado de coisas. Escalada para fechar o programa, Elis sentiu a plateia mais apática, depois da euforia demonstrada durante a apresentação de Roberto Carlos com Elizeth Cardoso. Ao cantar "Roda" (de Gilberto Gil e João Augusto), irritada, Elis interrompeu a música, enfatizando os versos "quero ver quem vai sair/ quero ver quem vai ficar". E, com o dedo em riste, mandou uma mensagem ameaçadora para os adversários: "Quem está conosco, muito bem. Quem não está, que se cuide!".

A temperatura subiu nos bastidores da emissora, mas o astuto Paulinho Machado de Carvalho, chefão da Record, soube utilizar comercialmente o conflito. Um novo musical foi criado às pressas para substituir *O Fino*, com uma fórmula, na verdade, pouco diferente da anterior. A maior novidade estava no comando do programa. Sete artistas passariam a se revezar semanalmente: Elis, Jair Rodrigues, Geraldo Vandré, Wilson Simonal, Chico Buarque, Nara Leão e Gilberto Gil.

Seguindo o clima de ebulição política do país, o novo programa foi intitulado *Frente Única — Noite da Música Popular Brasileira*, nome que assumia a animosidade de alguns dos apresentadores, como Vandré, criador do conceito do programa, e Elis (na verdade, para um "comitê" de mestres de cerimônia formado por cantores e compositores de estilos tão diferentes, seria bem mais apropriado chamá-lo de *Frente Ampla*).

Tropicália

Também escancarado nas reuniões de preparação do programa, o rancor dos emepebistas contra o iê-iê-iê foi canalizado pela direção da emissora em uma maquiavélica estratégia de marketing. Às vésperas da estreia, surgiu a ideia de se organizar uma espécie de ato público em defesa da música brasileira, com a presença de todos os apresentadores e artistas convidados do *Frente Única*.

Esse episódio, que ficou conhecido como "a passeata contra as guitarras", rendeu uma boa dor de cabeça a Gil. Na época, já completamente fascinado pelos Beatles e ansioso por expandir os limites poéticos e sonoros de sua música, Gil se viu em uma encruzilhada. Apesar de não ter nada contra o iê-iê-iê, deixar de participar dessa manifestação estava fora de questão. Não bastassem as pressões corporativas, tanto por parte da direção da emissora como dos próprios colegas da ala emepebista, nesse caso também estava em jogo a relação de Gil com Elis Regina. Foi graças a ela, gravando suas canções e convidando-o a participar do *Fino da Bossa*, que o compositor baiano se tornara popular em todo o país. E, para piorar mais ainda a situação, assim que conheceu Elis, Gil cultivou durante alguns meses uma paixão recolhida por ela, o que geralmente o levava a aceitar sem muita discussão todas as vontades e decisões da "Pimentinha".

Por tantos motivos, no dia 17 de julho, lá estava ele, meio sem jeito, marchando ao lado de Elis, Jair Rodrigues, Edu Lobo, Geraldo Vandré, MPB-4 e outros cantores, compositores, músicos e fãs, que foram apoiar a "causa" emepebista. A passeata saiu do Largo São Francisco, no centro da cidade, e seguiu até o Teatro Paramount, na avenida Brigadeiro Luiz Antônio. Na verdade, o "protesto" não foi dirigido especialmente contra as guitarras elétricas, como diz a lenda, mas sim contra a invasão da música estrangeira no país.

Gil não era o único manifestante constrangido, no meio do grupo de cantores e compositores manifestantes. Chico Buarque também apareceu, para marcar presença. Minutos depois, envergonhado, sumiu à francesa. Já Caetano e Nara Leão recusaram-se a aderir à passeata, mesmo estando envolvidos com o novo programa. Se ainda tinha alguma dúvida sobre a questão, Caetano foi convencido de vez pela clareza e inteligência da cantora, durante uma das reuniões preparatórias do *Frente Única*. Sem se deixar impressionar pela retórica nacionalista dos colegas, Nara observou que, antes de qualquer coisa, a questão era comercial. O que estava em jogo não era o aparente conflito ideológico entre a MPB e o iê-iê--iê, mas sim a queda de audiência de um programa de TV e o consequente prejuízo econômico para os envolvidos, no caso, os artistas e a emissora. Os mais esquerdistas, presentes à reunião, ficaram de cabelos em pé ao ouvir uma análise tão "alienada".

Quando a manifestação passou em frente ao Hotel Danúbio, onde estavam hospedados, Caetano e Nara ficaram acompanhando de longe, por uma janela, o passo em falso dos colegas:

"Nara, eu acho isso muito esquisito..."

"Esquisito, Caetano? Isso aí é um horror! Parece manifestação do Partido Integralista. É fascismo mesmo!"

Tiradas cheias de franqueza, como essa, já tinham rendido várias inimizades à ex-musa da bossa, em outros momentos de sua carreira. Foi assim em 64, quando ela lançara o LP *Opinião de Nara*, seu primeiro pela Philips. Decidida a ampliar seu repertório, ela gravara sambas de Zé Kéti e canções de protesto de Sérgio Ricardo e João do Vale (antecipando o sucesso do musical *Opinião*, meses depois), que lhe renderam críticas e acusações na linha "traidora da bossa nova". Numa polêmica entrevista à revista *Fatos & Fotos*, Nara mostrou sua personalidade:

"Chega de cantar para dois ou três intelectuais uma musiquinha de apartamento. Quero o samba puro, que tem muito mais a dizer, que é a expressão do povo, e não uma coisa feita de um grupinho para outro grupinho. E essa história de dizer que a bossa nova nasceu na minha casa é uma grande mentira. Se a turma se reunia aqui, fazia-o em mais mil lugares. Eu não tenho nada, mas nada mesmo, com um gênero musical que não é o meu e nem é verdadeiro".

Dois anos mais tarde, quando os repórteres já tinham se acostumado a procurá-la, certos de que ouviriam opiniões explosivas sobre os mais variados assuntos, Nara quase foi enquadrada na Lei de Segurança Nacional, pelo então ministro da Guerra, marechal Costa e Silva. Com uma coragem (ou imprudência) incomum, em tempos de ditadura militar, ela declarou ao jornal carioca *Diário de Notícias*:

"Os militares podem entender de canhão ou de metralhadora, mas não pescam nada de política". E, depois de sugerir a extinção do Exército brasileiro e a volta dos civis ao poder, ela ainda alfinetou: "As nossas Forças Armadas não servem para nada, como foi constatado na última revolução, em que o deslocamento das tropas foi prejudicado por alguns pneus furados".

Para pôr em prática um movimento musical como o que estavam começando a planejar, Caetano e Gil certamente iriam precisar de pelo menos uma parte da enorme coragem de Nara Leão.

Tropicália

* * *

Geraldo Vandré ficou possesso. Gritou, esperneou, chegou mesmo a chorar, ao saber o que Gil, Caetano e Torquato estavam armando, nos bastidores da TV Record. Para Vandré, fazer uma homenagem a Roberto Carlos, incluindo até mesmo uma guitarra elétrica, no programa de TV que tinha sido criado justamente para apoiar a música popular brasileira frente à crescente invasão do iê-iê-iê, era o mesmo que apunhalá-lo pelas costas. Uma verdadeira traição musical.

Até em suas aparições no programa, o cantor e compositor paraibano demonstrava que não estava ali para brincadeiras, se a questão era defender a MPB. Uma cena que ele dividira com o bailarino Lennie Dale (o coreógrafo norte-americano que se radicou com sucesso no Rio de Janeiro, na época da bossa nova) falava por si própria. Cantando a ríspida "Aroeira", uma típica canção de protesto, Vandré usava um chicote, para transmitir melhor sua mensagem: "É a volta do cipó de aroeira/ No lombo de quem mandou dar", dizia a letra.

Escalado como apresentador do quarto programa da série *Frente Única*, que seria gravado em 24 de julho, Gil indicara Caetano e Torquato para escreverem o roteiro. Os dois parceiros não deixaram por menos: convenceram Gil de que esse programa seria uma boa oportunidade para que ele se redimisse do constrangedor episódio da passeata contra a música estrangeira, uma semana antes. Chegara a hora do primeiro ato subversivo do grupo baiano.

A ideia de Caetano era pura nitroglicerina. Como o grosso do elenco do programa já havia sido definido anteriormente pela produção (além de Vandré, Chico, Nara, Elis, Jair e Simonal, também participariam daquela noite Gal Costa, Nana Caymmi, Edu Lobo, Marília Medalha, Elizeth Cardoso, Toquinho, Zimbo Trio e MPB-4), o plano consistia em apresentar um quadro-bomba, que teria Bethânia como protagonista: uma provocativa homenagem a Roberto Carlos. Seria uma espécie de *happening*, introduzido por Gil, com o seguinte texto de Caetano:

"Bethânia tem sido a razão de muitos sambas. O seu canto tem nos ensinado a compor e a olhar a vida. Quando você canta, a gente aprende a arriscar. Quando você abre os braços, tentamos abraçar a realidade toda. Você nos leva a uma tentativa desesperada de liberdade. Você vai cantar ao lado de um rapaz que é grande cantor e será para sempre uma das fases mais nítidas do nosso tempo na História".

Segundo o roteiro, Bethânia deveria entrar no palco de minissaia e botinhas, empunhando uma guitarra elétrica. Acompanhada por um con-

União aparente: a temperatura subiu nos bastidores da TV Record, quando Gil comandou seu programa da série *Frente Única — Noite da Música Popular Brasileira*, ao lado de Elis Regina, Nara Leão e Jair Rodrigues.

Provocação pré-tropicalista: vestida a caráter, Bethânia chegou a ensaiar uma homenagem a Roberto Carlos, para o programa *Frente Única*, mas a reação de Geraldo Vandré foi mais forte.

junto de iê-iê-iê, ela cantaria "Querem Acabar Comigo", junto com ninguém menos que o homenageado, Roberto Carlos. O recado do quadro era cristalino. Além de homenagear o líder da Jovem Guarda, os baianos estavam assumindo, pela voz de Bethânia, a defesa do iê-iê-iê.

O plano parecia correr muito bem até que, às vésperas do programa, o roteiro acabou chegando acidentalmente às mãos de Geraldo Vandré. As trovoadas começaram na hora: furioso, sentindo-se traído, o compositor paraibano vociferou que não admitiria um quadro como aquele no programa. Vandré discutiu com Gil, Caetano e Torquato de uma forma tão violenta e destemperada que os três, assustados, acharam melhor repensar o roteiro.

Gil ficou muito abalado. Apesar de ser o defensor mais eufórico da necessidade de se renovar a música brasileira, mesmo sem a adesão dos colegas emepebistas, acabou se encolhendo ao sentir o impacto da fúria de Vandré — seu parceiro nas canções "Pra Que Mentir" e "Rancho da Rosa Encarnada" (esta também com Torquato Neto). Bethânia ainda chegou a ensaiar seu número, no palco do Teatro Paramount, usando botas e minissaia, com uma guitarra elétrica na mão. Porem, pouco antes do programa, foi aconselhada pelos amigos a deixar de lado o instrumento polêmico e o modelito jovem guarda, substituídos por um vestido do figurinista Denner.

A participação de Roberto Carlos também foi cancelada, sob o pretexto oficial de que ele teria uma gravação marcada, no Rio de Janeiro. Nem mesmo o provocativo texto de Caetano foi lido por Gil. No final, restou no programa apenas a canção "Querem Acabar Comigo", interpretada por Bethânia, mas com todo o impacto do quadro já completamente diluído. O primeiro ato de sublevação dos baianos acabou ficando adiado. Três dias depois, uma reportagem no jornal *Última Hora*, de São Paulo, apontava o "clima de guerra" nos bastidores do *Frente Única*. Até mesmo a suspeita de sabotagem, nos cenários do programa, era sugerida no texto. Aproveitando a ocasião, Caetano abriu fogo contra os emepebistas xenófobos:

"Acho que tudo aquilo que se fez num dos shows, como passeata ao som de Caymmi e Zé Kéti, gente no alto do Paramount com bandeirinhas brasileiras, é muito negativo. Lembra-me o nacionalismo nazista, o Estado Novo. Penso até que, se no meio daquela psicose toda aparecessem a Vanderléa ou Erasmo Carlos, seriam mesmo massacrados. Acho que à música cabe uma única colocação: ou se gosta, ou não se gosta. Fazer marchas, agora 'da família com Deus e pela música brasileira', eu acho ridículo".

A guerra estava mais que declarada. Nesse mesmo dia, Geraldo Vandré convocou uma coletiva de imprensa, no Hotel Danúbio. Entre farpas aos supostos inimigos da MPB, acusou a direção da TV Record de não mais investir nos programas de música popular brasileira, preferindo apoiar os programas de iê-iê-iê. Paulinho Machado de Carvalho não engoliu o sapo: afastou Vandré imediatamente do elenco da emissora.

Em crise aberta, o programa *Frente Única* durou ainda cinco semanas, até ser tirado definitivamente do ar. Mas um novo combate entre emepebistas e simpatizantes do iê-iê-iê já estava marcado: o 3º Festival de Música Popular Brasileira, da TV Record, cujas eliminatórias começavam em setembro.

* * *

Bethânia já estava prevendo um fiasco. Convidada a participar de um programa da TV Record, por pouco não desistiu. *Esta Noite se Improvisa* era uma espécie de *game show*, em que os participantes precisavam dominar um razoável repertório de música popular brasileira, além de contar com boa memória. Como jamais ficava muito à vontade em programas de televisão, além de sua memória musical não ser das mais prodigiosas, Bethânia estava sentindo-se mais ou menos como um timeco da segunda divisão do futebol carioca prestes a enfrentar o Flamengo, no Maracanã.

O jeito foi pedir ajuda ao irmão, que também estava em São Paulo naquela semana, para praticar um pouco. Caetano era craque nesse jogo, na verdade, uma brincadeira de salão que já existia muito antes de o programa ser criado na Record. Era simples: a partir de uma palavra qualquer, sorteada ou sugerida, o jogador deveria cantar o trecho de alguma música que contivesse aquela palavra.

Na véspera do programa, à tarde, os dois se sentaram em um bar próximo ao Teatro Record, na rua da Consolação, para um treino. Como de costume, Bethânia acertava poucas canções; Caetano, praticamente todas. Já estavam jogando há algum tempo, quando um sujeito se levantou e foi até a mesa. Era Nilton Travesso, produtor do programa, curioso para saber quem estava jogando com a cantora.

"É Caetano, meu irmão..."

"O compositor? Então é quem eu estava pensando mesmo. Você parece bom nesse jogo, rapaz. Não quer participar na próxima semana?"

Já em seu primeiro programa, que foi ao ar em 3 de agosto, Caetano se saiu muito bem, ao contrário da irmã, eliminada logo no início da competição. Além de possuir boa memória e de conhecer muitas canções, Caetano praticava esse jogo havia quase um ano. Durante as longas noitadas regadas a cerveja, nas mesas do bar Cervantes, em Copacabana, ele, Dedé e amigos como Torquato Neto, Sidney Miller e o letrista Nelson Lins de Barros costumavam se divertir dessa maneira.

O jeito tímido e o característico sotaque baiano de Caetano conquistaram rapidamente o público e a equipe do programa, apresentado pelo casal Blota Júnior e Sônia Ribeiro. Convidado a retornar nas semanas seguintes, Caetano tornou-se um dos campeões do *Esta Noite se Improvisa*, igualando-se a Chico Buarque e ao debochado Carlos Imperial. Os prêmios variavam de quantias em dinheiro a populares automóveis Gordini.

Entre os campeões, Chico Buarque levava uma vantagem. Quando a memória não o ajudava, ele era capaz de compor uma canção na hora, usando uma palavra sugerida. Com a maior cara de pau, inventava também o nome do suposto compositor e o ano da gravação. A música e a história eram tão convincentes que ficava difícil desmenti-lo (sete anos mais tarde, Chico repetiu a artimanha: conseguiu driblar os censores da Polícia Federal, que o perseguiam, gravando alguns sambas sob o pseudônimo de Julinho da Adelaide).

Porém, nem sempre esse truque funcionou. Numa das primeiras participações de Caetano no programa, Chico já estava a ponto de convencer a comissão julgadora de que um samba que acabara de inventar, usando a expressão "não interessa", teria sido gravado por um cantor obscuro, nos anos 50. Até que alguém gritou na plateia:

"Isso é coisa de repentista!"

Com a lebre levantada, já que ninguém do júri conhecia o suposto samba, Blota Júnior resolveu apelar para a honestidade do compositor:

"Qual é a nota que você merece, Chico?"

"Menos seis. Eu fiz esse samba agora."

A plateia, os jurados e até os adversários do abusado repentista caíram na risada, aplaudindo. Quem acabou levando o prêmio dessa noite foi Caetano.

Numa época ainda relativamente ingênua da televisão brasileira, *Esta Noite se Improvisa* estava muito aquém das maquinações retratadas no recente filme *Quiz Show* (dirigido por Robert Redford), que reconstitui os bastidores de um programa de perguntas e respostas, com grande audiência nos EUA. Sem combinações prévias dos participantes com a produção, no sentido de apimentar mais as disputas, o programa da TV Record era pouco mais que uma simples brincadeira de salão.

Mesmo quando o programa atingiu altos índices de audiência, a produção não fez nada de muito especial para estimular os confrontos dos tímidos Caetano e Chico Buarque com o gozador Carlos Imperial. Apoiando-se em seu estilo cafajeste, Imperial sugeria algo da arquetípica disputa entre bem e mal — clichê dramático que Caetano comparava a um popular programa da época, que exibia luta livre na TV: o *Telecatch*. Bastaram poucas semanas fazendo o programa, para que Caetano logo notasse os efeitos da popularidade. Começou a ser reconhecido na rua e, ao mesmo tempo, melhor tratado pela produção da Record, que passou a hospedá-lo no Hotel Danúbio — assim, já não precisava mais ficar no apartamento que Guilherme Araújo alugara na região da avenida Paulista.

Durante as gravações do programa, enquanto outros concorrentes eram presenteados com os tradicionais bombons e flores pelas fãs, Caetano ganhava muitos pentes. Uma indicação de que seu cabelo encaracolado e levemente comprido já chamava atenção, ou mesmo incomodava. A popularidade súbita provocada pelo programa também ajudou a mudar o ponto de vista de Guilherme Araújo sobre as possibilidades de Caetano na carreira musical. Até então, na opinião do empresário, Caetano era um excelente compositor, mas não teria o mínimo jeito para o palco, muito menos para se lançar como intérprete de suas canções. Porém, poucas semanas depois da estreia de Caetano no programa, Guilherme já estava impressionado com o carisma do rapaz:

"Veja que coisa gozada, meu querido: as amigas de mamãe me disseram que sentem vontade de carregar você no colo, quando o veem na televisão. Isso é incrível, meu querido!"

* * *

No período em que participou semanalmente do *Esta Noite se Improvisa*, Caetano se aproximou bastante de Chico Buarque e do violonista Toquinho. Os três costumavam sair juntos à noite, pelas ruas de São Paulo, para conversar e beber (exceto Toquinho, o único abstêmio da turma), até de madrugada.

O tímido Chico acabou se revelando um gozador de primeira linha. Aproveitando sua imagem de rapaz compenetrado, numa ocasião espalhou entre os colegas do meio musical que Caetano estava ficando maluco. Depois de descrever as manias insólitas que ele teria adquirido ao enlouquecer, Chico narrava com detalhes a cena mais dramática da suposta tragédia. Ao visitar o irmão, bastante preocupada, Maria Bethânia teria sido enxotada por ele, aos berros:

Descoberto pela TV: graças ao sucesso de suas participações no programa *Esta Noite se Improvisa*, Caetano passou a ser escalado para outros programas da TV Record.

"Sai daqui, carcará! Sai, carcará!".

Durante uma das maratonas etílicas do trio, ao saber que Caetano chegara a fazer algumas serenatas para uma namorada de adolescência, ainda em Santo Amaro da Purificação, Chico implorou um favor ao amigo. Ansioso para reconquistar uma ex-namorada, que acabara de voltar de uma temporada na Europa, queria que ele fizesse uma serenata sob a janela da garota.

Caetano não recusou o pedido. Na noite combinada, uma sexta-feira, por volta das 4h30 da madrugada, os três seguiram para a região da avenida Paulista, onde morava a família da homenageada. Com Toquinho de olhos grudados na esquina, cuidando para que algum policial não os visse em atitude suspeita, Chico obrigou Caetano a pular o muro que cercava a casa, para então subir na árvore mais alta do jardim, próxima do quarto da garota.

O seresteiro caprichou no repertório. Abriu a seleção com Dorival Caymmi, emendou com canções de Orestes Barbosa, Tom Jobim e Gilberto Gil, até encerrar a função com a sua "Avarandado", sob os sorrisos envaidecidos da garota. Tudo teria corrido com perfeição, não fosse um rasgão na calça do seresteiro, provocado pelo esforço da escalada na árvore. Por pouco a serenata não terminou em comédia de pastelão.

* * *

Em 20 de agosto de 67, Caetano deixava evidente sua ansiedade por novidades no cenário da música popular brasileira, em uma entrevista a Zuza Homem de Mello (publicada em livro, somente uma década mais tarde):

"Acho que a música brasileira, depois da bossa nova, ficou discutindo tudo que a bossa nova propôs, mas não saiu dessa esfera, não aconteceu nada maior. Eu, pessoalmente, sinto necessidade de violência. Acho que não dá pé pra gente ficar se acariciando. Me sinto mal já de estar ouvindo a gente sempre dizer que o samba é bonito e sempre refaz o nosso espírito. Me sinto meio triste com essas coisas e tenho vontade de violentar isso de alguma maneira. É a única coisa que me permite suportar e aceitar a ideia de manter uma carreira musical, porque uma coisa é inegável: a música é a arte mais viva em todo o mundo. O que acho é que a música tem sido utilizada muito pra gente se manter enganado e eu não quero mais. Quero que a gente saiba mesmo, que a gente engula e veja que a gente está num país que não pode nem falar de si mesmo. A gente tem que passar a vergonha toda pra poder arrebentar as coisas."

A explosão já estava bem próxima.

Simpatia: a Jovem Guarda de Roberto Carlos também influenciou os tropicalistas.

8.
À PROCURA DAS GUITARRAS

A ideia surgiu na rua. Caminhando por Copacabana, Caetano começou a pensar em uma canção para o festival da TV Record. Queria que fosse algo bem alegre e a primeira imagem que lhe veio à cabeça foi a de um rapaz andando numa cidade grande, olhando as pessoas e coisas na rua, exatamente como ele estava fazendo. A música, imaginou, deveria ser algo bem atual, um som meio elétrico, meio pop, que tivesse a ver com as coloridas imagens das revistas, expostas nas bancas de jornal, com fotos de atrizes de cinema misturadas com cenas violentas de guerra e flagrantes de viagens espaciais.

Mais tarde, já no Solar da Fossa, Caetano voltou a pensar na nova composição. Queria usar guitarras elétricas no arranjo, mas também achava essencial que ela soasse bem brasileira, algo como uma marchinha. A lembrança de "A Banda", vencedora do festival no ano anterior, foi imediata. Não que Caetano achasse essa uma das canções mais interessantes de Chico Buarque, mas o fato de ela ser uma marcha tinha provocado uma reação muito especial da plateia, como a empatia despertada pelas marchinhas de carnaval.

Antes de esboçar os primeiros versos da nova letra, Caetano pensou também no "Clever Boy Samba", que fizera em 1964 (e jamais chegara a gravar), misturando bossa nova e a influência de Tom Zé, com suas sátiras de personagens exóticos da Bahia. Ironizando os *playboys* de Salvador, além de citar lugares pitorescos da cidade e fazer referências ao cinema internacional e à bossa nova, esse samba dizia:

> *Pela Rua Chile eu desço/ Sou belo rapaz/ Cabelo na testa fecha muito mais/ Vou fazer meu ponto/ Ali no Adamastor/ Mesmo subdesenvolvida/ Eu vou fazer a doce vida/ As brigittes vão passando/ E eu Belmondo/ Sigo na lambreta e os brotos/ Vão ficando pra trás/ Sem silencioso fecha muito mais/ No Farol da Barra/ Em falta de Copacabana/ Vou queimar a pele/ No fim de semana/ Entro no cinema/ E o filme é com Delon/ Aprendo o sorriso/ Mas nem sei se o filme é bom/ "Come to me my me-*

*lancholy"/ Samba agora é assim/ Se não é bossa nova/ Não es-
tá pra mim/ Pra mim, João Gilberto/ E Orlann Divo é uma coisa só/ De tarde a semana inteira/ Dou meu show de capoeira/
Na piscina do Yacht, se faz sol/ O Nelson Gonçalves/ Sei que
já ficou pra trás/ Ser desafinado fecha muito mais/ Adoro Ray
Charles/ Ou "Stella by Starlight"/ Mas o meu inglês/ Não sai do
"good night".*

Caetano pensou em fazer algo nessa linha, só que em vez de tipos e
lugares de Salvador trabalharia com elementos do universo pop daquela
época. Na mesma noite, começou a escrever os versos iniciais da letra, que
é claramente cinematográfica (uma "letra-câmera-na-mão", definiu bem
Décio Pignatari), com suas imagens focalizadas diretamente do cotidiano. Horas depois, já de madrugada, a melodia e a primeira parte da letra
de "Alegria, Alegria" estavam prontas.

A segunda parte foi feita no dia seguinte. Rindo consigo mesmo,
Caetano não resistiu à tentação de incluir uma citação de *As Palavras*, a
autobiografia do filósofo Jean-Paul Sartre — seu livro favorito na época:
"nada no bolso e nada nas mãos".

Com a canção pronta, o passo seguinte seria encontrar os músicos
mais apropriados para acompanhá-lo no festival, já que decidira ser o intérprete. Estava pensando em convidar o RC-7, o conjunto de Roberto
Carlos (uma escolha mais simbólica do que propriamente musical), quando
Guilherme Araújo surgiu com a dica: "Encontrei um conjunto tocando
no Beco que é perfeito para acompanhar você no festival!".

No dia em que foi conhecer os Beat Boys, na casa noturna dirigida
por Abelardo Figueiredo, Caetano só precisou vê-los para sentir que Guilherme acertara. Comparados àqueles cabeludos roqueiros argentinos, o
tímido conjunto de Roberto Carlos mais parecia uma banda evangélica.
Se ainda restava alguma dúvida, ela se desfez quando Caetano os ouviu
tocar. Os garotos já revelavam uma consistência musical que era rara entre
os conjuntos pop nacionais.

A história dos Beat Boys começara no La Cueva, um lendário bar de
Buenos Aires, que promoveu diversas ondas musicais. Até o final dos anos
50, jazzistas como Lalo Schifrin e Gato Barbieri, que se tornaram conhecidos internacionalmente, costumavam frequentar suas *jam sessions*. Já
na década de 60, com a ascensão do rock, foi a vez de bandas como os
Shakers e Los Gatos Selvages.

Tony, Cacho, Toyu, Daniel e Marcelo já se conheciam das noitadas no La Cueva, quando decidiram formar a banda para tentar a sorte no Brasil. Chegaram de ônibus, em São Paulo, em meados de 66, com os cabelões, instrumentos e quase nenhum dinheiro nos bolsos. Tony tinha um estímulo a mais: saiu de seu país para evitar o serviço militar — motivo de Willie ter ficado em Buenos Aires por mais um ano. Nessa época, o quinteto tocava só *covers*, especialmente sucessos dos Beatles, Rolling Stones e The Mamas and the Papas.

Os primeiros meses em São Paulo não foram nada fáceis. O dinheirinho que ganharam em esparsas apresentações na Urso Branco, uma enorme cervejaria na avenida Santo Amaro, serviu apenas para que os cinco se mantivessem vivos até conseguirem, finalmente, um contrato para tocar todas as noites no Beco, uma das casas noturnas mais sofisticadas da cidade. Ficava na rua Bela Cintra, próxima à rua Caio Prado e era frequentada por *socialites* e artistas.

A paga para os músicos era bem razoável. Com ela, os cinco roqueiros puderam trocar o fuleiro hotel na praça João Mendes — no centro velho da cidade, onde se *esconderam* nos primeiros tempos — por um apartamento alugado na mesma Bela Cintra, só que do outro lado da avenida Paulista, na região dos Jardins.

Quando Guilherme e Caetano foram conhecê-los, o baixista Willie tinha acabado de chegar de Buenos Aires, para substituir Cacho. O repertório da banda, nessa fase, já tinha se ampliado, incluindo também um pouco de *rhythm n' blues*. Além dos inevitáveis Beatles, já entravam hits dos Animals, dos Doors e dos Troggs.

Roqueiros convictos, os Beat Boys não ficaram especialmente excitados com a marchinha pop que Caetano mostrou a eles, arranhando um violão. Porém, o jeito doce de Caetano e o profissionalismo de Guilherme conquistaram os cinco argentinos. "Alegria, Alegria" já conseguira suas guitarras. Dessa vez, Vandré nenhum poderia impedir a rebelião dos baianos.

* * *

Gil não tinha um método rígido para compor. Às vezes, escrevia antes a melodia e a harmonia da canção, mas o mais comum era fazer primeiro a letra (quando não recebia prontos os versos de algum de seus parceiros), para só depois criar a música. No entanto, também não eram raros os casos em que ele compunha letra e música de modo simultâneo. Foi desta maneira que nasceu "Domingo no Parque".

Junto com Nana Caymmi, Gil tinha passado aquela noite na casa do pintor Clóvis Graciano, um velho amigo de Dorival Caymmi que morava em São Paulo. Além de ficar admirando os quadros do artista e de falarem bastante sobre o pai de Nana, a conversa caiu, invariavelmente, na Bahia. Quando o casal voltou para o apartamento em que estavam hospedados, no Hotel Danúbio, já passava das 2h da madrugada, mas Gil continuava com o velho Caymmi e a Bahia na cabeça. Nana já estava quase dormindo, quando ele pegou o violão e uma folha de papel, decidido a fazer uma canção no estilo de Caymmi, para inscrever no festival da Record.

Gil queria alguma coisa diferente, mas que fosse bem popular e lembrasse a Bahia. O que poderia ser mais forte e típico do que o toque de um berimbau durante uma roda de capoeira? Usando um motivo rítmico-melódico baseado no característico padrão de pergunta e resposta, foi um passo apenas para imaginar os personagens centrais da história: o feirante José, o operário João e a doméstica Juliana, um clássico triângulo amoroso que termina em tragédia.

A exemplo de Caetano, curiosamente, Gil também usou recursos poéticos que parecem inspirados pela linguagem cinematográfica. Os tons vermelhos de um sorvete e de uma rosa, que acabam se transformando em sangue, lembram as fusões de imagens dos filmes de Eisenstein (outro *insight* bem sacado de Décio Pignatari). Duas horas mais tarde, a canção estava pronta.

Semanas depois, quando soube que "Domingo no Parque" tinha sido classificada para as eliminatórias do festival da Record, Gil já sabia exatamente quem chamaria para acompanhá-lo: o recém-formado Quarteto Novo. Além de serem ótimos instrumentistas, de formação jazzística, o violonista Heraldo do Monte, o flautista Hermeto Pascoal, o contrabaixista Théo de Barros e o percussionista Airto Moreira tinham uma grande intimidade com a música do Nordeste.

Gil foi procurá-los no Camja, o Clube dos Amigos do Jazz, para fazer o convite. Mal sentou à frente dos quatro músicos, animado, foi logo dizendo que queria "uma coisa nova". Com o violão, cantou os primeiros versos da canção, mostrando que o ritmo básico era um afoxé de capoeira — o qual, naturalmente, pediria um berimbau no arranjo.

"Eu quero fazer uma coisa na linha dos Beatles", resumiu, explicando que pretendia combinar a sonoridade nordestina do quarteto com uma orquestra, porém dando à música um tratamento sonoro mais pop, exatamente como o produtor George Martin fizera nos arranjos de *Sgt. Pepper's Lonely Hearts Club* — o recém-lançado LP dos "reis do iê-iê-iê", que Gil ouvia obsessivamente. Para isso, observou, uma guitarra elétrica seria essencial no arranjo da canção.

Os rostos do quarteto se fecharam. Airto, o mais chocado dos quatro, nem permitiu que a explanação continuasse. Como se tivesse ouvido uma grande blasfêmia contra as crenças musicais de seu grupo, o percussionista rejeitou o convite sem dar a Gil a mínima chance de argumentar (ironicamente, dois anos mais tarde, o "purista" Airto já estava nos Estados Unidos, participando das experiências de fusão do jazz com o rock comandadas pelo trompetista Miles Davis; em seguida fez parte da banda Weather Report, geralmente tocando na companhia de teclados e guitarras elétricas).

Gil foi embora abatido e confuso, pensando se não teria mesmo cometido algum pecado musical. Porém, ao contar o episódio ao maestro Rogério Duprat, que já estava escrevendo a parte orquestral do arranjo, animou-se de novo ao ouvir uma sugestão:

"Calma, Gil. Eu conheço uns meninos muito bons, que costumam se apresentar na TV. Eles se chamam Os Mutantes".

* * *

Rogério Duprat fora indicado a Gil por Júlio Medaglia, que colaborava com a equipe de produção do festival da TV Record — a seleção das canções para as três eliminatórias aconteceu na casa do maestro, no bairro da Lapa. Na verdade, Medaglia até já começara a escrever o arranjo orquestral de "Domingo no Parque", mas ao ser convocado para integrar o júri do evento, teve que interromper o trabalho. Assim, acabou indicando Duprat, assegurando que ele tinha bagagem musical e criatividade de sobra para desempenhar o papel de George Martin, na linha *beatle* que Gil imaginara para sua composição.

Medaglia e Duprat já eram parceiros antigos. No início dos anos 60, junto com Damiano Cozzela, tinham ido a Darmstadt, na Alemanha, para frequentar cursos de férias ministrados por medalhões da música contemporânea, como Karlheinz Stockhausen e Pierre Boulez. Numa das turmas, por sinal, estava um debochado roqueiro norte-americano chamado Frank Zappa, que só veio a se tornar conhecido em meados da década, após formar a banda The Mothers of Invention.

Em 63, sempre juntos, Duprat, Medaglia e Cozzela lançaram o manifesto Música Nova, ao lado de outros compositores e maestros brasileiros, como Gilberto Mendes, Sandino Hohagen, Willy Corrêa de Oliveira, Régis Duprat e Olivier Toni. Ambiciosa, de modo geral, a plataforma do grupo continua soando pertinente, três décadas depois. Entre

Do cello à batuta: antes de se tornar professor e maestro, Rogério Duprat foi violoncelista no Teatro Municipal de São Paulo.

seus pontos básicos, o documento propunha a compreensão do fenômeno artístico como parte da indústria cultural, a releitura do passado como instrumento para entender o futuro (em vez da costumeira nostalgia) e a necessidade de uma arte participante.

Mais tarde, em 65, Duprat e outros adeptos do manifesto Música Nova juntaram-se ao poeta concretista Décio Pignatari para fundar o irreverente Marda (Movimento de Arregimentação Radical em Defesa da Arte), que se divertia prestando "homenagens" aos monumentos e estátuas de mau gosto que infestavam a cidade de São Paulo.

O roteiro do Marda incluiu a enorme bandeira paulista na fachada do atual edifício da Rádio e TV Gazeta (na avenida Paulista), a réplica do avião 14-Bis (na praça homônima) e a estátua do bandeirante Borba Gato (na avenida Santo Amaro). Nem mesmo os imponentes jazigos do Cemitério do Araçá escaparam. Depois de promover uma espécie de piquenique sobre os túmulos, com toalhas e devidos apetrechos, os abusados militantes do Marda foram devidamente expulsos do local por policiais.

Polêmicas e bate-bocas eram frequentes na carreira de Duprat e seus parceiros. Ainda em 63, quando ele e Cozzela resolveram fazer os primeiros experimentos musicais com um computador (um jurássico IBM 1620, da Universidade de São Paulo, que ocupava um imenso salão e era operado com o auxílio de cartões perfurados), os dois foram achincalhados tanto por músicos eruditos como populares, que os chamaram de alucinados e alienados, entre outros "elogios".

Na verdade, quando Gilberto Gil o procurou, Duprat já se considerava um antimúsico. A ideia de combinar sete notas musicais não o estimulava mais. "A música acabou", dizia, argumentando que a criação sonora nos moldes tradicionais já não representava um desafio. Porém, com mulher e filhos para sustentar, o maestro não podia se dar ao luxo de deixar de ganhar a vida com o que sabia fazer melhor. Ainda mais depois de renunciar a seu cargo de professor na Universidade de Brasília, junto com outras centenas de profissionais de ensino, quando o campus, invadido pelo Exército, foi transformado em praça de guerra.

Aos 34 anos de idade, depois de ter feito inúmeras experiências com música eletrônica, música serial ou mesmo aleatória, até chegar aos *happenings* idealizados pelo anarcovanguardista norte-americano John Cage, não havia muito mais a fazer. Duprat só viu uma saída para fugir do tédio que já sentia em seus últimos trabalhos. O jeito era mudar de língua: trocar a música erudita pela música popular.

* * *

Tropicália

Enquanto Duprat terminava de escrever o arranjo orquestral de "Domingo no Parque", Gil decidiu convidar os Mutantes para tomarem parte da gravação de "Bom Dia", canção mais tradicional que ele fizera junto com Nana Caymmi, também classificada para o festival da TV Record. A participação do trio, no arranjo escrito por Chiquinho de Moraes, foi bem discreta, mas o encontro no estúdio serviu para que o compositor e os três garotos se aproximassem.

Gil ficou tão entusiasmado quanto o maestro Rogério Duprat já ficara, meses antes, ao conhecer os Mutantes. Além da evidente musicalidade dos garotos, Gil encontrou no grupo o que precisava para se aproximar mais do universo pop. Não só as roupas, mas até o jeito de falar e o comportamento de Arnaldo, Rita e Serginho eram diferentes dos conjuntos musicais que ele conhecera até aquele dia. Os Mutantes pareciam roqueiros ingleses da geração Beatles, em versão brasileira.

Apesar de serem bastante jovens (Arnaldo e Rita estavam com 19 anos; Serginho só completaria 16 no final do ano), os três roqueiros já tinham um razoável tempo de estrada. Quando se conheceram, no início de 1964, Arnaldo era baixista da banda The Wooden Faces, especialista em *covers* dos Beatles. Rita (que ainda usava o autoapelido Danny) dividia-se entre o conjunto vocal de *rhythm n' blues* Teenage Singers e o trio Danny, Chester & Ginny — qualquer semelhança com o trio folk norte-americano Peter, Paul & Mary não era mera coincidência.

O primeiro encontro de Rita e Arnaldo se deu durante um show no Teatro João Caetano, no bairro de Vila Clementino, que costumava reunir conjuntos e bandas de colégios da zona sul da cidade. Foi amor à primeira vista. Já naquela noite, logo depois de se declararem beatlemaníacos, Arnaldo e Rita fizeram um trato, com evidentes segundas intenções: ele daria aulas de baixo elétrico a ela, que retribuiria com dicas de canto e técnica vocal. Em poucos dias, já estavam namorando.

A ligação também foi musical. Um ano mais tarde, junto com ex-integrantes dos Wooden Faces e das Teenage Singers, Arnaldo, Rita e Serginho — que já começava a chamar atenção como guitarrista — formaram o Six Sided Rockers. Esse sexteto chegou a se apresentar em alguns programas da TV Record, incluindo o recém-lançado *Jovem Guarda*, com um repertório que misturava blues e *covers* de bandas como Gary Lewis & Playboys e, principalmente, Beatles.

Já em maio de 66, durante as gravações de seu primeiro compacto, a banda foi rebatizada. Um nome em português, na opinião da gravadora (a Continental), poderia ajudar tanto na divulgação da banda como

Os Mutantes: Arnaldo Baptista, Sérgio Dias e Rita Lee já eram fanáticos pelos Beatles três anos antes de conhecerem Gilberto Gil.

Sgt. Pepper's: o álbum dos Beatles fez a cabeça de Gilberto Gil, em meados de 1967.

na vendagem do disco. Os garotos acabaram escolhendo O'Seis — uma espécie de trocadilho de Os Seis com *ocêis*, a contração acaipirada de *vocês*. As vendas foram um fracasso.

Nessa época, a banda já começara a explorar um novo filão musical, denominado *clássico-beat*. A ideia era extravagante: criavam arranjos para peças clássicas, como a "Marcha Turca" (de Mozart) ou a "Ave Maria" (de Schubert), utilizando os mesmos instrumentos que usavam para tocar seus blues e rocks: guitarras elétricas, baixo e bateria. Uma combinação inusitada que incomodava tanto os roqueiros como os eruditos.

Não era somente provocação — a música erudita fazia mesmo parte da formação de alguns deles. Filhos da pianista e compositora clássica Clarisse Leite Dias Baptista, Arnaldo e Serginho não só aprenderam os primeiros rudimentos musicais com a mãe, como cresceram ouvindo-a tocar Bach, Beethoven e Chopin, diariamente, sem falar nos concertos, óperas e balés que assistiram ao lado dos pais, no Teatro Municipal de São Paulo. Rita Lee Jones, por seu lado, chegou a ter aulas de piano, na infância, com a famosa concertista Magdalena Tagliaferro.

Problemas pessoais e atritos com o empresário culminaram no término do O'Seis, pouco depois. Porém, a separação acabou estreitando mais ainda os vínculos de Arnaldo, Rita e Serginho. Decididos a levar o trio em frente, no dia 15 de outubro de 66, já como Os Mutantes, eles fizeram sua primeira apresentação, na TV Record. Era a estreia do programa *O Pequeno Mundo de Ronnie Von*, um projeto da emissora para atingir o público infantil e adolescente, que ficava fora do alcance do *Jovem Guarda*.

Depois de conquistar as paradas de sucesso com a lacrimosa "Meu Bem" (versão de "Girl", dos Beatles), Ronnie Von despontara como o nome mais forte, na área jovem, para disputar a liderança com Roberto Carlos. Às vésperas da estreia de seu programa, Ronnie sentiu o impacto da concorrência. Foi comunicado que não poderia contar com nenhum artista do elenco do *Jovem Guarda* — e vice-versa.

Apadrinhados pelo Pequeno Príncipe (apelido que Ronnie, indignado, ganhou da apresentadora Hebe Camargo), Os Mutantes viraram atração fixa do programa. Além das infalíveis *covers* dos Beatles, apresentavam sucessos dos Rolling Stones, The Mamas and the Papas e Peter, Paul & Mary, incluindo também — estimulados por Ronnie — peças barrocas de Bach, com arranjos vocais na linha dos Swingle Singers.

Semanas depois, Os Mutantes já estavam recebendo convites para se apresentar em outros programas da emissora, como o *Astros do Disco* (um musical em que interpretavam sucessos das paradas dos EUA e Inglaterra), o *Família Trapo* (humorístico com Ronald Golias, Jô Soares e Zeloni) e o de Hebe Camargo. Já na TV Bandeirantes, começaram a participar do musical *Quadrado e Redondo*, apresentado por Sérgio Galvão, ao lado de Jorge Ben e Tim Maia, entre outros.

Acostumados a cantar rock, geralmente em inglês (sempre torceram os narizes para as versões bobocas em português, que alimentavam o repertório da turma do *Jovem Guarda*), Arnaldo e Serginho não ficaram muito animados quando ouviram "Domingo no Parque" pela primeira vez. Acharam até meio esquisito aquele ritmo que lembrava uma roda de capoeira. Só Rita, a única do trio que já conhecia Gil da televisão, gostou de cara da música. No entanto, a ideia de invadir a praia dos emepebistas com guitarra e baixo elétrico atraiu os garotos. Farra e provocação eram com eles mesmos.

Preparados para as vaias: Gilberto Gil, com Rita Lee e Serginho, ensaiando "Domingo no Parque".

9.
A EXPLOSÃO

Logo que os Mutantes aceitaram o convite para acompanhá-lo, em "Domingo no Parque", Gilberto Gil avisou aos três roqueiros: seguramente, eles não escapariam das vaias. Afinal, era a primeira vez que guitarras elétricas entrariam no palco de um festival de MPB — inovação que, na estreita visão dos mais esquerdistas e xenófobos, tinha o efeito de uma heresia, de um insulto contra a cultura nacional.

Três dias antes da eliminatória, já demonstrando desconforto por causa dos olhares desconfiados de alguns colegas e da polêmica que começara a se estabelecer nos bastidores do festival, Gil desabafou, em entrevista ao *Jornal da Tarde*:

"Sinto-me hoje como num tribunal, onde sou acusado de trair a verdadeira música popular brasileira. E não tenho muitas respostas para dar, porque eu mesmo não sei se estou agindo certo ou errado, como ninguém no mundo pode ter certeza de alguma coisa antes de se arriscar a fazê-la."

Mesmo inseguro, Gil não perdeu a oportunidade de explicar o que ele e Caetano — escalado para a eliminatória seguinte — tinham em mente quando decidiram introduzir guitarras em suas novas canções. Três décadas antes de o conceito de globalização ter se popularizado, ele criticava o nacionalismo surdo:

"Na música pop de hoje, os Beatles passaram a utilizar todos os tipos de música e instrumentação eruditas que não pertenciam ao que chamavam iê-iê-iê. Estão evoluindo sempre, enquanto no Brasil a própria música chamada jovem se torna conservadora. E na música popular brasileira o conservadorismo é muito pior. Se pensássemos sempre assim, estaríamos tocando nossas músicas com instrumentos indígenas. É preciso pensarmos em termos universais. O mundo hoje é muito pequeno, não há razão para regionalismos."

Já no dia de sua primeira apresentação no festival, 6 de outubro, uma sexta-feira, Gil continuava esclarecendo suas ideias, na edição paulista do jornal *Última Hora*:

"Eu vivo no meu tempo e acredito nas palavras de Camus. Na época em que a gente vive, é muito mais importante reportar o mundo do que tentar a explicação. Eu acho que vivemos um tempo novo. Eu chamaria uma nova linha musical de introdução da psicologia pop na MPB. Seria aquilo de falar de gente e dos fatos, pinturas de som e palavra, documentar as dúvidas, jovens, gente, nós todos. Uma forma mais pop poderia levar a nossa música ao contato com as grandes massas. É como aquilo de a gente se ver meio em caricatura. Então a gente se entende melhor."

* * *

Se ainda tinha dúvidas sobre o rumo que estava tomando com suas canções mais recentes, no dia em que assistiu à estreia do novo espetáculo do Teatro Oficina, Caetano teve a confirmação de que estava na direção certa. A montagem de *O Rei da Vela* — anárquica peça teatral do escritor modernista Oswald de Andrade, dirigida por José Celso Martinez Corrêa — trazia uma carga de violência que chegava a chocar os espectadores. Algo semelhante ao que Caetano vinha tentando injetar em sua música contra a seriedade excessiva da música brasileira.

O enredo de *O Rei da Vela*, escrita em 1933, gira em torno de Abelardo I (interpretado por Renato Borghi), um descarado e corrupto agiota, que humilha seus devedores, mas bajula um capitalista norte-americano. Oswald de Andrade não perdoou nada: a burguesia industrial, a aristocracia rural, o imperialismo, o fascismo ou mesmo o socialismo entram na dança de seu humor corrosivo. O impacto do texto aumentou mais ainda com a montagem delirante de Zé Celso, que misturava elementos de teatro de revista, de circo e do teatro convencional, com doses cavalares de ironia, deboche e pornografia.

Nas apresentações do espetáculo, era comum ver a plateia dividir-se. Uma parte aderia euforicamente, aplaudindo as cenas e falas mais violentas. Outros sentiam-se agredidos pessoalmente e, muitas vezes, retiravam-se no meio da peça, escandalizados. Numa ocasião, um espectador mais revoltado com o texto, quase histérico, chegou a desafiar Oswald de Andrade (morto 13 anos antes) a acompanhá-lo até o Dops — o Departamento de Ordem Política e Social.

Em uma entrevista à revista *Aparte*, publicada ainda durante a temporada da peça, Zé Celso explicava o que tinha em mente ao conceber um espetáculo tão provocativo:

"Como artista, com *O Rei da Vela* descobri o poder de subversão da forma, que é subversão do conteúdo, também. Num país de tradição oportunista e ditadura de classe média, isto é o escândalo. Num país-co-

O Rei da Vela: o espetáculo do Teatro Oficina reforçou em Caetano o estímulo do filme *Terra em Transe*.

O rei do Oficina: o diretor José Celso Martinez Corrêa, à frente do cenário criado por Hélio Eichbauer para a peça *O Rei da Vela*.

lônia, deslumbrado com os valores estabelecidos, que poder não possui o artista? E como ele tem recalcada sua criatividade neste país! Como tudo contribui para que cada geração aborte seus artistas e seus revolucionários! Uma arte brasileira violenta vem aí, isto é certo. E Oswald de Andrade é inevitavelmente um de seus precursores."

Impressionado com o espetáculo do Oficina, não foi à toa que Caetano reviveu o impacto que sofrera ao assistir *Terra em Transe*. Do mesmo modo que Caetano, Zé Celso, que inclusive dedicou a montagem de *O Rei da Vela* a Glauber Rocha, dizia-se "violentamente influenciado" por ele:

"Um filme como *Terra em Transe*, dentro do pequeno público que o assistiu e que o entendeu, tem muito mais eficácia política do que mil e um filmecos politizantes. *Terra em Transe* é positivo exatamente no sentido de colocar quem se comunica com o filme em estado de tensão e de necessidade de criação com este país. A agressividade, a violência que tem a arte é mais forte, no campo do teatro, do que mil manifestos redigidos dentro de toda prudência que a política exigiria. A arte não tem compromissos e, neste país parado, onde não acontece nada, onde você passa matando o tempo e o tempo passa matando você, a arte solta e livre poderá vir a ser a coisa mais eficaz possível."

À saída da estreia de *O Rei da Vela*, Caetano recebeu uma didática demonstração de como o efeito da arte é, antes de tudo, subjetivo. Excitado, não só pelo impressionante espetáculo concebido por Zé Celso, mas também por ter descoberto um autor tão forte e original como Oswald de Andrade, ao encontrar Augusto Boal, já na porta teatro, Caetano foi recebido com uma verdadeira ducha de água gelada:

"Detestei! Isso aqui não interessa", disse o diretor do Teatro de Arena, transformando em pó a montagem e o texto que tinham acabado de deslumbrar Caetano. "Se é pra fazer chanchada, ou esse tipo de piada com americano, eu prefiro as peças do CPC. Prefiro Vianinha. Não adianta: Oswald de Andrade está morto e enterrado."

* * *

Uma semana antes de assistir ao espetáculo do Teatro Oficina, Caetano terminara de compor algo especial: uma canção que pretendia ser uma espécie de manifesto — uma síntese pessoal das conversas e discussões sobre os novos rumos estéticos da música popular brasileira, que ele vinha tendo, já havia alguns meses, com Gilberto Gil, Maria Bethânia, Rogério Duarte, José Agrippino de Paula, Guilherme Araújo e Torquato Neto.

A inspiração surgiu por meio de uma série de imagens e referências, que de alguma maneira ligavam-se ao clima poético de *Terra em Transe*. Entre imagens de monumentos, aviões e chapadões, vieram também à cabeça de Caetano coincidências de palavras (como as significativas rimas entre "A Banda", título da canção de Chico Buarque, e "Carmen Miranda") ou referências a Roberto Carlos e à bossa nova.

A feitura da canção foi relativamente rápida. Uma semana depois que as primeiras imagens começaram a girar na cabeça de Caetano, ela já estava pronta. Com o auxílio de um violão, Caetano só precisou de duas sessões mais concentradas de trabalho, no apartamento do Hotel Danúbio, para concluir a letra e a música. O resultado foi uma colagem quase cinematográfica, que compôs uma espécie de retrato poético do Brasil, uma alegoria de um país repleto de contrastes:

> *Sobre a cabeça os aviões/ sob os meus pés os caminhões/ aponta contra os chapadões/ meu nariz/ eu organizo o movimento/ eu oriento o carnaval/ eu inauguro o monumento/ no planalto central/ do país/ viva a bossa-sa-sa/ viva a palhoça-ça--ça-ça-ça/ o monumento é de papel crepom e prata/ os olhos verdes da mulata/ a cabeleira esconde atrás da verde mata/ o luar do sertão/ o monumento não tem porta/ a entrada é uma rua antiga estreita e torta/ e no joelho uma criança sorridente feia e morta/ estende a mão/ viva a mata-ta-ta/ viva a mulata--ta-ta-ta-ta/ no pátio interno há uma piscina/ com água azul de Amaralina/ coqueiro, brisa e fala nordestina/ e faróis/ na mão direita tem uma roseira/ autenticando a eterna primavera/ e nos jardins os urubus passeiam a tarde inteira/ entre os girassóis/ viva a Mari-ia-ia-ia/ viva a Bahia-ia-ia-ia-ia/ no pulso esquerdo um bangue-bangue/ em suas veias corre muito pouco sangue/ mas seu coração balança a um samba/ de tamborim/ emite acordes dissonantes/ pelos cinco mil alto-falantes/ senhoras e senhores ele põe os olhos grandes/ sobre mim/ viva Iracema-ma-ma/ viva Ipanema-ma-ma-ma-ma/ domingo é o Fino da Bossa/ segunda-feira está na fossa/ terça-feira vai à roça/ porém/ o monumento é bem moderno/ não disse nada do modelo do meu terno/ que tudo mais vá pro inferno/ meu bem/ que tudo mais vá pro inferno/ meu bem/ viva a banda-da-da/ Carmen Miranda-da-da-da-da.*

Tropicália

Embora tivesse partido de ideias e temas discutidos com vários parceiros e amigos, Caetano desejava que a canção — ainda sem título — fosse bastante pessoal. Assim, só mostrou a nova composição à turma depois de concluída. Era o seu ponto de vista de alguma coisa que estava começando a se manifestar — e que a encenação de O *Rei da Vela* só vinha confirmar.

* * *

Nos bastidores do Teatro Paramount, lotado apenas no setor das galerias, onde ficavam os ingressos mais baratos, ninguém conseguia entender as reações contraditórias da plateia, durante a segunda eliminatória do festival da Record. O caso de Jair Rodrigues era exemplar: aplaudido ao entrar no palco para defender "Samba de Maria" (de Francis Hime e Vinicius de Moraes), quando a mesma música foi anunciada entre as quatro classificadas, já no final da noite, o cantor recebeu uma enorme vaia. Perplexo, Jair só conseguiu cantá-la novamente depois que o apresentador Blota Júnior deu um educado puxão de orelhas na ala mais exaltada do público.

"O melhor é a gente jogar gasolina neste buraco e botar fogo!", chegou a berrar um rapaz, bem ao estilo "coquetel molotov", em frente do fosso da orquestra, onde ficavam os jurados. Igualmente revoltado com a decisão do júri, um grupo começou a puxar o coro de "marmelada, marmelada", que logo se espalhou pela plateia.

Como Gil previra, "Domingo no Parque" também não escapou das vaias, que vieram principalmente da galeria, onde se alojara a *linha dura* universitária. Os alvos maiores da repulsa, sem dúvida, eram a guitarra e o baixo elétrico dos Mutantes. Não bastassem seus polêmicos instrumentos, os três roqueiros entraram no palco com roupas bem extravagantes para o padrão televisivo da época. Em vez dos convencionais *smokings*, Serginho estava com uma esquisita capa preta, que quase escondia seu *jeans*; mais discreto, Arnaldo usou um paletó esporte com gravata. Já Rita Lee, empunhando seu par de pratinhos de metal, não deixou por menos: surgiu com um vestido estampado e bem largo, que deixava seus joelhos à mostra. Provocações que só aumentaram a indignação dos conservadores e esquerdistas.

No entanto, o carisma de Gil acabou se mostrando mais forte. Os aplausos da maioria da plateia abafaram as vaias dos descontentes, rapidamente. Para balancear o impacto das guitarras elétricas, além da orquestra de Cyro Pereira, também estava no palco um brasileiríssimo berimbau, tocado pelo percussionista Dirceu. Com um grande sorriso e os braços abertos, Gil terminou de cantar "Domingo no Parque" bastante aplaudido.

Foi um alívio para quem chegara até a pensar em desistir do festival, poucas horas antes. Durante o ensaio final, à tarde, Gil se desentendera com o produtor Solano Ribeiro, que não deu tempo suficiente para que a orquestra pudesse dominar a partitura escrita por Rogério Duprat. Gil, que já estava bastante angustiado, prevendo uma reação negativa dos colegas mais nacionalistas (Geraldo Vandré já tinha se declarado francamente contra), entrou em pânico. Saiu furibundo do teatro, direto para o apartamento em que vivia com Nana Caymmi, no Hotel Danúbio. O casal já enfrentara uma situação incômoda, na primeira eliminatória, quando concorreu com "Bom Dia", canção que terminou entre as quatro classificadas. Indignada com a exclusão de "Combatente" (de Walter Santos), parte da plateia acabou vaiando Nana, durante a apresentação das classificadas. Mais vacinada que Gil, a cantora não deu muita bola à reação da plateia. Depois do que passara um ano antes, no Maracanãzinho, ao vencer a fase nacional do Festival Internacional da Canção, contra a vontade da grande maioria do público, Nana era capaz de tirar qualquer vaia de letra.

Blota Júnior e Sônia Ribeiro já tinham começado a apresentar as 12 canções concorrentes da segunda eliminatória, quando Caetano foi buscar Gil pessoalmente, no hotel. Encontrou o amigo ainda na cama, tremendo, enrolado em um cobertor. Foi preciso uma conversa dura e uma boa dose de ânimo para convencê-lo a encarar a situação.

Um único assunto dominava as conversas daquela noite, nos bastidores do Teatro Paramount: a vaia. Além de Jair Rodrigues, Nara Leão também enfrentou a reação negativa da plateia, tão logo foi anunciada a classificação de "A Estrada e o Violeiro", que ela cantou junto com Sidney Miller, autor da canção. Outra vaia poderosa foi reservada à marcha-rancho "Uma Dúzia de Rosas", assim que o nome de Carlos Imperial, o compositor, foi pronunciado. Ronnie Von, intérprete da música, teve dificuldades para se ouvir, tamanho o barulho. Até as palmas e gritinhos das fãs do Pequeno Príncipe, que ocupavam as primeiras filas da plateia, foram encobertas pelas vaias da galeria.

"Esse festival de esquerda festiva vai atrasar a música brasileira dez anos", reclamou Imperial, nos bastidores, superestimando o poder da ala *linha dura*. Dessa vez, o debochado compositor estava enganado. Com a classificação de "Domingo no Parque", os futuros tropicalistas já tinham ganho a primeira batalha.

* * *

Tropicália

"Tom Zé, aqui você só fica se aborrecendo. Em São Paulo, você também pode se aborrecer, mas pelo menos pode acontecer alguma coisa com você."

Foi um argumento decisivo. Num encontro casual com Tom Zé, em Salvador, Caetano conseguiu finalmente convencer o amigo a pensar na possibilidade de tentar a sorte em São Paulo. Desgostoso, enfrentando desentendimentos na Escola de Música da Bahia, Tom Zé resolveu acompanhar Caetano, para sentir melhor o ambiente da metrópole paulista, antes de se decidir. Além disso, teria também a chance de acompanhar pessoalmente "Moreninha", uma antiga canção que inscrevera no festival da TV Record, seguindo um conselho de Gilberto Gil, e que fora classificada para a eliminatória.

Na manhã seguinte, os dois tomaram juntos o avião que os levou a São Paulo. Para Tom Zé, aquele foi um dia muito especial. Do desembarque no Aeroporto de Congonhas, os dois seguiram para o apartamento de Guilherme Araújo, na rua São Carlos do Pinhal, bem próximo à avenida Paulista. Assumindo o papel de cicerone, Caetano passou a apresentar ao amigo as últimas novidades culturais.

Como sabia que Tom Zé vivia enterrado no universo acadêmico da Escola de Música e quase não tinha informação sobre música pop, Caetano passou boa parte da tarde escutando junto com ele o LP *Sgt. Pepper's*, dos Beatles. Chegou mesmo a traduzir as letras das canções do álbum, comentando uma por uma. Em seguida, mostrou a Tom Zé, no violão, a canção-manifesto que fizera havia poucos dias ("sobre a cabeça os aviões...") e ainda nem tinha título.

O programa educativo estendeu-se até a noite. Caetano levou o amigo ao Teatro Oficina, para que ele assistisse à montagem de *O Rei da Vela*. Quando caiu em si, horas depois, Tom Zé já estava dando uma canja, em um show para universitários, ao lado de Gilberto Gil. O recém-chegado baiano ficou surpreso com os aplausos calorosos que recebeu, ao cantar "Profissão de Ladrão", sua cáustica canção sobre os ladrões de colarinho branco. A euforia dos politizados universitários era bastante compreensível. Já naquela época, comparadas à ironia e ao sarcasmo escancarado de Tom Zé, as canções irreverentes de um Juca Chaves, por exemplo, pareciam histórias da Carochinha.

* * *

Caetano não resistiu à tentação de lançar mais lenha na fogueira do festival da Record. Em 13 de outubro, o dia da eliminatória em que "Alegria, Alegria" seria apresentada pela primeira vez ao público do Teatro Paramount, o *Última Hora* paulista publicava uma carta-depoimento do compositor, recheada de ironia:

"Eu gostaria de fazer alguma coisa para encerrar as discussões bobocas que andam por aí — não para ajudá-las. Sei que há muita gente bronqueando por causa das guitarras. Geraldo Vandré (que é meu amigo) mandou dizer que é contra. Na agradável cidade balneária do Rio de Janeiro, os Dragões da Independência do Samba se manifestam raivosamente em defesa de alguma coisa que eu não lembro mais. Alguns senhores que não souberam amadurecer estão histéricos. Até meu empresário, que não tem nada comigo, foi apontado como 'culpado' da minha 'transformação'. Enquanto isso, Oswald de Andrade, redivivo, gargalha de sadio ódio".

* * *

Tudo aconteceu muito rápido. No momento em que os Beat Boys surgiram no palco do Teatro Paramount, com suas guitarras e cabelões, vestidos de cor-de-rosa, as vaias já começaram. A apresentadora Sônia Ribeiro ainda não tinha anunciado o nome de Caetano Veloso, quando a banda atacou a imponente introdução de "Alegria, Alegria". No mesmo instante, Caetano entrou em cena, com um paletó de tweed marrom e uma camisa de gola rolê laranja — ambos escolhidos por Guilherme Araújo. Estava com uma expressão tão irada, que chegou a assustar não só o casal de apresentadores, como as pessoas sentadas nas primeiras filas da plateia.

A tática de choque deu certo. A entrada feroz do compositor e o simpático ritmo de marchinha de "Alegria, Alegria" acabaram desconcertando boa parte daqueles que estavam inclinados a vaiar a canção, antes mesmo de ouvi-la, só por causa das guitarras elétricas. O próprio Caetano se surpreendeu com a rápida mudança de atitude do público. Aplaudido euforicamente, saiu consagrado do palco.

A exemplo das noites anteriores, as vaias das torcidas organizadas deram o tom na última eliminatória do festival. Alguns intérpretes mal conseguiam ouvir a orquestra ou o conjunto que os acompanhavam, tamanho o barulho provocado pelas claques. Esse foi o caso de Hebe Camargo, que defendeu a melancólica "Volta Amanhã" (de Fernando César), sob vaias do início ao fim. Segurando-se para não chorar, com uma pequena imagem de Nossa Senhora Aparecida apertada na mão direita, a apresentadora teve que se valer de toda sua cancha televisiva. Não bastassem as vaias, ainda havia os gaiatos:

Tropicália

"Alegria, Alegria": apesar das vaias contra as guitarras dos Beat Boys, Caetano Veloso conseguiu conquistar o público do Teatro Paramount.

"Chega! Volta amanhã!", gritavam, rindo, na frente do palco.

Outro concorrente que as torcidas não perdoaram foi Erasmo Carlos. O Tremendão resolvera revelar seu pouco conhecido interesse pela música popular brasileira, cantando "Capoeirada", um "baião autêntico", de sua própria autoria. Porém, além das garotas de seu fã-clube, não conseguiu convencer quase ninguém.

Até que o anúncio das quatro classificadas da noite foi relativamente calmo, comparado à confusão das primeiras eliminatórias. Apoiado pelos estudantes da PUC, o frevo "Gabriela" (de Maranhão), defendido pelo grupo vocal MPB-4, foi uma das concorrentes mais aplaudidas da noite. A escolha de Geraldo Vandré, cantando sua "Ventania" (parceria com Hilton Acioly), também já era tida como certa. A única exceção foi "Beto Bom de Bola", de Sérgio Ricardo, rejeitada com vaias por boa parte da plateia, especialmente os torcedores de "Canção do Cangaceiro que Viu a Lua Cor de Sangue" (de Carlos Castilho e Chico de Assis). Surpresos, o jornalista Sérgio Cabral e o psicanalista Roberto Freire quase foram atingidos por dois ovos, que estalaram muito perto dos dois jurados.

O júri — do qual também faziam parte o humorista Chico Anysio, o poeta Ferreira Gullar e a atriz Tereza Aragão — nem ficou sabendo, mas escapou por pouco de virar recheio de uma omelete malcheirosa. Depois de festejar o anúncio da classificação de "Ventania", Telé, a folclórica líder de torcida, cochichou nos ouvidos de algumas colegas, que estavam a seu lado na primeira frisa. Abrindo a bolsa, mostrou a elas uma dúzia de ovos podres, cuidadosamente embrulhados para não quebrarem. Era a surpresa que ela reservara aos 12 jurados, caso eles não tivessem escolhido a canção de Vandré.

A reação da plateia à classificação de "Alegria, Alegria", última das quatro canções escolhidas pelos jurados, também surpreendeu. Nas eliminatórias anteriores, a última canção anunciada para a final fora sempre a mais vaiada — bode expiatório das torcidas cujas canções foram rejeitadas. Com Caetano e os Mutantes foi diferente: aplaudida pela maioria do público, para irritação dos emepebistas radicais, "Alegria, Alegria" foi para a final já com pinta de sucesso popular.

* * *

Para a tímida Gal, nunca tinha sido tão fácil dar uma entrevista, como no dia em que foi procurada pela reportagem do jornal *O Sol*, um tabloide diário recém-lançado, no Rio de Janeiro. Na verdade, a repórter nem precisaria esperar pelas respostas da entrevistada, para fazer suas anotações.

Ninguém conhecia Gal melhor do que a jornalista Dedé Gadelha, sua velha amiga de infância.

"Você mesma pode responder tudo", brincou a cantora.

Dedé não pensara duas vezes quando Isabel Câmara a convidou a participar do projeto de um jornal-escola, bancado pelo *Jornal dos Sports*. Afinal, estava mesmo planejando se inscrever no vestibular para Jornalismo e a perspectiva de começar a trabalhar em uma redação, imediatamente, era excitante. Aprovada no teste de seleção, conduzido por uma banca com os jornalistas Reynaldo Jardim, Ana Arruda e a própria Isabel, Dedé disse adeus à chatice do emprego no banco.

Jardim, autor do projeto, idealizou uma espécie de jornal-escola que, além de formar na prática os repórteres-estagiários, também sugeria inovações na linguagem jornalística e uma linha editorial com ênfase na crítica. Trazendo pautas irreverentes, diagramação moderna e colaboradores como Nelson Rodrigues, Henfil, Mister Eco, Fernando Lobo e Torquato Neto (que escrevia uma coluna sobre música), *O Sol* estreou nas bancas em 12 de setembro de 1967.

Dedé foi indicada para a editoria de Artes e Espetáculos, que era dirigida por Martha Alencar. Começou como redatora, escrevendo sobre moda, música e comportamento. Mas logo se tornou repórter, ao descobrir a comodidade das entrevistas telefônicas. Para fugir dos concorridos aparelhos da redação, preferia fazer as entrevistas em casa. Utilizando a paciência da avó, que a ajudava a conseguir as ligações, entrevistou vários músicos e artistas, como Chico Buarque, Milton Nascimento e o artista plástico Lasar Segall.

Dois meses mais tarde, quando Dedé se afastou do jornal para preparar seu casamento com Caetano, a situação econômica da empresa já era bem difícil, não só por pressões políticas, mas principalmente pela falta de anunciantes. Parte da equipe ainda tentou levar o projeto adiante, quando o *Jornal dos Sports* cancelou a publicação, mas o fôlego dos remanescentes só durou mais dois meses. Em janeiro de 1968, *O Sol* deixou de circular, definitivamente. Foi uma experiência breve e, de certo modo, romântica em termos empresariais, mas que abriu caminho para outras publicações inovadoras e mais bem-sucedidas, como o *Opinião* e o *Pasquim*, que também investiram pesado na crítica.

* * *

A tirada de Nelson Rodrigues aplicava-se muito bem à barulhenta plateia presente à final do 3º Festival da Música Popular Brasileira. Como as torcidas de futebol do Maracanã, as claques que lotaram o Teatro Paramount naquele sábado, 21 de outubro, seriam capazes de vaiar até um reverente minuto de silêncio. Com exceção de Chico Buarque e sua canção "Roda Viva", todos os outros 11 concorrentes, em maior ou menor dose, não escaparam das vaias, naquela noite.

A expectativa, afinal, era muito grande. Os principais jornais de São Paulo e do Rio de Janeiro concordavam ao apontar quatro concorrentes como as prováveis primeiras colocadas: além de "Roda Viva", "Ponteio" (de Edu Lobo e Capinan), "Alegria, Alegria" e "Domingo no Parque" comandavam as prévias, com "Gabriela", uma das favoritas do público, correndo por fora.

Nana Caymmi, cantando "Bom Dia", e, em seguida, Nara Leão, defendendo "A Estrada e o Violeiro", foram as primeiras sorteadas para entrar em cena. Ambas enfrentaram algumas vaias, mas acabaram se impondo no palco. Saíram aplaudidas e sorridentes.

A primeira surpresa da noite veio com o anúncio da terceira canção. A maioria da plateia nem esperou a entrada de Caetano para se levantar e começar a aplaudir. "Alegria, Alegria" foi cantada em coro, seguida por gritos de "já ganhou". As vaias dos nacionalistas mais renitentes, que continuavam torcendo os narizes para as guitarras dos Beat Boys, acabaram murchando, frente à euforia geral.

Gil e os Mutantes não encontraram a mesma facilidade. A plateia já estava mais dividida: uma parte do público aplaudia; outra vaiava com gosto. Porém, a confiança do compositor e do trio roqueiro já era bem maior do que na eliminatória. Sorrindo para as vaias, os quatro acabaram conquistando a maioria da torcida. Para comemorar, num gesto bem festivaleiro, Gil abriu os braços, ao final da canção.

A festa dos baianos parecia garantida, quando aconteceu o grande susto da noite. Oitavo concorrente sorteado, Sérgio Ricardo nem tinha surgido ainda no palco e a vaia já era muito forte. A intervenção de Blota Júnior, informando que o arranjo de "Beto Bom de Bola" tinha sido modificado, não adiantou. De nada valeram também os pedidos de "calma", do compositor, que se resignou a apresentar a canção sob o coro de vaias. Inseguros, no meio da canção, ele e o conjunto se desentenderam e atravessaram o ritmo. Sérgio, já bastante irritado, parou a música e se dirigiu à plateia: "Quando terminar o festival, vou mudar o nome da música pra 'Beto Bom de Vaia'...".

A ironia do compositor só fez aumentar as vaias. Vermelho de raiva, Sérgio levantou-se, foi até à beira do palco e gritou:

"Roda Viva": acompanhado pelo MPB-4, Chico Buarque conquistou o 3º lugar com sua canção.

"Ponteio": os parceiros Capinan e Edu Lobo, ao lado da cantora Marília Medalha, felizes com a vitória no festival.

"Você ganharam! Vocês ganharam! Isso é o Brasil subdesenvolvido! Vocês são uns animais!".

Descontrolado, espatifou o violão sobre um banquinho de madeira e, sem que Blota Júnior conseguisse impedi-lo, atirou o resto do instrumento na direção da plateia. Saiu do palco furioso.

Na plateia, as reações variaram da perplexidade à indignação. Um coro de "prende, prende" chegou até a ser ensaiado. Mais exaltado, um espectador abordou o delegado Sérgio Paranhos Fleury, que comandava o policiamento, exigindo a prisão imediata do cantor. Já Paulinho Machado de Carvalho, adepto do príncipio "o público sempre tem razão", resolveu fazer justiça pelas próprias mãos: sem consultar o júri, desclassificou Sérgio Ricardo do festival. Nos bastidores, porém, a grande maioria dos artistas ficou do lado do compositor.

"Se o público desumanizou Sérgio no palco, como não aceitar seu comportamento desumano?", apoiou Gil.

"Cada país tem o Sinatra que merece. O nosso é o Chacrinha", alfinetou Elis.

Depois de evitar Gil desde a noite em que ouvira "Domingo no Parque" pela primeira vez, a Pimentinha aproveitou o clima de solidariedade entre a maioria dos compositores e intérpretes, para tentar desmentir as notas que andavam saindo na imprensa, como a publicada quatro dias antes, na coluna de Eli Halfoun, no *Última Hora*, com o sugestivo título "Roupa Suja":

"De Elis Regina sobre Gilberto Gil: 'Este homem é o maior traidor da música popular brasileira. Ele está deteriorando-se'. A declaração foi a propósito da apresentação de Gil com um conjunto de iê-iê-iê."

Elis culpou um jornal gaúcho por ter psicografado sua decepção com a guinada pop dos baianos:

"Eu não disse nada. Vou até processar o jornal, porque isso não se faz", afirmou a Pimentinha, antes de abraçar o suposto traidor.

Já no palco, a entrada de Edu Lobo e Marília Medalha, cantando a vibrante "Ponteio", ajudou a amenizar os ânimos. A dupla saiu do palco sob os gritos de "já ganhou", seguida por Chico Buarque, também bastante aplaudido.

O impacto do incidente com Sérgio Ricardo não impediu, porém, que as vaias voltassem a soar, na hora do anúncio dos vencedores. Começaram mais tímidas, com a entrada de Roberto Carlos, o quinto colocado, com o samba "Maria, Carnaval e Cinzas" (de Luiz Carlos Paraná). E aumentaram muito quando Caetano foi chamado para receber o prêmio de

Tropicália

Violão quebrado: Sérgio Ricardo reagiu às vaias destruindo seu instrumento e atirando-o na plateia do Teatro Paramount.

quarto colocado. Uma boa parte dos descontentes vaiava por acreditarem que "Alegria, Alegria" merecia mais; os restantes por acharem que Caetano e as guitarras dos Beat Boys nem deveriam fazer parte de um festival de MPB.

Gil e os Mutantes também não escaparam das vaias, mas tiveram mais sorte com o júri. Levaram o segundo prêmio, ficando à frente de Chico Buarque, o terceiro colocado. No momento em que o nome de Gil foi anunciado, a câmera da Record estava focalizando-o, quase sufocado pelos beijos de Nana Caymmi — uma cena inédita na TV brasileira, que animou as conversas de muitos preconceituosos, no dia seguinte.

Já no palco, a vaia era tão forte, que Gil mal conseguia entender o que os jurados, instalados no fosso da orquestra, estavam tentando lhe avisar. O júri decidira instituir uma nova modalidade, premiando também o arranjo de "Domingo no Parque", escrito por Rogério Duprat. Eufóricos com a dupla vitória, Gil e os Mutantes repetiram a canção, sem dar bola à barulheira da plateia.

Quem levou o cobiçado cheque de 37 mil cruzeiros novos e o troféu Viola de Ouro foi mesmo Edu Lobo, junto com o parceiro Capinan e a cantora Marília Medalha. Para os xenófobos, esse resultado sinalizaria a vitória da MPB genuína contra a invasão das guitarras elétricas e os adeptos do iê-iê-iê. Mas quem tivesse um pouco mais de visão já poderia prever, após o violão destroçado de Sérgio Ricardo e as novas canções de Gil e Caetano, que a música brasileira estava prestes a enfrentar um período conturbado, carregado de inovações.

Noite de autógrafos: a grande repercussão de "Alegria, Alegria" transformou Caetano em um *popstar*.

10.
PRIMEIROS TUMULTOS

Morando em São Paulo, Gil e Caetano não chegaram a ter uma ideia exata de como seus amigos e colegas da MPB, cuja grande maioria vivia no Rio de Janeiro, reagiram às inovações de "Alegria, Alegria" e "Domingo no Parque". Ainda assim, os dois não demoraram a perceber que uma espécie de guerra fora deflagrada.

Geraldo Vandré e Chico Buarque, os únicos amigos que moravam em São Paulo, comportaram-se de maneiras bem diversas. Discreto como sempre, Chico manteve uma certa neutralidade. Exceto por algumas ironias em entrevistas, não esboçou qualquer gesto de reação ou antipatia — ao contrário de seus fãs da FAU (a Faculdade de Arquitetura e Urbanismo da Universidade de São Paulo), que a partir do festival da Record tornaram-se francamente hostis contra Gil e Caetano.

Vandré, que chegou a ser bem próximo de ambos, inclusive parceiro de Gil, também começou a se afastar, mas não somente por causa das guitarras elétricas. Nas conversas e discussões que tiveram durante o programa *Frente Única*, ou mesmo antes do festival, o compositor e cantor paraibano não admitia a possibilidade de que uma nova tendência surgisse no cenário da música popular brasileira.

Quase messiânico, Vandré argumentava que, depois dos períodos de grande sucesso de Edu Lobo e, em seguida, de Chico Buarque, chegara o seu momento. Na opinião do compositor, o mercado musical brasileiro comportaria apenas um grande astro por vez e somente ele teria "a forma e o conteúdo mais adequados ao estágio da esquerda e dos movimentos populares no país", naquele período. Vandré chegou mesmo a propor a Guilherme Araújo que o contratasse, deixando de lado os novos projetos de Caetano e Gil.

O caso de Edu Lobo, também muito próximo dos baianos, foi diferente. Depois de tê-los incentivado, apresentando-os a outros músicos, ou mesmo elogiando os primeiros discos de Gil e de Caetano (*Domingo*, a parceria bossa nova com Gal Costa), o compositor carioca ficou bastante decepcionado com a guinada pop e eletrificada de "Domingo no Parque" e "Alegria, Alegria".

Tropicália

Como mal tinham se falado durante o festival da Record, semanas depois, ao avistá-lo por acaso, em uma rua do Rio de Janeiro, Dedé nem desconfiou que a relação pudesse estar estremecida. Depois de chamá-lo algumas vezes, surpresa, a namorada de Caetano viu Edu seguir seu caminho, sem olhar para trás, como se não a tivesse visto ou ouvido. Só depois de contar o caso a outras pessoas próximas, Dedé entendeu a reação do amigo: sentindo-se traído com a mudança musical dos baianos, ele decidira cortar relações.

Dedé ficou chocada. Edu fora seu primeiro amigo no Rio de Janeiro, logo que ela e Caetano chegaram da Bahia, em 66. Nos meses seguintes, o casal frequentou bastante a casa da família Lobo, na rua Barão de Ipanema, em Copacabana. Dedé tinha uma ligação tão especial com o novo amigo que sua avó chegava a comentar:

"Eu não entendo, minha filha. Você namora Caetano, mas anda para cima e para baixo com esse Edu...".

Naquela época, os dois chegaram até a virar cunhados, por alguns dias. Sandra, a irmã mais velha de Dedé, teve um rápido namoro com Edu, quando passou suas férias no Rio. Magoada, Dedé não conseguiu entender qual era a ligação entre amizade e guitarras elétricas.

* * *

Ninguém esperava que o sucesso viesse de modo tão rápido e intenso. Imediatamente após a final do festival da TV Record, já disponível nas lojas em compacto simples, "Alegria, Alegria" era tocada com insistência nas rádios de vários cantos do país. A canção se transformou em *hit*, ultrapassando a marca de 100 mil cópias vendidas. Logo também começaram a chover convites para shows, inclusive fora do eixo Rio-São Paulo, como Curitiba, Belo Horizonte, Porto Alegre e Belém.

Caetano passou ser tratado como um *popstar*. Fazendo eco à súbita popularidade do novo ídolo, pelo menos nas primeiras semanas, grande parte da imprensa derreteu-se em elogios e superlativos: "Caetano Veloso, o homem de maior prestígio no mundo da arte no momento" (*O Sol*); "o maior ídolo da plateia paulista" (*Última Hora*); "a personalidade mais discutida da música popular" (*Manchete*); "o letrista de maior imaginação criadora" (*Tribuna da Imprensa*); "o líder de uma juventude que procura novos caminhos" (*Fatos & Fotos*); "verdadeiro revolucionário de nossa música" (*Notícias Populares*).

Peça fundamental no marketing de Caetano e Gil, o empresário-produtor Guilherme Araújo era o responsável direto pelo trabalho de basti-

Antes do racha: Edu Lobo, Marília Medalha, Gilberto Gil e Caetano Veloso, às vésperas do festival que separou tropicalistas e emepebistas.

dores. Alimentava pessoalmente as colunas de variedades e fofocas dos jornais e revistas, passando notas e informações de todos os tipos. Quase tudo era válido para manter seus contratados em evidência: antecipar as letras das novas composições, dar detalhes sobre as gravações de seus próximos discos, ou mesmo divulgar futilidades, como o nome de um cabeleireiro que ele mesmo importara do Rio de Janeiro, para aparar os cabelos de Caetano. Por essas e outras, Guilherme começou a ser chamado, na própria imprensa, de "Brian Epstein nativo".

Ironias à parte, a referência ao folclórico empresário dos Beatles não era gratuita. Além das assumidas influências que Caetano e Gil (este em maior medida) assimilaram dos roqueiros britânicos, a idolatria das fãs brasileiras, no caso de Caetano, provocou cenas de tietagem explícita, típicas da beatlemania.

Durante uma tarde de autógrafos, promovida em uma loja de discos da cidade de Santos, no litoral paulista, Caetano chegou a sentir medo. Quando o automóvel que o levava estacionou na porta da loja, uma multidão de garotas cercou o veículo por todos os lados, gritando histericamente, com os rostos colados nos vidros. Uma cena que deixou o rapaz bastante assustado, perguntando a si mesmo se era aquele tipo de relação que gostaria de continuar mantendo com o público.

* * *

Jamais tinha se visto um tumulto como aquele, na Praça da Piedade, em Salvador. Com o trânsito congestionado em todas as ruas vizinhas, centenas de pessoas, principalmente estudantes, espremiam-se em frente à já superlotada Igreja de São Pedro, na manhã de 20 de novembro de 1967, uma segunda-feira. A confusão era tão grande que alguns comerciantes da região decidiram fechar as portas de suas lojas. Em meio a empurrões, cotoveladas, muita gritaria e até desmaios, a multidão cantava "Alegria, Alegria".

Um desavisado qualquer que visse Caetano Veloso saindo do automóvel, com a mesma camisa laranja de gola rolê que ele usara no festival da TV Record e uma flor amarela de papel crepom no peito, poderia até pensar que se tratava de um show beneficente. Na verdade, o compositor estava tentando entrar na igreja para se casar.

Depois de quase quatro anos de namoro, Caetano e Dedé tinham decidido viver juntos. O contrato de Caetano com a TV Record forçava-o a passar muito mais tempo em São Paulo do que no Rio de Janeiro. E como a avó de Dedé já andava bastante descontente com as frequentes escapadas da neta, para não causar um desgosto maior à família Gadelha, os dois resolveram se casar.

Antes mesmo de definir como seria a cerimônia, o casal foi convocado para uma reunião com Paulinho Machado de Carvalho. Preocupado com a imagem pública de seu novo astro, o chefão da Record chegou a sugerir que os dois mantivessem o casamento em segredo absoluto. Caetano não concordou. Apesar de querer uma cerimônia íntima, não admitia a ideia de esconder a futura mulher das fãs, prática muito comum no meio artístico daquela época.

Com a ajuda de Aninha, mulher de Torquato Neto, Dedé caprichou no modelito que desenhou para a cerimônia. Inspiradas na elegante atriz de cinema Audrey Hepburn, as duas criaram uma túnica branca, com capuz forrado em tom rosa-shocking, que fazia Dedé parecer uma Chapeuzinho Vermelho de minissaia — a moralidade do traje, porém, era garantida por uma providencial bombacha. Em vez do clássico buquê de noiva, Dedé preferiu enormes flores de papel crepom colorido, distribuídas também entre as madrinhas e convidadas.

Dias antes do casamento, a imprensa já tinha começado a anunciá-lo. A notícia de que Caetano e Dedé teriam optado por um "casamento hippie" atiçou mais ainda a curiosidade da mídia e dos fãs. O casal chegou até a dar entrevistas sobre o assunto, mas planejou uma estratégia para manter privacidade completa na cerimônia: só as duas famílias, os padrinhos e alguns amigos mais próximos saberiam o local e a hora exatos em que os dois se casariam.

Chegando juntos, no mesmo automóvel, os noivos só souberam que a informação vazara ao atingirem as imediações da Igreja de São Pedro. O trânsito estava parado havia quase 30 minutos. Os guardas civis e as policiais femininas eram incapazes de controlar o tumulto. Já na véspera, o *Diário de Notícias*, jornal de Salvador, tinha revelado o horário e o local do casamento. Por isso, a partir das 8h30, duas horas e meia antes da hora marcada para a cerimônia, a igreja começou a ser invadida por centenas de estudantes, que trocaram suas aulas daquela manhã pela chance de ver de perto o novo ídolo e seu anunciado "casamento hippie".

Gilberto Gil e Maria Bethânia, os padrinhos mais conhecidos, chegaram minutos antes e tiveram dificuldades para atravessar a multidão. Já os noivos só conseguiram entrar na igreja às 11h40, com muito esforço. Garotas mais exaltadas tentavam puxar os cabelos de Caetano e a roupa de Dedé. O casal precisou de escolta dos policiais para se aproximar do altar.

Tropicália

Tumulto na igreja: o casamento *hippie* de Caetano Veloso e Dedé Gadelha agitou Salvador, em 20 de novembro de 1967.

Arroz na areia: logo após a cerimônia religiosa, o casal Veloso comemorou numa praia quase deserta, em Ondina.

"Juízo, meninas, juízo!", pedia Caetano, bastante preocupado com o tumulto e a euforia excessiva das fãs.

Aflito também, o padre Francisco Reis tentava conseguir um pouco de silêncio para iniciar a cerimônia, mas seus pedidos eram abafados pelo coro de "Alegria, Alegria". Ao ver dona Canô, emocionada, desmaiando nos braços de Bethânia, o vigário se apressou:

"Rápido, meus filhos! Rápido, se não me destroem a igreja!"

A cerimônia, reduzida em função do tumulto, durou pouco mais de um minuto. Ao mencionar os nomes completos dos noivos, o padre acabou revelando à plateia um detalhe curioso que Dedé sempre fez questão de omitir. Registrada como Idelzuith (homenagem dos pais à avó, de origem holandesa), Dedé já fizera de tudo para trocá-lo. Chegara até a forjar um atestado de um psiquiatra, afirmando que teria tentado suicídio por rejeição a seu primeiro nome. Nem assim conseguira a mudança.

No momento da bênção, decididos a não usar alianças, os noivos recorreram aos padrinhos, que emprestaram as suas. Dedé acabou sendo abençoada com quatro argolas na mão. Enquanto isso, fora da igreja, estudantes da Faculdade de Ciências Econômicas aproveitavam a confusão para se divertirem: atiravam baldes de água e sacos plásticos com pedras de gelo na multidão. A brincadeira agressiva só parou com a intervenção da polícia.

Já ao final da cerimônia, cansado de ser agarrado pelas garotas, que chegavam a arrancar fios de sua enorme cabeleira para levar de lembrança, Toyu, o tecladista dos Beat Boys, encontrou uma maneira mais rápida de fugir da confusão: pulou a cerca da igreja. Sua semelhança com a popular imagem cristã do Messias acabou provocando a piada de um estudante:

"Olha o Cristo fugindo da igreja!", gritou o gozador.

Depois de enfrentarem novo tumulto para sair, Caetano e Dedé entraram em um Volkswagen e, praticamente, fugiram para o Grande Hotel da Barra. Já com roupas de banho, foram festejar o casamento numa praia deserta, próxima ao restaurante Le Chalet, em Ondina, onde os amigos e familiares os esperavam para a tradicional chuva de arroz. Mais uma vez, nada de "Marcha Nupcial": a trilha sonora foi puro iê-iê-iê: "Pode Vir Quente que Eu Estou Fervendo".

Passado o susto da cerimônia, o casal voltou a pensar na confusão. Que amigo da onça teria dado com a língua nos dentes e revelado o segredo a algum jornalista? Depois de Guilherme Araújo ter jurado sua inocência, Caetano preferiu acreditar no amigo, mas Dedé jamais se con-

Sem lenço e sem documento: Caetano posando para a revista *Manchete*, logo após o sucesso de "Alegria, Alegria".

venceu da inocência do empresário. Talvez porque, no meio do tumulto, em vez de se mostrar preocupado, Guilherme admirava, deslumbrado, a súbita popularidade de Caetano:

"Isto é maravilhoso! É maravilhoso", deliciava-se.

* * *

"Chupeta, fósforo, cigarro, baralho, revólver e uísque vão subir de preço, tornando quase impossível a vida de nossas crianças.

— Vai subir mesmo o preço da chupeta?

— Vai.

— Coitado do Caetano Veloso!"

Piadinhas como essa (publicada na edição paulista do jornal *Última Hora*, em 5 de dezembro de 67) passaram a ser comuns, após o festival da Record. A enorme popularidade de Caetano veio acompanhada também por muitos desafetos, não só entre os emepebistas, como na imprensa e na televisão. Se, por um lado, o jeito tímido de rapaz recém-chegado da Bahia agradava ao fã-clube feminino de Caetano, por outro lado, também funcionava como apetitoso prato para os detratores. Alguns deles, como Sérgio Pôrto, da revista *O Cruzeiro*, alfinetavam com ironias e apelidos preconceituosos:

"Caetano Veloso, de tanto andar despenteado na televisão, está merecendo críticas dos telespectadores. Seu empresário — o popular Guilherme Araújo — já tomou as providências necessárias. Vai mandar seguir para São Paulo um cabeleireiro famoso, cheio de bobes e outras bossas, para que o Marcha da Fome não seja mais chamado de 'Boneca Cacheada'. Essa família vai mal!"

Já o apresentador Flávio Cavalcanti, conhecido por suas tiradas melodramáticas e posições moralistas, não perdeu a chance de, literalmente, quebrar o compacto de "Alegria, Alegria", em frente à plateia do *Um Instante, Maestro*, seu programa de TV. Além do costumeiro desprezo que professava pelo iê-iê-iê, Cavalcanti "descobriu" na letra da canção de Caetano uma espécie de propaganda subliminar a favor das drogas. Para o alucinado apresentador, as iniciais das palavras do verso "lenço sem documento" não passariam de mensagem cifrada, um incentivo ao consumo do LSD, o ácido lisérgico.

De início, Caetano ficou irado com a calúnia. Por sinal, até aquele dia, tinha apenas experimentado maconha — e, depois de passar muito mal durante essa única experiência alucinógena, decidira jamais repeti-la. Porém, passada a indignação, dias depois, a resposta do acusado veio a público na coluna de Nelson Motta, no *Última Hora* carioca:

"Até hoje tem gente insinuando que 'Sem Lenço Sem Documento' é uma homenagem ao LSD. Caetano morre de rir e pergunta qual a 'homenagem' ao ácido lisérgico que existe em Louvado Seja Deus..."

11.
TRAMANDO NO ESTÚDIO

A Philips não perdeu tempo. Aproveitando a enorme repercussão do festival da Record, a gravadora decidiu apressar a produção dos LPs de Caetano e Gil. Os dois tiveram sorte. Dificilmente encontrariam alguém mais receptivo às suas novas experiências musicais do que Manoel Barenbein, o produtor indicado para coordenar as gravações dos dois discos.

Para seus 25 anos de idade, o paranaense de Ponta Grossa tinha uma considerável folha de serviços. No melhor estilo *self-made man*, Barenbein começara a trabalhar na RGE como *office-boy*. Tempos depois, a eficiência do garotão alto e meio desengonçado já chamava a atenção dos chefões da gravadora. Especialmente quando conseguiu lançar um disco comemorativo do bicampeonato mundial de futebol de 1962, no dia seguinte à vitória da seleção brasileira.

A carreira musical de Barenbein desenvolveu-se por dois caminhos paralelos. Produzindo shows ou gravando discos de artistas como Chico Buarque e Toquinho, ele conviveu com a MPB derivada da bossa nova. Por outro lado, acompanhando também de perto a evolução do iê-iê-iê, Barenbein tinha conhecimento do grande potencial dessa corrente no mercado brasileiro e internacional.

Alternando-se entre as duas áreas, o produtor já vinha pensando, havia tempos, como seria interessante aproximar mais a MPB da música pop, tornando-a "mais universal". Algumas semanas antes do festival da Record, ao produzir os três LPs com as 36 canções selecionadas, na primeira conversa que teve com Gil e Caetano, Barenbein encontrou duas respostas concretas para sua inquietação musical: as canções "Domingo no Parque" e "Alegria, Alegria".

Rápido no gatilho, assim que conheceu os Mutantes, durante as gravações de "Bom Dia" e "Domingo no Parque", Barenbein também os convidou a gravar seu LP de estreia. Além da qualidade musical do conjunto, Barenbein vislumbrou nos garotos a possibilidade de criar uma música pop com feição mais brasileira, diferente dos rockinhos primários e das versões açucaradas que infestavam a Jovem Guarda.

* * *

Tropicália

Caetano foi o primeiro a entrar em estúdio. Para cuidar dos arranjos de seu álbum, convidou o maestro Júlio Medaglia, que logo depois lhe apresentou outros dois parceiros no movimento Música Nova: Damiano Cozzela e Sandino Hohagen. A ideia de trabalhar com um grupo de músicos de vanguarda interessados no pop conquistou Caetano. Assim, decidiu-se que os arranjos orquestrais do LP (intitulado *Caetano Veloso*) seriam divididos entre os três maestros.

Nas primeiras conversas que teve com eles, para discutir o conceito do álbum e as ideias que tinha para cada uma das canções, Caetano não escondeu o tamanho de sua ambição. Deixou bem claro que queria criar um produto de altíssima qualidade musical, uma obra que se impusesse por si mesma, em qualquer parte do mundo. Em outras palavras, pretendia chegar a algo com o mesmo impacto do nascimento da bossa nova, que se equiparasse ao valor do primeiro álbum de João Gilberto, embora na área pop. Caetano queria um disco mais avançado que *Sgt. Pepper's*, dos Beatles, mas também muito brasileiro e de interesse internacional.

"Vai ser, Caetano", garantiu o confiante Hohagen.

A primeira faixa gravada foi "Superbacana" (letra e música de Caetano), uma colagem repleta de imagens pop, na linha de "Alegria, Alegria". Não foi à toa que, para o arranjo, Caetano decidiu retomar a ideia que tivera para o festival da Record, antes de conhecer os Beat Boys: cantar com o RC-7, o conjunto acompanhante de Roberto Carlos. Não faltou também um toque de humor. Fechando a letra com a irônica saudação "um instante, maestro", Caetano alfinetou o paranoico Flávio Cavalcanti, que semanas antes o acusara de fazer propaganda alucinógena em "Alegria, Alegria".

Outra faixa do disco que provocou polêmica antes mesmo de ser lançada (dessa vez com algum fundo de verdade), foi "Soy Loco por Ti, América", uma dançante fusão de mambo, rumba e cúmbia. Com parte da letra em espanhol, essa canção foi composta por Capinan e Gil em homenagem ao revolucionário Che Guevara, logo após a notícia de sua morte. Os nacionalistas mais xenófobos ficaram incomodados com o uso do *portunhol*, na quilométrica letra de Capinan. Já os direitistas denunciaram o "culto ao perigoso guerrilheiro".

Da quase cafona "Onde Andarás" (música de Caetano e letra de Ferreira Gullar), canção tipo dor de cotovelo em que Caetano chegava a imitar a pronúncia e a voz empostada de Nelson Gonçalves, à ousada "Clara" (música e letra de Caetano), que exibia um dissonante arranjo de Hoha-

Quartel-general: inicialmente, as reuniões dos tropicalistas aconteciam no apto. 112 do Hotel Danúbio.

gen com participação de Gal Costa, o disco misturava samba-canção, bossa nova, bolero, beguine, baião e iê-iê-iê, com pinceladas de Debussy, Stravinsky e Beatles, sem muita preocupação com unidade.

"Quem ousaria dedicar este disco a João Gilberto?", perguntava Caetano, no poético e quase caótico texto que escreveu para a contracapa — o que não deixava de ser uma expressa homenagem ao pai da bossa nova.

Curiosamente, a canção favorita de Caetano, escolhida inclusive para abrir o disco, ainda não tinha título quando começou a ser gravada. O nome só surgiu dias depois, durante um almoço com amigos, em São Paulo. A pedido de Luís Carlos Barreto (o fotógrafo de *Vidas Secas* e *Terra em Transe*, que depois se tornou produtor de cinema), Caetano começou a mostrar suas canções mais recentes. A favorita do compositor também interessou o amigo:

"Como é o nome dessa?", perguntou Barreto.

"Sabe que essa canção ainda não tem título? E essa é justamente a música central no que eu estou fazendo, é a música que diz tudo."

"Bote o nome 'Tropicália'."

"'Tropicália'?!"

"Quando eu a ouvi, me lembrei imediatamente de um negócio que eu vi uns meses atrás, no MAM do Rio. Você conhece Hélio Oiticica?"

"Não."

"Era uma coisa maravilhosa. Um labirinto cheio de plantas e pássaros onde, depois de atravessá-lo, você encontrava uma televisão."

Caetano sentiu que havia mesmo algo em comum entre sua canção e a obra descrita por Barreto, mas a sugestão não o agradou muito. "Tropicália" poderia passar a ideia de uma música tropical, exótica, quando o que ele e Gil buscavam era algo universal, mais moderno. Além disso, a ideia de usar o título de uma obra que já existia não parecia correta. E se o autor não gostasse do empréstimo?

"Eu tenho certeza de que Hélio Oiticica vai ficar louco por essa música. Bote 'Tropicália'!", insistiu Barreto.

"É uma palavra forte", apoiou Guilherme Araújo, já gostando da sugestão.

Apesar das objeções de Caetano, a canção estava batizada. Ao voltarem para o estúdio, Guilherme foi logo perguntar a opinião de Manoel Barenbein sobre o possível título. O produtor não teve dúvidas: já foi escrevendo "Tropicália" no rótulo da fita, com a gravação.

"Mas o nome não vai ser 'Tropicália'", ainda resistiu Caetano.

"Tudo bem. Até você arranjar outro nome, a gente deixa esse."

Predestinada a ser uma espécie de manifesto, "Tropicália" recebeu também uma bem sacada e espontânea contribuição do percussionista Dirceu. Para testar o som do microfone, sem nem mesmo conhecer a letra da canção, Dirceu começou a narrar, em tom de gozação, o lendário episódio da descoberta do Brasil:

"Quando Pero Vaz Caminha descobriu que as terras brasileiras eram férteis e verdejantes, escreveu uma carta ao rei. Tudo que nela se planta, tudo cresce e floresce. E o Gauss da época gravou."

Acostumado às sacadas instantâneas dos *happenings* e da música aleatória, Júlio Medaglia pediu na hora ao técnico Rogério Gauss que ligasse o gravador — o bem-humorado improviso de Dirceu tinha tudo a ver com a canção. A tirada do percussionista transformou-se na introdução da "Tropicália" de Caetano.

* * *

Exibida pela primeira vez no Museu de Arte Moderna do Rio de Janeiro, em abril de 1967, a *Tropicália* de Hélio Oiticica consistia em um ambiente formado por duas tendas, que o autor chamava de penetráveis. Areia e brita espalhadas pelo chão, araras e vasos com plantas criavam um cenário tropical. Depois de atravessar uma espécie de labirinto, já dentro da tenda principal, quase às escuras, o público encontrava um aparelho de televisão, devidamente ligado.

Como o próprio Oiticica observou, um ano mais tarde, *Tropicália* era uma "tentativa consciente, objetiva, de impor uma imagem obviamente 'brasileira' ao contexto atual da vanguarda e das manifestações em geral da arte nacional". Confrontando essa imagem com movimentos artísticos internacionais, como o op e o pop, Oiticica pretendia combater o velho colonialismo infiltrado na cultura brasileira.

"Na verdade, quis eu com a *Tropicália* criar o mito da miscigenação — somos negros, índios, brancos, tudo ao mesmo tempo —, nossa cultura nada tem a ver com a europeia, apesar de estar até hoje a ela submetida: só o negro e o índio não capitularam a ela. Quem não tiver a consciência disso que caia fora. Para a criação de uma verdadeira cultura brasileira, característica e forte, expressiva ao menos, essa herança maldita europeia e americana terá de ser absorvida, antropofagicamente, pela negra e índia de nossa terra, que na verdade são as únicas significativas, pois a maioria dos produtos da arte brasileira é híbrida, intelectualizada ao extremo, vazia de um significado próprio", escreveu o artista, em março de 1968, num ensaio também intitulado "Tropicália".

Tropicália

163

Tropicália: a obra de Hélio Oiticica, exposta no Museu de Arte Moderna do Rio de Janeiro em abril de 1967, era um ambiente formado por dois penetráveis, cercados por areia, brita e plantas tropicais.

Neto de Josué Oiticica, um dos teóricos do anarquismo no Brasil, Hélio também se considerava um anarquista. Inconformado com os padrões tradicionais de escultura e pintura, ele construiu uma obra radical, em que vida e arte não se separavam. Suas obras mais originais tiveram como ponto de partida o ano de 1964, quando Hélio começou a frequentar os ensaios da Escola de Samba Estação Primeira de Mangueira. Além de se tornar passista da ala Vê Se Me Entende, com presença infalível nos desfiles do carnaval (muito antes que eles se tornassem mastodônticas vitrines anuais para exibição de *socialites*, modelos e atores de TV), Hélio passou também a acompanhar por dentro o dia a dia da comunidade do morro.

Entre as várias amizades que cultivou nesse meio, havia tanto sambistas como marginais. Um deles, o temido bandido Cara de Cavalo, procurado por assaltos e outros crimes audaciosos, virou tema de uma obra-tributo, depois de ser morto pela polícia carioca, em 1964, com mais de 100 tiros. *Homenagem a Cara de Cavalo* (1965) é quase uma peça litúrgica. Numa caixa, em cujas faces internas repete-se a foto do cadáver do bandido, Hélio depositou um pequeno saco, que recebeu uma inscrição com pigmentos avermelhados:

"Aqui está e aqui ficará. Contemplai o seu silêncio heroico!"

Provocando o que hoje se chamaria de uma situação "saia justa", foi na companhia de seus parceiros do morro da Mangueira que Hélio invadiu a mostra *Opinião 65*, no Museu de Arte Moderna do Rio, em 1965, para exibir uma de suas invenções mais originais: os *Parangolés*. Criados artesanalmente, com telas, panos, plásticos e outros materiais pintados, de início essas peças tinham formatos de estandartes, bandeiras e tendas. Depois, ganharam formas de grandes capas, para serem vestidas. Algo entre roupa, fantasia e escultura móvel, os *Parangolés* exploravam uma nova relação com o espaço.

O envolvimento de Hélio com o cotidiano do morro e a marginalidade também estava na origem de sua *Tropicália*. Foi a arquitetura das favelas do Rio de Janeiro, com suas construções espontâneas, que serviu de modelo e inspiração para seus penetráveis. Hélio queria que o público vivenciasse, como ele, a sensação de andar pelas *quebradas* de uma favela. Afinal, para o Marcel Duchamp carioca, vida e arte não se dissociavam.

"O próprio dia a dia é a construção de uma obra de arte", dizia.

* * *

Uma nova conexão se estabeleceu durante as gravações do disco de Caetano. Interessado em conhecê-lo pessoalmente, para trocar ideias, o

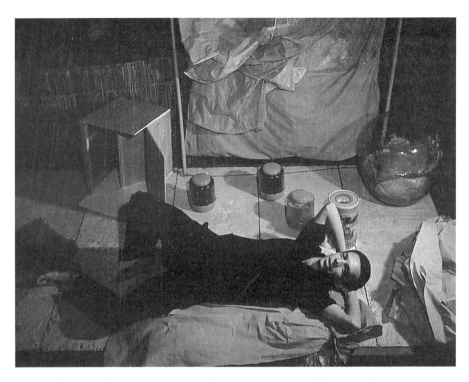

O descanso do guerreiro: para Hélio Oiticica, arte e vida não se dissociavam.

Parangolé: Caetano Veloso vestindo uma das criações mais originais de Hélio Oiticica.

poeta Augusto de Campos foi levado ao estúdio por Júlio Medaglia, que o apresentou aos baianos. O poeta concreto deu sorte: na única sessão de gravação que assistiu, teve a oportunidade de presenciar o inesperado *happening* comandado pelo percussionista Dirceu, incorporado à gravação de "Tropicália".

O interesse de Augusto de Campos pela canções de Caetano começara em meados de 1966, durante os festivais de MPB da TV Excelsior e da TV Record. As premiadas "Boa Palavra" e "Um Dia" já traziam uma certa estranheza poética e intervalos melódicos pouco comuns na música brasileira, que chamaram a atenção do poeta — fã das dissonâncias da música contemporânea, nessa época ele já se considerava um apreciador "de ouvido torto".

Pouco tempo depois, Augusto mencionou Caetano em um artigo que escreveu para o *Correio da Manhã* ("Boa palavra sobre a música popular", incluído posteriormente no livro *O Balanço da Bossa*). Nesse texto, chamava atenção para um depoimento do baiano, publicado alguns meses antes pela *Revista Civilização Brasileira*. Usando João Gilberto como exemplo supremo, Caetano defendia a retomada da "linha evolutiva" da música popular brasileira. Para "dar um passo à frente", renovar a música brasileira, ele sugeria o uso de um instrumento: "a informação da modernidade musical". Era um ponto de vista radical e polêmico, que animou posteriores discussões e debates durante muito tempo no meio musical brasileiro.

"Alegria, Alegria" e "Domingo no Parque" só vieram confirmar que o *feeling* inicial do poeta fazia sentido. Com toda a polêmica deflagrada por essas canções, o interesse musical acabou virando simpatia. Ao lançarem o movimento concretista, nos anos 50, Augusto, seu irmão Haroldo e Décio Pignatari tinham sofrido ataques e reações semelhantes aos que Caetano e Gil estavam enfrentando naquele momento.

Foi a empatia por um projeto de renovação artística mais ou menos semelhante ao seu que levou Augusto de Campos a escrever outros artigos sobre as contribuições musicais de Caetano e Gil (enfrentando inclusive resistência no erudito suplemento literário do jornal *O Estado de S. Paulo*, que na época ainda tratava a música popular com uma boa dose de esnobismo).

Caetano até chegara a ler alguns desses artigos, mas não sabia quem era exatamente Augusto de Campos — na verdade, nem mesmo tinha muita noção do que era o movimento de poesia concreta. No dia em que Augusto deixou um recado com a telefonista do Hotel Danúbio, dizendo

Tropicália 167

que tinha interesse em encontrar Caetano para uma conversa, foi Dedé quem explicou ao marido que não se tratava exatamente de um jornalista. As aulas de História da Arte, ministradas por Yulo Brandão, ainda estavam bem frescas na memória da ex-aluna da Escola de Dança da Bahia, que até já tentara escrever algumas poesias concretas.

Augusto deixou bem claro que não estava ali apenas para falar sobre música. Logo no primeiro encontro, já ofereceu a Caetano um exemplar da revista *Invenção*, iniciando uma espécie de diálogo sobre poesia — afinal, também via o compositor de "Alegria, Alegria" e "Tropicália" como um poeta. O método da aproximação foi mantido: em ocasiões posteriores, Augusto voltou a presentear Caetano com livros de Oswald de Andrade, e. e. cummings e James Joyce, entre outros.

Especialmente o livro de Oswald — uma coletânea de poesias e textos comentados por Haroldo de Campos, que incluía o *Manifesto da Poesia Pau-Brasil* (1924) e o *Manifesto Antropófago* (1928) — impressionou muito Caetano. As ideias do modernista contribuíram bastante para enriquecer como novos argumentos seu inconformismo frente à seriedade e a estagnação da bossa nova e suas derivações mais politizadas.

Começou assim um intercâmbio que não só influenciou ativamente o universo poético dos tropicalistas, como também acabou abrindo um novo caminho para a atuação dos concretos.

* * *

Com o decorrer das gravações, Caetano foi ficando frustrado. Logo tomou consciência de que não tinha a mínima ideia de como fazer um disco, nem conhecimento musical suficiente para transmitir suas ideias — algumas, no fundo, eram mais sonhos do que sugestões musicais concretas, propriamente.

Caetano não gostava de sua voz, nem de seu jeito de cantar, que ainda considerava amadorístico. Achava o som do disco excessivamente emplastrado e confuso (o fato de as gravações ainda serem feitas em um único canal prejudicava bastante o resultado sonoro final). O compositor sentia que a maioria dos arranjos ficara aquém do que imaginava, porém não sabia como levar Medaglia, Cozzella e Hohagen a realizarem o que tinha em mente. Reconhecia que o disco poderia até soar inovador para o Brasil, mas achava que, em termos internacionais, a marca do subdesenvolvimento continuava evidente na gravação.

Claro que Caetano não negava o valor do trabalho dos maestros — achava que Medaglia, por exemplo, tinha feito um excelente arranjo para a canção "Tropicália". Reconhecia que os três tinham criado algo bem melhor do que ele seria capaz de fazer sozinho, com seu reduzido conhecimento musical, mas isso não o impediu de ficar descontente. E quanto mais aumentava sua frustração, mais Caetano foi ficando tímido e retraído no estúdio.

Uma das consequências desse retraimento foi a gravação de "Clarice". Na verdade, Caetano não queria nem ter incluído no disco essa canção, feita em parceria com Capinan, mais de um ano antes, por considerá-la tradicional, MPB demais, ao ponto de desvirtuar o próprio espírito do disco. Em lugar dela, Caetano planejara gravar "Dora" (de Dorival Caymmi), acompanhado apenas pelo violão de Dori Caymmi — o melhor seguidor de João Gilberto, em sua opinião.

A gravação de "Dora" chegou até a acontecer, mas resultou em completo fiasco. Como se estivesse desinteressado, ou mesmo tocando de má vontade, Dori esquecia a harmonia, no meio da canção. Achando o amigo esquisito, Caetano ficou mais inseguro e cantou muito mal. Depois de algumas tentativas, sem conseguirem chegar ao final da canção, os dois decidiram parar. Dori foi embora, sem nem mesmo terminar a gravação. Saiu do estúdio fazendo piadas, completamente *blasé*. A ideia morreu ali, deixando Caetano mais frustrado ainda.

Foi a chance para que Barenbein voltasse a discutir com ele a inclusão de "Clarice". O produtor gostava muito daquela canção e achava que ela poderia ajudar o disco ser veiculado nas rádios. Falou e argumentou tanto, que acabou convencendo Caetano a gravá-la, ainda que a contragosto.

Algumas semanas depois que o disco foi lançado, Caetano recebeu uma irônica prova de que o *feeling* inicial de não querer gravá-la tinha sentido. Uma noite, estava jantando com Dedé no Patachou, um restaurante francês que os dois costumavam frequentar, na Rua Augusta, quando o simpático Gianfrancesco Guarnieri sentou à mesa, já um pouco "alto". Em tom de confissão, o ator e dramaturgo do Teatro de Arena fez um comentário:

"Você era uma das minhas maiores esperanças na música popular brasileira, Caetano. Fiquei decepcionado quando você abandonou a poesia e a música verdadeiras para se entregar ao comercialismo, mas você não me engana. Tem uma música no seu disco que é realmente o que você quer fazer: 'Clarice'."

Caetano teve que se segurar para não rir, ao lembrar que a canção tão elogiada por Guarnieri fora a única que entrara em seu disco por pressão do produtor.

* * *

Gilberto Gil também não ficou totalmente satisfeito com o resultado sonoro de seu LP, mas se divertiu bem mais que Caetano, durante os trabalhos de estúdio. A aproximação maior com o maestro Rogério Duprat e os Mutantes resultou não apenas em uma consistente parceria, que se desdobrou nas 10 faixas do álbum. Rendeu também muitas risadas durante as gravações.

A irreverência do álbum *Gilberto Gil* já vinha estampada na capa, criada por Rogério Duarte (que também criara a capa do disco de Caetano) e Antônio Dias, com fotos de David Drew Zingg. Entre grafismos, em berrantes tons de verde, amarelo e vermelho, Gil surgia em três poses: no centro, com um fardão semelhante ao usado na Academia Brasileira de Letras; em fotos menores, como um militar cheio de condecorações (qualquer semelhança com as fardas militares dos Beatles, em *Sgt. Pepper's*, não foi mera coincidência), ou na pele de um debochado piloto, que segura apenas o volante de seu automóvel.

A exemplo da gravação de "Domingo no Parque", que inaugurara a associação entre Gil e Duprat, os outros arranjos do disco também foram feitos em conjunto. Na primeira parceria, antes que as partituras fossem escritas pelo maestro, ele e Gil reuniram-se durante quatro ou cinco tardes, para planejar os tipos de instrumentos mais apropriados a cada parte da canção, definir os climas e emoções a serem explorados, ou mesmo a montagem geral do arranjo. Ao contrário dos arranjadores tradicionais, que costumam chegar no estúdio com as partituras prontas, Duprat fazia questão de ouvir antes as ideias de Gil — no caso de "Domingo no Parque", foi o próprio compositor que sugeriu os ruídos de um parque de diversões, que aparecem na gravação. Só depois de discutirem muito, Duprat colocava em prática seus conhecimentos técnicos de orquestração e harmonia, para escrever a partitura. Na volta ao estúdio, os dois ainda faziam modificações, até chegarem à forma final.

A relação de Gil com os Mutantes também foi de troca. Se mostrou ao trio a possibilidade real de se fazer música pop em português, alternativa que os garotos jamais tinham levado a sério antes, Gil também aprendeu muito com eles. A começar pelo exemplo de Serginho, que aos 16 anos de idade não estava nem um pouco preocupado com o que poderiam pensar de sua música. O garoto tocava simplesmente tudo o que gostasse ou lhe viesse à cabeça: Beatles, Mozart, Stones, Bach ou The Mamas and the Papas, sem jamais pensar nas reações que sua atitude poderia provocar.

Esse grau de descompromisso musical era quase impensável para Gil, que vivia preocupado com as opiniões negativas dos emepebistas a respeito

Maestro irreverente: Rogério Duprat foi o diretor musical e arranjador da grande maioria dos trabalhos tropicalistas.

de suas novas canções. O baiano sonhava poder espantar de vez o fantasma da aprovação dos colegas e, nesse aspecto, a convivência com os garotos foi bastante educativa. O humor adolescente e a alegria iconoclasta dos Mutantes, sempre prontos para fazer piadas em qualquer situação, acabavam provocando o "padrinho". Incitavam Gil a se soltar cada vez mais.

Sem essas "más influências", Gil dificilmente teria chegado a incluir no disco algo como "Pega a Voga, Cabeludo" — canção do folclore amazonense recolhida por Juan Arcon, que ele e os Mutantes transformaram em uma descontraída embolada pop. A gravação já começa em tom de deboche:

"Atenção, bicões! Gravando!", convoca o técnico de som Rogério Gauss, antecipando os 4 minutos e meio recheados de improviso e irreverência que se seguem.

Liderando os vocais, Gil não canta apenas os versos da letra. Também ri, grita e provoca os parceiros ("Serginho, cabeludo danado, vamos lá! Quem foi que disse que você toca bem guitarra, rapaz?"). Numa referência ao inesperado improviso que acabou incorporado ao disco de Caetano, Gil pede a Dirceu que faça outro discurso. Mais uma vez, o abusado percussionista não negou fogo, disparando com sotaque nordestino:

"Esse som psicodélico é redondo que só uma gota!".

Nem mesmo Manoel Barenbein escapou. Parodiando uma expressão que o produtor costumava usar sempre que as brincadeiras e maluquices dos Mutantes ameaçavam extrapolar, Gil emprestou a melodia de "Pobre Menina" (o sucesso da dupla iê-iê-iê Leno e Lilian), para criar um refrão-gozação: "Ê Manoel, para de encher!".

Gozadoras também são as frases dos metais que Duprat escreveu para o arranjo de "Marginália 2" (de Gil e Torquato Neto), canção que já revelava uma evidente afinidade temática, ou mesmo poética, com "Tropicália". Como a canção de Caetano, a letra de Torquato extraía um *insight* crítico e bastante irônico do Brasil, em meio a um cenário de bananeiras, palmeiras e cascatas. "Aqui é o fim do mundo", concluía.

Como se não quisesse deixar dúvidas sobre sua guinada musical, Gil também incluiu no disco uma nova versão de "Procissão". A canção — composta por ele em 1964, resgatando a atmosfera das festas religiosas do interior da Bahia, com um ponto de vista próximo ao da crítica social do Centro Popular de Cultura — voltou totalmente reformulada, com ritmo mais pop e o auxílio irreverente da guitarra e do baixo elétrico dos Mutantes. Uma gravação que decepcionou bastante os fãs mais politizados do inflamado Gilberto Gil de "Louvação" e "Roda".

12.
UMA FESTA DE BATISMO

Nenhum deles imaginou que um simples papo entre amigos, divertido e devidamente regado a chope, acabaria levado tão a sério. Naquela noite quente de verão carioca, os cineastas Glauber Rocha, Cacá Diegues, Gustavo Dahl e Arnaldo Jabor, o fotógrafo Luís Carlos Barreto e o repórter Nelson Motta divertiam-se em uma mesa do restaurante Alpino, no Jardim de Alah, imaginando uma grande festa. Quase aos gritos, rindo muito a cada nova tirada, os seis começaram a planejar um extravagante banquete à Oswald de Andrade.

A ideia era celebrar algo que ninguém sabia ainda explicar muito bem, mas já estava acontecendo. Os amigos não precisaram de muita conversa para concluírem que "Tropicália" — a recém-lançada canção de Caetano Veloso, que o próprio Barreto ajudara a batizar, semanas antes, ligando-a à obra homônima de Hélio Oiticica — tinha tudo a ver com o delírio tropical de *Terra em Transe*, de Glauber, ou com a antropofagia oswaldiana da peça *O Rei da Vela*, cuja temporada carioca começara havia três semanas. Algo de novo parecia estar ocorrendo na cultura brasileira e, na falta de outro nome, entre risadas e inúmeras rodadas de chope, a coisa foi chamada de Tropicalismo.

No dia seguinte, Nelson Motta decidiu estender a curtição daquela noite à coluna que escrevia diariamente para o *Última Hora* carioca. Em geral, *Roda Viva* reunia pequenas reportagens e notas variadas sobre música, cinema, teatro, artes plásticas e cultura em geral. Convivendo intimamente com as turmas do Cinema Novo, da bossa nova e da MPB, o bem-relacionado repórter e letrista carioca podia se dar ao luxo de preencher boa parte de seu espaço no jornal com novidades recém-colhidas em encontros com amigos ou durante as inúmeras festinhas que frequentava.

Ao dedicar toda a coluna a um único assunto, naquele 5 de fevereiro de 1968, Nelson acabou reforçando a ideia de que algo extraordinário estava para acontecer na vida cultural do país. Ilustrada com uma sombria foto de Vicente Celestino (o veterano compositor e intérprete de canções melodramáticas como "Coração Materno" ou "O Ébrio"), a coluna recebeu o título "A cruzada tropicalista". O lide, meio rocamboles-

Tropicália

Cercado pela MPB: o jornalista e letrista Nelson Motta (15) com Edu Lobo (1), Tom Jobim (2), Torquato Neto (3), Caetano Veloso (4), Capinan (5), Paulinho da Viola (6), Sidney Miller (7), Zé Kéti (8), Eumir Deodato (9), Olívia Hime (10), Francis Hime (11), Luiz Eça (12), João Araújo (13), Dori Caymmi (14), Linda Batista (17), Chico Buarque (18), Luis Bonfá (19), Tuca (20) e Braguinha (21), na casa de Vinicius de Moraes (16), em agosto de 1967.

co e destacado em letras maiores, anunciava um novo e ambicioso movimento cultural:

"O filme *Bonnie and Clyde* faz atualmente um tremendo sucesso na Europa e sua influência estendeu-se à moda, à música, à decoração, às comidas, aos hábitos. Os anos 30 revivem em força total. Baseados neste sucesso e também no atual universo *pop*, com o psicodelismo morrendo e novas tendências surgindo, um grupo de cineastas, jornalistas, músicos e intelectuais resolveu fundar um movimento brasileiro mas com possibilidades de se transformar em escala mundial: o Tropicalismo. Assumir completamente tudo que a vida dos trópicos pode dar, sem preconceitos de ordem estética, sem cogitar de cafonice ou mau gosto, apenas vivendo a tropicalidade e o novo universo que ela encerra, ainda desconhecido."

Segundo o texto, o lançamento da "cruzada tropicalista" aconteceria em uma festa no Hotel Copacabana Palace. Com toques de ironia ou até de deboche, Nelson seguia descrevendo a decoração e o heterodoxo menu da comemoração — uma mistura de palmeiras, vitórias-régias, abacaxis, vatapá, maria-mole e xarope Bromil.

Recomendado como traje típico da nova tendência cultural, o terno de linho branco deveria ser acompanhado por camisa de *nylon*, abotoaduras com pedras semipreciosas e brilhantina nos cabelos. Para as mulheres, vestidos rodados nas cores turquesa, laranja, maravilha e verde-amarelo, anáguas engomadas e grandes penteados à base de litros de laquê. A gozação prosseguia no item "A Arte". Sugerindo o resgate das naturezas mortas e da pureza das formas nas artes plásticas, o manifesto brandia um "fora com Portinari e Antônio Dias!". Já na área musical, a plataforma elegia o romantismo do samba-canção:

"O samba-canção, forma nacional de música, viverá o seu grande esplendor e o cavaquinho será eleito o instrumento da moda, em substituição às antiquadas e estrangeiras guitarras elétricas. Cada jovem terá em seu quarto um cavaquinho e muitos conjuntos surgirão, muitos regionais, todos uniformizados e com o indispensável chapéu de palhinha, já que o chapéu-chile é só para usar na rua, com o terno de linho."

A bossa nova também não escapou de ser mencionada, mais uma vez com ironia. "Enquanto existir Tom Jobim e Vinicius, o tropicalismo estará furado. Que grandes retratos de Vicente Celestino e Gilda de Abreu iluminem os quartos dos jovens e sirvam como ideal inatingível de amor perfeito e visão do mundo."

Já a suposta filosofia do movimento era enunciada através de uma coleção de provérbios, chavões e até cantadas da época: "'Verde assim,

Tropicália

175

Uma festa debochada: em 5 de fevereiro de 1968, Nelson Motta lançou publicamente o tropicalismo em sua coluna (abaixo e na página seguinte) do jornal *Última Hora*.

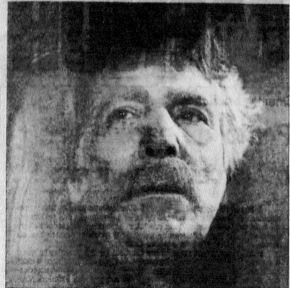

A festa

O lançamento da Cruzada Tropicalista seria feito em uma festa no Copacabana Pálace. Apiscina estaria coberta de vitórias-régias, palmeiras por tôda a pérgula, bebida servidas em abacaxis ou côcos, abacaxis que também serviriam de abajur, iluminados por dentro.

A música baseada em samba-canção da década de 50 e o menu, sofisticadíssimo: aperitivo; batida de ôvo; entrada; sanduíche de mortadela com queijo de Minas (facultativo); vatapá como prato forte e maria-mole de sobremesa. Ao final, em vez de licor, seria servido xarope Bromil em pequena cálices.

A moda

O terno de linho branco, requinte supremo. Mas cuidado com as lapelas, que devem ser o mais largas possível. Também é permitido o azul-marinho listradinho de branco, mas apenas quando usado com gravata vermelha de "rayon".

A camisa deve ser de "nylon", de preferência com abotoaduras de grandes pedras. Na gravata, pérola, é claro, podendo os mais sofisticados usar uma esmeralda ou uma água marinha, que como se sabe, é a pedra da moda ...

Há uma corrente que defende o lançamento de calças idênticas às de Renato Borghi em O Rei da Vela, as calças pan-sexuais.

Para a praia, a moda seria calção de "nylon" mas com seu comprimento reduzido por dobras manuais, assim como a camisa do linho branco que teria suas mangas também dobradinhas com esmero. Bonés, muitos bonés na praia do Pôsto 4. Borés brancos com palas de plástico verde transparente (para proteger do sol). Para os mais requintados: óculos ray-ban. Ou do espelho.

Turquesa, laranja, maravilha e verde-amarelo seriam as côres da moda, usadas pelas mulheres em vestidos pelo meio das pernas se abrindo em grandes rodas. Anáguas, muitas e engomadas anáguas, sempre é bom. Laquê, litros de laque, para tôdas as mulheres fazerem grandes, penteados, quanto mais alto o cabelo, mais bonito. O tropicalismo vence.

Para os homens não ficarem atrás, a grande novidade é tintura para o cabelo, mesmo aquêles que não têm cabelos brancos, só para dar "aquela" tonalidade levemente azulada. Para os cabelos a côr é "asa de graúna" e muita brilhantina Royal Briar e Glostora ressaltam e perfumam o penteado.

A vida

Já é tempo de abandonar as influências estrangeiras e criar nossos próprios grandes místicos. Quem tem o Arigó não precisa de Marianshi Maeshi para nada. Lançadas cartazés com grandes figuras nacionais do tropicalismo, para todo mundo colocar em suas salas gigantescas fotografias de Ademar de Barros, Leonel Brizzola, Benedito Valadares, grandes assis precursores do tropicalismo.

Um dia estoura a notícia: "Chico Buarque o MPB-4 partem para Jaú, onde ficarão meditando com Jedozinho da Goméia". Logo milhares de jovens estarão invadindo Jaú — a nova cidade-santuário do Brasil.

Magaldi e Maia estarão utilizando um nôvo estilo de publicidade, baseado no das Casas Pernambucanas que existem em programas de teatro e, principalmente no "veja ilustre passageiro que belo tipo faceiro ..."

Fotografia, só prêto e branco mais pintada à mão. Atenção principalmente no leve rubor das faces. Abaixo o ektachrome!

A arte

Precisamos renovar a arte no Brasil. É preciso mais que nunca reabilitar Oswalda Teixeira, trazer de nôvo para os lares as naturezas mortas, os tachos de estanho e de cobre, frutas espalhadas pelo meio. Que volte a pureza de formas, a mestria e delicadeza do traço. Fora com Portinari e Antonio Dias!

Para o Conselho Federal de Teatro os nomes indicados serão Gomes Leal e Américo Leal, o genial inventor do "strip-show do meio dia à meia noite: o 'strip-tease' começa quando você chega.

Paissandu estará às moscas enquanto que o Cinesc viverá seus momentos de glória maior e pecado ao alcance de todos, o verdadeiro cinema-verdade.

O samba-canção, forma nacional de música, viverá o seu grande esplendor e o cavaquinho será eleito o instrumento da moda, em substituição às antiquadas e estrangeiras guitarras elétricas. Cada jovem terá em seu quarto um cavaquinho e muitos conjuntos surgirão, muitos regionais, todos uniformizados e com o indispensável chapéu de palhinha, já que o chapéu Chile é só para usar na rua, com o terno de linho.

Enquanto existir Tom Jobim e Vinícius, o tropicalismo estará furado. Que grandes retratos de Vicente Celestino e Gilda de Abreu iluminem os quartos dos jovens e sirvam como ideal inatigível de amor prefeito e visão do mundo.

Está decretada a falência de qualquer outra forma de iluminação que não seja abajur de vidro que roda e sai fumacinha do desenho do trem ou ainda o modêlo de caramujo ou concha.

Iluminação também válida é a luz vermelha ou verde que acompanha a imagem de são Jorge, que deve estar sempre em cima da cristaleira.

Pinguim de louça, só em cima da geladeira. Em cima da geladeira é também tolerado qualquer outro bicho, desde que de louça recoberta de camurça.

No liquidificador, uma grande saia de baiana de plástico e para o puxador da geladeira nada mais certo que um grande peixe, também de plástico. O plástico e a louça são materiais do tropicalismo por excelência.

A filosofia

"Diga-me com quem andas e te direi quem és". "Eu sou um homem que trabalha há dez anos e nunca tirou férias". "Graças a Deus não devo nada a ninguém e na minha casa não falta nada." "Já criei meus filhos e casei minhas filhas e posso descansar em paz." "Os melhores perfumes estão nos menores frascos."

"Verde assim que dirá madura." "O cachorrinho tem telefone"? "Esta era a nora que mamãe queria." "Filha minha jamais fará isto." "Desquitada e vagabunda pra mim é tudo a mesma coisa." "Arte moderna é para enganar os trouxas." "Está pensando que eu sou otário"? "No meu tempo não havia disto."

Estas e muitas outras frases do gênero, além de quase todos os provérbios de língua portuguêsa, formarão a linha mestra da filosofia de vida tropicalista. Dia das Mães, réveillon e Natal são festividades da maior importância, porque o tropicalismo exige eventos e efemérides. As comemorações serão feitas ao ar livre, em contato com a Natureza, em findíveis piqueniques onde estarão sempre presentes laranjas, bananas, fritadas de vagem e garrafas de guaraná com leite dentro, rôlhas de papel de pão. Abaixo os jantares e coqueteis. Viva o piquenique

Não percam batizados e paradas de Sete de Setembro. É chiquérrimo!

São Jorge é o nosso santo e Carnaval a nossa festa.

Por um mundo tropical! Pelo sol! Pela ginga do brasileiro!

Viva o trópico! Viva o trópico! Viva o trópico!

PS — Não esquecendo que os sapatos de homem devem ter sempre duas côres e o material nobre é crocodilo ou cobra Para milhares, forrados de cetim, o salto bem fino e alto e o bico mais agulha possível.

que dirá madura.' 'O cachorrinho tem telefone?' 'Esta era a nora que mamãe queria.' 'Filha minha jamais fará isto.' 'Desquitada e vagabunda pra mim é tudo a mesma coisa.' 'Arte moderna é para enganar os trouxas.' 'Está pensando que eu sou otário?' 'No meu tempo não havia disto'".

Antes de terminar com uma série de exortações ("Por um mundo tropical! Pelo sol! Pela ginga do brasileiro! Viva o trópico!"), o disparatado manifesto ainda elegia o Dia das Mães, o *réveillon* e o Natal como "festividades da maior importância" para o tropicalismo, que deveriam ser comemoradas "em infindáveis piqueniques onde estarão sempre presentes laranjas, bananas, fritadas de vagem e garrafas de guaraná com leite dentro, rolhas de papel de pão. Abaixo os jantares e coquetéis. Viva o piquenique".

Pelo visto, ao lançar a "cruzada tropicalista", a coluna de Nelson tinha mais interesse em provocar sorrisos do que propriamente apontar uma nova tendência na cultura do país.

* * *

No início de 1968, Nelson Motta já era reconhecido como um ativo simpatizante das novas músicas dos baianos, especialmente depois que passara a defendê-las, em cadeia nacional, no programa de Flávio Cavalcanti. Como membro do júri do *Um Instante, Maestro!*, dominado por jornalistas bastante conservadores como Mister Eco, Sérgio Bittencourt e Hugo Dupin, sem falar no pedante crítico José Fernandes, Nelson chamava atenção por ser o mais jovem (tinha 23 anos) e o mais avesso a preconceitos musicais.

Três dias antes de lançar a gozadora "cruzada tropicalista", Nelson saíra outra vez em defesa dos baianos, no *Última Hora*. Em um texto intitulado "A Edu Lobo", praticamente encostara o amigo compositor na parede, questionando sua intolerância frente à nova fase musical de Gil e Caetano:

"É estranho que um homem sensível, espírito permanentemente aberto às novas experiências, reaja assim diante da linguagem de 'Tropicália' ou 'Soy Loco Por Ti, América'. É certo que as melodias são fracas, primárias, quase ridículas diante da obra anterior de Gil e Caetano, mas é tão importante o que dizem as letras que as melodias ali funcionam como meros acessórios. Como gostar de *Pierrot Le Fou* e não entender 'Superbacana'? Como aplaudir *O Rei da Vela* e negar 'Tropicália'? Aceitar estas novas experiências não implica em negar Tom, Carlos Lyra, Baden ou Chico Buarque. Pelo contrário, é mais uma frente aberta pela música brasileira em busca de uma linguagem atual e coerente com a nossa época, buscando uma visão crítica do mundo."

Defesa semelhante Nelson Motta fizera também na coluna de 23 de janeiro, anunciando o lançamento do LP de Caetano:

"Desonesto seria aproveitar o sucesso de 'Alegria, Alegria' e sair com um chorrilho de musiquinhas fáceis de aprender, com letras lineares, água com açúcar, que teriam um sucesso maior, garantido. Não, ao contrário, ele vem com 'Tropicália', com uma letra de difícil compreensão para seu público. Vem com uma preocupação de nova linguagem, de uma visão dos mitos brasileiros, de busca de uma expressão poética coerente com a nossa realidade. A realidade brasileira é agressiva, é cafona, é mal-acabada, é forte, e o caminho para a efetiva comunicação com o nosso público deve ser através de uma forma que expresse a realidade a que ele está acostumado. O grupo do Teatro Oficina utiliza atualmente um estilo de interpretação brasileiro e sua aceitação vem sendo enorme. Montar um texto brasileiro mas com um estilo de interpretação europeu?"

Por essas e outras, apesar do evidente tom humorístico do suposto manifesto, o lançamento do Tropicalismo acabou sendo levado a sério por muita gente — inclusive porque Caetano Veloso era a grande sensação da música brasileira naquele momento. Outros jornais não demoraram a repercutir a novidade:

> "Por falar em concepção, Nelson Motta acaba de lançar o manifesto tropicalista, a cruzada tropicalista cuja característica é a volta da cafonice brasileira. O papa será Caetano Veloso e terá roupa assim: terno de linho branco (S-120), lapelas largas, ou azul-marinho listadinho de branco, gravata vermelha de rayon, chapéu-chile, sapato bicolor crocodilo etc." (*Tribuna da Imprensa*, 8 de fevereiro de 1968)

> "Caetano Veloso, o *hippie* de Santo Amaro da Purificação, resolveu aderir ao tropicalismo, lançado pelos cineastas Glauber Rocha e Cacá Diegues. Já no próximo dia 12, Caetano promete trocar os seus camisolões pelo terno branco e sapatos de duas cores para comparecer ao coquetel de *Gente Nova, Nova Gente*, no Drugstore, onde será lançado oficialmente o tropicalismo" (*Correio da Manhã*, 8 de fevereiro de 1968)

Sério ou não, o movimento estava definitivamente lançado. Torquato Neto, que acabara de se mudar para São Paulo, não demorou a escrever sobre o assunto. Em um artigo intitulado "Tropicalismo para os principiantes", nomeou os líderes da nova tendência, depois de reproduzir algumas passagens do texto de Nelson:

"Porta-voz do tropicalismo, por enquanto, é o jornalista e compositor Nelson Motta, que divulgou esta semana, num vespertino carioca, o primeiro manifesto do movimento. E fazem parte dele, entre outros: Caetano Veloso, Rogério Duarte, Gilberto Gil, Nara Leão, Glauber Rocha, Carlos Diegues, Gustavo Dahl, Antônio Dias, Chico Buarque, Valter Lima Jr. e José Carlos Capinan. Muitas adesões estão sendo esperadas de São Paulo e é possível que Rogério Duprat, Júlio Medaglia e muita gente mais (os irmãos Haroldo e Augusto, Renato Borghi etc.) tenham suas inscrições efetuadas imediatamente. O papa do Tropicalismo — e não poderia faltar um — pode ser José Celso Martinez Corrêa. Um deus do movimento: Nelson Rodrigues. Uma musa: Vicente Celestino. Outra musa: Gilda de Abreu."

Já sentindo o tom de oba-oba que começava a se estabelecer em torno do assunto, na imprensa, Torquato não escondia sua descrença no futuro ou mesmo na seriedade do suposto movimento:

"... No fundo, é uma brincadeira total. A moda não deve pegar (nem parece estar sendo lançada para isso), os ídolos continuarão os mesmos — Beatles, Marilyn, Che, Sinatra. E o verdadeiro, grande tropicalismo estará demonstrado. Isso, o que se pretende e o que se pergunta: como adorar Godard e *Pierrot Le Fou* e não aceitar 'Superbacana'? Como achar Fellini genial e não gostar de Zé do Caixão? Por que o Mariaaschi Maeschi é mais místico do que Arigó? O Tropicalismo pode responder: porque somos um país assim mesmo. Porque detestamos o Tropicalismo e nos envergonhamos dele, do nosso subdesenvolvimento, de nossa mais autêntica e imperdoável cafonice. Com seriedade."

* * *

Depois de passarem quase um mês hospedados no Hotel Danúbio, Caetano e Dedé encontraram um lugar para morar que os agradou. Na verdade, os dois preferiam o Rio de Janeiro, como Maria Bethânia, mas Guilherme Araújo convencera Caetano de que, se quisesse assumir seriamente um esquema profissional, teria que evitar a desorganização carioca e se fixar em São Paulo. O apartamento ficava no mesmo edifício em que o empresário já morava, no nº 43 da elegante Avenida São Luís, quase esquina com a Avenida Ipiranga, no centro da cidade. Guilherme morava no 18º andar; Caetano e Dedé mudaram-se para o 20º.

Nas primeiras semanas, durante o mês de janeiro, o casal viveu apenas com a cama, a geladeira e uma mesa na cozinha. Era um apartamento enorme, com duas grandes salas ligadas por um pórtico. Caetano adorava sentar no chão e ver a luz da janela refletida nos tacos do soalho da sala de visitas. Como não queriam nada convencional, os dois só decidiram começar a decorar o lugar quando conheceram Piero, um italiano desbundado que sugeriu algumas ideias malucas.

Sob o pórtico que unia as duas salas, o decorador colocou um manequim de vitrine — semelhante a um corpo feminino sem cabelos e braços, em tamanho natural, feito de fibra de vidro translúcida, que resultava em um efeito meio pop. Lâmpadas coloridas foram dispostas sobre a boneca, penduradas em diferentes alturas, como uma espécie de instalação. Conectadas com o aparelho de som, as luzes indicavam as frequências da música tocada naquele momento: as lâmpadas vermelhas acendiam-se com os sons graves; as verdes piscavam com os médios e as azuis traduziam os sons agudos. Tanto os donos da casa, como os visitantes mais interessados em música, divertiam-se comparando os efeitos luminosos que resultavam de discos diferentes, como os das cantoras Mahalia Jackson e Janis Joplin. Outra diversão coletiva ficava por conta do artista plástico Antônio Peticov, que, bem ao estilo psicodélico, costumava promover sessões de projeção de luz bolha no apartamento.

Para decorar a sala de estar, Piero mandou fazer móveis de plástico transparente, em cores cítricas, cujas arestas provocavam um estranho efeito com a refração da luz. Já para a sala de jantar, Dedé não quis saber de sugestões. Fanática por pingue-pongue, instalou uma mesa de jogo que funcionava noite e dia. Na hora das refeições, ela assumia outra função: saía a rede e entravam os pratos e talheres.

No apartamento, havia também um velho gramofone de corda, devidamente acompanhado por uma coleção de discos em 78 rotações — somente clássicos da canção brasileira, como Carmen Miranda, Orlando Silva, Francisco Alves e Aracy da Almeida. Já o aparelho de som mais moderno servia para ouvir música pop, de Beatles e Jimi Hendrix a James Brown, além de discos da música popular brasileira mais atual, como Chico Buarque, Jorge Ben e Roberto Carlos.

Em poucas semanas, o apartamento da família Veloso transformou-se no novo ponto de encontro diário dos tropicalistas, tomando o lugar do Hotel Danúbio. Gilberto Gil, Nana Caymmi, Guilherme Araújo, Tor-

Eu e meu violão: os primeiros tempos do apartamento na Avenida São Luís, em São Paulo.

Estética tropicalista: Dedé e Caetano, na área externa do apartamento em que moravam, no centro da capital paulista.

quato Neto, Tom Zé, Capinan, Gal, os Mutantes, os Beat Boys, Rogério Duarte, Zé Celso Martinez Corrêa, Waly Salomão e José Agrippino de Paula costumavam frequentá-lo, sem falar em amigos fora do circuito artístico, como o psicanalista Luís Tenório de Oliveira Lima ou o então estudante de filosofia Péricles Cavalcanti. Caetano, que já tinha o hábito de dormir muito tarde, estava sempre disposto a acompanhar os últimos visitantes até o sol raiar. Quem também aparecia de vez em quando, ao sair do expediente no Palácio da Saúde, que ficava ali ao lado, no nº 99 da Avenida São Luís, era Augusto de Campos. A formalidade do poeta — vestido obrigatoriamente com terno e gravata, como mandava o figurino de seu cargo de advogado do Estado — provocava um certo curto-circuito, ao circular entre as garotas de minissaia e os rapazes cabeludos.

Após essas visitas, Augusto divertia-se perguntando a si mesmo se aqueles jovens não se assustariam mais com o seu visual sisudo e tradicional, comum para alguém de uma geração que era obrigada a usar terno e gravata até para ir ao cinema, do que ele próprio se assustava ao se ver cercado por todos aqueles floridos hippies.

* * *

O prognóstico de Torquato Neto acabou falhando: o Tropicalismo *pegou* sim e com muita força. Em poucas semanas, a nova moda conquistou espaços consideráveis não só nos jornais, nas revistas, rádios e TVs. Aproveitando a onda, eventos de vários tipos, supostamente tropicalistas, começaram a acontecer ou, pelo menos, a ser anunciados. Os cariocas saíram na frente: primeiro foram os foliões da tradicional Banda de Ipanema, que desfilaram pelas ruas do bairro com ternos de linho branco, chapéus de palha e outros itens do figurino divulgado por Nelson Motta. Logo depois, surgiu a ideia de se organizar um novo bloco carnavalesco, o Exaltação à Banana. Finalmente, instituiu-se o concurso de beleza Miss Banana Real.

A Rhodia, indústria têxtil que todos os anos produzia grandes shows--desfiles para promover seus novos produtos, aproveitou a carona: foi logo batizando sua coleção 68 de *Tropicália*. A Philips também não dormiu no ponto: além de acelerar a produção de um LP com todos os expoentes da Tropicália, anunciou uma campanha publicitária, que incluiria até a divulgação de discos e folhetos promocionais do novo movimento, nas linhas aéreas internacionais.

O Tropicalismo virou o assunto do momento. Até mesmo pela dificuldade de explicar aos leitores o que seria exatamente aquele misto de moda e tendência cultural, os veículos de comunicação passaram a promover debates. A revista *O Cruzeiro*, em sua edição de 20 de abril, recorreu até a um pesquisador do Instituto de Filosofia e Ciências Sociais, para tentar avaliar o emergente movimento: "Pode ser uma boa mercadoria que já está alcançando altos preços nos mais vulgares veículos de comunicação de massas e talvez, como querem alguns de seus profetas, algo que chegue até a produzir divisas, como parece que Carmen Miranda produziu a seu tempo. Mas nada desses cacoetes alambicados e gongóricos tem a ver com o verdadeiro Brasil, o Brasil jovem e trabalhador, o Brasil de amanhã", afirmava o sociólogo Maurício Vinhas de Queirós.

Mesmo concordando que, por causa da *badalação* excessiva, o Tropicalismo corria o risco de se transformar em mero artigo de consumo, Nelson Motta continuou defendendo o movimento. Respondendo às críticas do sociólogo, Nelson ressaltava como filosofia do movimento a tentativa de oferecer uma visão crítica da realidade brasileira. "Não da realidade que alguns fingem que existe, mas de alguma coisa que, se é cafona, de mau gosto, cafajeste ou grossa, deve ser assumida e criticada dessa maneira e através desse caminho".

Sempre antenado, Hélio Oiticica fora um dos primeiros a alertar para o perigo da banalização do movimento, em um artigo escrito em 4 de março de 68, intitulado "Tropicália", que não chegou a ser publicado na época:

"E agora o que se vê? Burgueses, subintelectuais, cretinos de toda espécie, a pregar tropicalismo, tropicália (virou moda!) — enfim, a transformar em consumo algo que não sabem direito o que é. Ao menos uma coisa é certa: os que faziam *stars and stripes* já estão fazendo suas araras, suas bananeiras etc., ou estão interessados em favelas, escolas de samba, marginais anti-heróis (Cara de Cavalo virou moda), etc. Muito bom, mas não se esqueçam de que há elementos aí que não poderão ser consumidos por esta voracidade burguesa: o elemento vivencial direto, que vai além do problema da imagem, pois quem fala em tropicalismo apanha a imagem para o consumo, ultrassuperficial, mas a vivência existencial escapa, pois não a possuem."

Apesar da simpatia que já tinha por Caetano (foram apresentados pela jornalista Marisa Alvarez Lima, outra defensora do movimento na imprensa carioca), Gil e pelo resto do grupo baiano, o radical inventor da *Tropicália* e dos *Parangolés* não gostou de ver sua obra associada a algo que estava se transformando rapidamente em um mero modismo.

13.
A SÍNDROME DAS BANANAS

"Quer dizer que nós fazemos parte do *tropicalismo*? Mas o que é isso? Tropicalismo vem de onde?"

Ao ler as primeiras notícias sobre o lançamento da "cruzada tropicalista", Gilberto Gil ficou surpreso. Sua primeira atitude foi procurar os parceiros, para que o ajudassem a entender exatamente o que era aquilo. Menos ligado ao universo dos livros e das discussões estéticas do que Caetano, Torquato ou Capinan, Gil estranhou ver sua música relacionada a um amplo movimento cultural, sobre o qual jamais ouvira falar. Na verdade, para o pragmático Gil, a própria noção de cultura ainda soava como algo muito abstrato naquela época. Para ele, as artes funcionavam, antes de tudo, como entretenimento.

Caetano até achou simpática a iniciativa de Nelson Motta, lançando a "cruzada tropicalista", mas o artigo em si não o agradou. Se já resistira bastante a adotar "Tropicália", como título de sua canção-manifesto, Caetano gostou menos ainda de ver seu projeto musical rotulado de Tropicalismo, confundido com aquele folclore todo de ternos de linho, chapéu de palha, xarope Bromil e sambas-canções.

A dificuldade para encontrar um nome apropriado ao tipo de experiência musical que ele e Gil estavam desenvolvendo já vinha de algum tempo. De início, os dois chegaram a utilizar, especialmente em entrevistas, a expressão "som universal". Porém, mesmo este rótulo não satisfazia Caetano. Pouco depois, ele trocou-o pelo termo "som livre", que passou a usar sempre que possível. No entanto, depois que o termo tropicalismo se espalhou definitivamente, com uma velocidade típica das modas de verão, Caetano chegou à conclusão de que não valeria mais a pena ficarem brigando com o rótulo:

"Se essa é a palavra que ficou, então vamos andar com ela", disse a Gil, sugerindo que aproveitassem o circo já armado pela mídia.

Mesmo que o rótulo Tropicalismo tivesse pouco a ver com o que vislumbravam em termos musicais, Caetano e seus parceiros avaliaram que a propaganda poderia ser útil de alguma maneira. Apesar das ressalvas, os baianos acabaram aceitando virar tropicalistas.

Tropicália

* * *

Vestindo um camisolão estampado com bananas estilizadas, lá estava o sorridente Caetano Veloso, naquele 9 de abril de 68, como astro principal da *Discoteca do Chacrinha*, o anárquico programa de auditório de Abelardo "Chacrinha" Barbosa. Decorado a caráter para a anunciada *Noite da Banana*, o palco da TV Globo, no Rio de Janeiro, mais parecia um depósito de bananas. Além de cantar sua "Tropicália", Caetano tirou do baú algo perfeito para a ocasião: a marchinha "Yes, Nós Temos Bananas" (de Braguinha e Alberto Ribeiro).

Decididos a aproveitar a onda deflagrada nos jornais, os baianos puseram as mãos à obra com vontade. Duas semanas antes, Caetano e Gil tinham se desligado definitivamente da TV Record, em meio a um bate-boca com Paulinho Machado de Carvalho, que chegou à imprensa. Sem papas na língua, em entrevista ao *Jornal da Tarde*, o diretor da emissora paulista culpava Guilherme Araújo pelos desentendimentos. Carvalho acusava o empresário de ter prejudicado a imagem pública dos baianos. Até mesmo o fato de Caetano ter acabado de comprar um Mercedes 59 entrou na lista de críticas:

"Nenhum produtor daqui concordava com a nova imagem criada nos últimos seis meses: terninho inglês, chofer, Mercedes Bens, camisolão e um apartamento na São Luís. Veloso deixou de ser o menino simples e querido por esta simplicidade", apontava o chefão da Record.

Na verdade, Caetano, Gil e Guilherme já andavam descontentes havia alguns meses com a direção da emissora. A promessa de um programa liderado por Caetano — feita logo após a explosão de "Alegria, Alegria" — foi protelada várias vezes, sem motivos convincentes. Enquanto isso, cada vez mais insatisfeitos, ele e Gil seguiram fazendo aparições esparsas nos programas musicais da casa.

O pivô do último desentendimento foi Gal. Avisado de que faria um número junto com ela no *Jovem Guarda*, quando chegou ao Teatro Record, Caetano notou que nem seu nome, nem o de Gal, constavam da pauta. Ao reclamar, foi informado de que dariam um jeito para que ele ainda entrasse no programa, mas sem a companhia de Gal. Caetano ficou furioso. Vendo a decepção da amiga, que saíra do Rio só para participar do programa, explodiu:

"Então você diga a Paulinho Machado de Carvalho que ele meta a televisão dele no cu! Eu estou saindo agora da TV Record!".

Em meio ao bate-boca que se seguiu entre Guilherme Araújo e a direção da emissora, Jorge Ben, o mais novo contratado do empresário, também decidiu deixar a Record. Dias depois, Guilherme iniciou conversações com a TV Globo, propondo que esta produzisse um programa com Caetano, Gil e outros tropicalistas.

Críticas a Guilherme, na mesma linha das feitas por Paulinho Machado de Carvalho, passaram a ser frequentes, tanto nos meios musicais, como na imprensa paulista e carioca. Influente na mudança do visual de Caetano e Gil (não só dava palpites no guarda-roupa de ambos, como até chegava a comprar algumas peças), Guilherme era responsabilizado, por vários desafetos, de ter sido o culpado pela guinada musical dos baianos. Apesar da semelhança das críticas, nem todos eram tão agressivos como Stanislaw Ponte Preta, em sua coluna no jornal *Última Hora*:

"No Rio, o costureiro Guilherme Guimarães tornava-se um tremendo machão, ao declarar à imprensa: 'Minissaia nunca foi coisa pra homem'. Em São Paulo, outro Guilherme, porém Araújo, tornava-se o grande vigarista da música popular brasileira de 1967, inventando uma besteira chamada 'som universal'. E o pior é que arrumou dois cúmplices: Caetano Veloso e Gilberto Gil, ambos baianos."

Quando tinha a chance de se defender, o empresário-produtor mostrava saber exatamente o que estava fazendo. Como numa reportagem da séria revista *Visão*, publicada em 12 de abril de 68, que apontava o fato de o aumento da popularidade de Caetano e Gil ter coincidido com a mudança de imagem dos dois artistas. "É evidente que a nova linha musical assumida por eles muito contribuiu para isso, mas é indiscutível também que a nova imagem ajudou", observava a revista.

"Quando a máquina publicitária propõe um artista que não corresponde a uma necessidade do público no momento, o artista não resiste", dizia Guilherme. "O tempo desgasta o interesse que pode haver em torno de uma nova cara por mais estranha e bela que seja. Se o artista não tiver valor ou capacidade de renovar-se, nada adiantará o impacto da imagem."

Já no final de abril, Caetano, Gil, os Mutantes e Jorge Ben acabaram assinando um contrato com a Rede Globo de Televisão, a Standard Propaganda e a Rhodia. O ponto principal das negociações, conduzidas por Guilherme Araújo, era a produção de um programa mensal, o *Banana Especial*, que seria apresentado por Caetano e Gil, com participações de outros tropicalistas. A direção do programa ficaria a cargo de José Celso Martinez Corrêa, do Teatro Oficina. Como parte de suas obrigações no contrato, Caetano e Gil deveriam participar de um show-desfile da Rhodia, também dirigido por José Celso, com apresentações em vários Estados do país.

Tropicália   187

Noite da Banana: Caetano, vestido a caráter, durante o programa especial de Chacrinha, em 9 de abril de 1968.

Começou assim um tumultuado processo de discussões entre a emissora, o patrocinador, os artistas e o empresário, que se arrastou por meses. O principal ponto de atrito era justamente a presença do diretor do Oficina, cujas ideias radicais preocupavam a direção da Rhodia (em tom de piada, dizia-se que Lívio Rangan, o diretor de eventos institucionais da empresa, teria receio de que Zé Celso repetisse o tom agressivo e caótico da montagem de *Roda Viva*; talvez decidisse rasgar e queimar os vestidos da coleção, transformando o show-desfile em uma *Rhodia Viva*). Assim, o programa tropicalista não só mudou de nome, como teve sua produção adiada várias vezes.

Enquanto isso, Caetano, Gil e os Mutantes passaram a ser atrações frequentes nos programas de Chacrinha. O sucesso da primeira *Noite da Banana* provocou mais uma *Discoteca* dedicada aos tropicalistas, dessa vez contando também com Nana Caymmi, que até ajudou o apresentador a distribuir bananas para a plateia. Outra convidada especial foi a veterana cantora Aracy de Almeida, escolhida pessoalmente por Caetano.

A produção do programa caprichou nas atrações extravagantes. Horas antes da gravação, caminhões carregados ficaram à frente da TV Globo, distribuindo bananas aos interessados. O tema da noite também gerou dois concursos: quem comesse mais bananas durante o programa ganharia um prêmio de 100 cruzeiros novos; quem passasse mais tempo plantando bananeira (de cabeça para baixo, com as pernas para cima) levaria 200 *mangos*.

A participação em eventos e programas debochados, como o de Chacrinha, certamente ajudou a popularizar a imagem e as canções dos tropicalistas, mas também serviu de motivo para críticas mais indignadas ainda. O próprio Nelson Motta acabou se irritando com o oba-oba geral. Na coluna de 3 de maio, com o título "Abaixo o Tropicalismo", o repórter e letrista criticou duramente o desvio do movimento, unindo-se, de certo modo, às críticas que Hélio Oiticica e Torquato Neto já haviam feito:

"Imediatamente foi criada a confusão e esse 'tropicalismo' foi rapidamente industrializado e consumido, sem qualquer proposição política ou cultural, simplesmente como mais um produto lucrativo no mercado de consumo. Ligado imediatamente ao mau gosto e ao antigo, fora de moda. Sem qualquer cogitação da origem desse mau gosto ou desse antigo e fora de moda, que ainda existe porque o Brasil parou no tempo. O que está aí, esse 'tropicalismo' comercial e apenas inconsequente e divertido, não tem qualquer semelhança com a seriedade de José Celso, de Oswald ou de Caetano Veloso, às vezes. Sim, porque Caetano, intencio-

Empresário-produtor: Guilherme Araújo (à frente de Jorge Ben) ajudou a criar as novas imagens de Gil e Caetano.

Violência no palco: em 1968, José Celso Martinez Corrêa defendia a tese de que o teatro brasileiro deveria ser mais cruel e anárquico.

nalmente ou não, colaborou muitas vezes para confundir o público, tomando atitudes contraditórias e perigosas, longe da ideia séria e profundamente inquietante da sua 'Tropicália'. Um pouco de seriedade não faz mal a ninguém."

Mas a vertigem das bananas prosseguiu com toda força. Em 31 de maio, foi a vez da Noite da Chiquita Bacana — uma festa criada por Capinan, no Grêmio Recreativo Norte-Sul, uma gafieira da Praça Onze, no Rio. O convite para o evento já deixava claro seu tom de *cafonice*: permitia-se levar radinho de pilha, lanche e quantos acompanhantes o convidado desejasse.

Além do tradicional baile, animado pela orquestra Bananas Boys, também foi programado um concurso de fantasias. O próprio convite sugeria alguns trajes convencionais: rumbeira, havaiana, borboleta, fada, pirata, chinês ou tirolês. Para quem quisesse algo mais "realista", as sugestões de trajes incluíam: Chacrinha, Flávio Cavalcanti, Rui Barbosa e Luz del Fuego. Os prêmios para os vencedores acompanhavam o espírito da festa: discos de Vicente Celestino, Teixeirinha, Nelson Gonçalves e Emilinha Borba; livros de Ibrahim Sued e J.G. de Araújo Jorge; imagens de São Jorge; flores de plástico; abacaxis e, para, variar, bananas.

Longe de querer emprestar qualquer caráter mais sério ao evento, Capinan não deixava dúvidas sobre suas intenções: "A festa não tem outro objetivo se não sair da rotina da vidinha noturna da Zona Sul. Alguma coisa que seja diferente do chope geladinho dos bares de Ipanema, das conversas sobre o Vietnã e a nova Revolução Francesa", dizia o letrista à reportagem do *Jornal da Tarde*.

* * *

Gal e Caetano estavam felicíssimos naquela noite. Sentados ao lado de Dedé e outros amigos, em uma mesa do Patachou, ainda comentavam os detalhes da sessão de gravação que acontecera pouco antes. Emocionados, os dois chegaram a chorar, no estúdio da RGE, quando Gal terminou de gravar o vocal de "Baby", uma canção que Caetano fizera para o álbum coletivo dos tropicalistas.

Não bastasse o belo arranjo orquestral de Rogério Duprat, que misturava bossa nova e música pop, compondo uma delicada obra-prima tropicalista, havia também um detalhe curioso sobre a canção, que só poderia ser explicado como obra do destino. Caetano compusera "Baby", originalmente, imaginando que ela seria interpretada por Maria Bethânia, que até dera sugestões para a letra. No entanto, dias antes da gravação, a irmã desistiu do projeto. Só assim Gal tivera a chance de gravar "Baby", aliás, com uma interpretação tão sublime que a canção mais parecia ter sido feita sob encomenda para sua voz.

Para Caetano, era natural que sua irmã participasse do disco-manifesto dos tropicalistas. Afinal, mesmo com uma relativa distância, ela acompanhara — inclusive dando dicas importantes — todo o processo que o levara a essa nova fase musical. No entanto, escaldada pela situação que enfrentara dois anos antes, quando fora transformada, contra sua vontade, em musa da canção de protesto, Bethânia acabou decidindo não mais participar de grupos ou movimentos artísticos.

"Eu posso cantar todas as canções que vocês me apresentarem, desde que eu goste delas, mas não quero estar no disco da Tropicália, no show da Tropicália, nem no programa de TV da Tropicália. Amanhã ou depois, eu posso não querer cantar mais nada disso. Prefiro ficar livre", justificou a decidida Berré.

Quando Geraldo Vandré se aproximou da mesa, com uma de suas costumeiras provocações, Caetano e Gal nem se perturbaram.

"E então, Caetano, quais são as novidades? Como vão as maluquices que vocês andam fazendo por aí?"

"Não sei se você sabe, mas estamos gravando um disco coletivo, com todos os baianos mais a Nara Leão. Ainda estamos emocionados, porque Gal acabou de gravar uma canção minha, com um arranjo de Rogério Duprat, que ficou uma coisa linda!"

"Como é, Gal? Cante!", pediu Vandré.

Tímida como sempre, Gal baixou os olhos e, com a voz pequena e delicada, começou a cantar. Vandré nem esperou que ela cantasse a segunda parte da canção. Interrompeu-a de modo bastante agressivo, dando um murro na mesa e gritando:

"Isto é uma merda!"

Por muito pouco, Caetano não pulou no pescoço de Vandré. Furioso, com o dedo em riste, retrucou no mesmo instante a agressão:

"Respeite pelo menos Gal, seu filho da puta! Saia imediatamente daqui e nunca mais fale comigo!"

(A mágoa de Caetano demorou a passar. Os dois só voltaram a se falar anos mais tarde, quando Vandré o procurou para se desculpar, na época em que ambos estavam vivendo no exílio.)

* * *

Tropicália

"Baby" era uma das 12 faixas incluídas em *Tropicália ou Panis et Circensis*, o disco coletivo que os tropicalistas gravaram em São Paulo, ao longo do mês de maio de 68. Caetano coordenou o projeto e selecionou o repertório, que também destacava canções inéditas de Gil, Torquato Neto, Capinan e Tom Zé. Os arranjos ficaram por conta de Rogério Duprat, com a produção mais uma vez conduzida por Manoel Barenbein.

Apesar do título, a canção homônima de Caetano, que puxara seu primeiro disco tropicalista, não fez parte desse álbum. Mas o mesmo tom de manifesto estava presente em duas faixas. Um sarcástico retrato do Brasil — misturando "céu de anil", bandeirolas, aeromoças e o rótulo "made in Brazil" — era esboçado em "Parque Industrial", canção de Tom Zé, interpretada por Gil, Caetano, Gal, Mutantes e pelo próprio compositor.

Sem o tradicional intervalo entre as faixas, "Parque Industrial" acabava soando como um prólogo da canção seguinte, "Geleia Geral" (música de Gil e letra de Torquato), uma típica canção-manifesto que, fundindo baião e rock, desenhava um painel mais alegórico do país.

> *Um poeta desfolha a bandeira/ E a manhã tropical se inicia/ Resplandente, candente, fagueira/ Num calor girassol com alegria/ Na geleia geral brasileira/ Que o Jornal do Brasil anuncia/ Ê, bumba-iê-iê-boi/ Ano que vem, mês que foi/ Ê, bumba-iê-iê-iê/ É a mesma dança, meu boi/ A alegria é a prova dos nove/ E a tristeza é teu porto seguro/ Minha terra é onde o sol é mais limpo/ E Mangueira é onde o samba é mais puro/ Tumbadora na selva selvagem/ Pindorama, país do futuro.*

Se já havia uma natural afinidade poética entre as duas canções, os arranjos de Duprat reforçaram mais ainda a ligação. O maestro criou debochados contrapontos às melodias e letras dessas canções, injetando várias citações musicais nas partituras. Em "Parque Industrial", alternou frases do "Hino Nacional Brasileiro" com um trecho do popular *jingle* do analgésico Melhoral. Na mesma linha, o arranjo de "Geleia Geral" ganhou citações da ópera *O Guarany* (de Carlos Gomes) e de duas conhecidas canções: "All the Way" (de James Van Heusen e Sammy Cahn), sucesso na voz de Frank Sinatra (citado textualmente na letra); e "Pata Pata", o então recente *hit* da cantora sul-africana Miriam Makeba.

Na verdade, as próprias letras das canções estavam recheadas de citações. A expressão "geleia geral", por exemplo, foi extraída de uma ideia do concretista Décio Pignatari ("na geleia geral brasileira, alguém tem que exercer as funções de medula e osso"). E o verso "a alegria é a prova dos nove", da mesma canção, repete literalmente uma frase do *Manifesto Antropófago*, de Oswald de Andrade.

Já a gravação de "Coração Materno", clássica canção-dramalhão do cantor e compositor Vicente Celestino (a letra narra a patética história de um camponês que, para provar a veracidade de sua paixão por uma mulher, assassina a própria mãe), resultou em um dos mais bem-acabados produtos da tática tropicalista de reler obras *cafonas*. Caetano conseguiu isso com uma interpretação suave, que atenuou a pieguice original da canção, criando um contraste com o tom melodramático do arranjo de cordas de Duprat.

Um efeito parecido surgia em "Lindoneia" (de Gil e Caetano), canção composta por sugestão de Nara Leão, impressionada por um quadro do pintor Rubens Gerchman, *Lindoneia ou a Gioconda do Subúrbio*. Nessa gravação, o contraste ficou por conta da voz suave de Nara e do ritmo meio cafona de bolero, entrando em choque com as imagens violentas da letra de Caetano, que mistura policiais, cachorros atropelados e sangue.

Presentes em cinco faixas do disco coletivo, a essa altura os Mutantes já tinham se firmado como uma espécie de espinha dorsal do grupo tropicalista. Além de participar dos discos de Gil, Caetano e Duprat (um LP com arranjos orquestrais para algumas canções de Caetano e Gil, temas de música pop e música popular brasileira, que o maestro gravou meio a contragosto, por insistência da Philips, intitulado *A Banda Tropicalista do Duprat*), os garotos passaram a ser convocados com frequência para acompanhar os baianos em shows e programas de TV.

A faixa em que os Mutantes mais chamavam atenção era "Panis et Circensis" (música de Gil com letra de Caetano). A gravação refletia bem o clima totalmente descontraído e aberto a experiências sonoras, que marcaram a produção do primeiro LP do trio, também registrado nessa época. Todos os músicos e técnicos presentes no estúdio ajudaram a simular o ambiente de um animado jantar em família, que introduz a canção. Entre ruídos de pratos, copos e talheres, ouve-se a voz do próprio Manoel Barenbein, que pede salada e pão.

Por sinal, o produtor surpreendeu-se várias vezes, com a irreverência e a criatividade dos Mutantes durante as sessões de gravação do primeiro LP do trio. Especialmente no dia em que viu Rita Lee entrar no estúdio com uma bomba de Flit (um popular inseticida da época, que era utilizado com o auxílio de um vaporizador bastante primitivo, pré-embalagem aerosol). A ideia dos garotos consistia em usar o ruído do vapo-

Tropicália

rizador para substituir o som do chimbau da bateria, na gravação da canção "Le Premier Bonheur du Jour". Uma invenção para deixar qualquer produtor mais convencional com os cabelos em pé.

* * *

Ao contrário do que imaginaram alguns ensaístas, em suas tentativas de analisar (ou mesmo "decifrar") a capa de *Tropicália ou Panis et Circensis*, a foto com os integrantes do grupo tropicalista não foi realizada com um conceito muito definido. Na verdade, a sessão de fotos que deu o tom da capa do disco-manifesto foi quase um *happening*.

Olivier Perroy, que na época fotografava para a Editora Abril, foi convidado a fazer as fotos por sugestão de Rogério Duprat. A sessão acabou sendo marcada na própria residência do fotógrafo. Era uma casa colonial, que ficava na pequena Praça Buritama, próxima à Avenida Brigadeiro Faria Lima, na altura do Esporte Clube Pinheiros. Um grande vitral, que fazia parte do jardim de inverno da casa, serviu de moldura para as poses dos artistas.

O trabalho foi feito de forma coletiva. Rita Lee e Guilherme Araújo deram mais palpites nas roupas, escolhidas de modo que os tons de verde e amarelo sobressaíssem. Para compor um cenário tropicalista, bananeiras de papel crepom até chegaram a ser feitas, mas acabaram ficando de fora, no *design* final da capa.

Na verdade, o acaso acabou influindo bastante no resultado final. A começar pelo curto prazo para a finalização da capa, que impediu a ida de Nara Leão e Capinan para São Paulo, a tempo de participarem da sessão de fotos. Surgiu assim a ideia de usar molduras com as imagens dos dois ausentes — a do quase garoto Capinan, por sinal, era a imponente foto de sua formatura no Instituto Normal da Bahia.

"Você está muito malvestido, Tom Zé. Pegue esta valise, que vai parecer que você está chegando agora do Nordeste", sugeriu Guilherme Araújo, descontente com o terno escolhido pelo compositor.

Já Rogério Duprat fez questão de incluir na foto um objeto que encontrara dias antes, na casa de uma tia idosa: um prosaico penico, que ele segurou como se fosse uma xícara de chá. Uma ideia que alguns analistas interpretaram como uma citação do dadaísta Marcel Duchamp, mas que também sintetizava a irreverência dos próprios arranjos do maestro tropicalista.

Caetano, por outro lado, preocupou-se mais com a contracapa. Para ela, escreveu, com alguma ajuda de Torquato, uma espécie de roteiro ci-

Happening visual: o estado-maior tropicalista, na histórica pose para a capa do álbum-manifesto *Tropicália ou Panis et Circensis*.

nematográfico (suprimido, inexplicavelmente, na primeira edição em CD do álbum, lançada em 93), cujos personagens são os próprios tropicalistas. Com grandes doses de ironia, deboche ou mesmo *nonsense*, o filme imaginário seguia, de certo modo, um *slogan* de Chacrinha ("Estou aqui para confundir e não para explicar").

Entre as várias *falas* dos personagens, Torquato gozava os puristas, referindo-se ao refrão de "Geleia Geral" ("será que o Câmara Cascudo vai pensar que nós estamos querendo dizer que bumba meu boi e iê-iê-iê são a mesma dança?"); Duprat dessacralizava o lado artístico da música ("como receberão a notícia de que um disco é feito para vender?"); e Caetano fazia piada com a canção de Vicente Celestino ("vocês são contra ou a favor do transplante de coração materno?").

Fechando o suposto filme, não poderia faltar mais uma camuflada homenagem a João Gilberto. Parafraseando um recado que o mestre da bossa mandara recentemente a Caetano ("diga que eu vou ficar olhando pra ele"), durante um encontro com Augusto de Campos, nos EUA, o roteiro concluía:

"Augusto — E o que é que eu digo a eles?
João — Diga que eu estou daqui olhando pra eles."

Depois de olharem tanto para o mestre, os discípulos tropicalistas de João continuavam fazendo questão de seu aval.

14.
FESTIVAL DE PROVOCAÇÕES

Quando as vaias soaram no auditório, junto com as primeiras bombinhas que estouraram perto da mesa dos debatedores, eles perceberam que haviam caído em uma armadilha. Convidados oficialmente para discutir suas ideias tropicalistas, só então Caetano, Gil e Torquato tiveram certeza de que estavam ali, antes de tudo, para serem provocados e agredidos.

O debate daquela noite — 6 de junho de 68 — fora organizado pelos estudantes da FAU, a Faculdade de Arquitetura e Urbanismo, que funcionava na Rua Maranhão. Um panfleto distribuído à plateia, na porta do auditório, já indicava as intenções do evento. Era uma espécie de manifesto contra o Tropicalismo, que Augusto Boal escrevera por ocasião do espetáculo *1ª Feira Paulista de Opinião*, cuja estreia acontecera na noite anterior, no Teatro Ruth Escobar.

Nesse texto, intitulado "Chacrinha e Dercy de Sapato Branco", o diretor do Teatro de Arena expunha suas críticas aos tropicalistas, obviamente incluindo as ideias e o teatro de Zé Celso Martinez Corrêa, do Oficina, no centro de sua mira. Depois de taxar o movimento de "neorromântico" (acusando-o de atacar apenas as aparências da sociedade) e "inarticulado" (por limitar-se somente a "espinafrar", sem ligar-se a nenhum "sistema"), Boal lançava um desafio irônico:

"Eu vou começar a acreditar um pouco mais nesse movimento quando um tropicalista tiver a coragem de fazer o que Baudelaire já fazia no século passado: andava com cabelos pintados de verde, com uma tartaruga colorida atada por uma fitinha cor-de-rosa. No dia em que um deles fizer coisa parecida é capaz até de dar uma boa dor de cabeça a algum policial... (Será sem dúvida uma contribuição para a revolução brasileira)".

Com uma recepção tão amistosa, o circo já estava armado para pegar fogo. Não foi à toa que, ao noticiar o evento, na edição daquela quinta-feira, a *Folha de S. Paulo* antecipara a temperatura no auditório da FAU: "Dizem que vai esquentar". Para polemizar com os convidados, os organizadores escalaram dois conhecidos opositores do Tropicalismo: o compositor Maranhão (também aluno da FAU) e o jornalista Chico de Assis. Pressentindo que o ambiente seria desfavorável, Guilherme Araújo deci-

Tropicália

Armadilha: Caetano, Décio Pignatari, Gil e Augusto de Campos, no evento promovido pelos estudantes da FAU-USP para polemizar com os tropicalistas, em 6 de junho de 1968.

diu reforçar o time tropicalista, convidando os poetas concretos Augusto de Campos e Décio Pignatari.

Augusto, que acabara de lançar o livro *O Balanço da Bossa*, que incluía seus artigos já publicados na imprensa sobre a música de Caetano e Gil, foi o primeiro a falar. Fazendo uma espécie de introdução, observou que o caminho de inovação aberto pela bossa nova fora abandonado, especialmente após 64, quando se instaurou na música popular brasileira um ambiente de repulsa a qualquer influência estrangeira. Por isso, em sua opinião, as incursões tropicalistas de Caetano e Gil eram "uma verdadeira revolução contra o medo".

Pignatari pronunciou-se em seguida, indicando a conexão do novo movimento com a antropofagia modernista:

"O nosso tropicalismo é recuperar forças. O de Gilberto Freyre é o trópico visto da casa-grande. Nós olhamos da senzala. Pois, como dizia Oswald de Andrade, não estamos na idade da pedra. Estamos na idade da pedrada. Interessa é saber comer e deglutir, que são atos críticos, como fazem Veloso e Gil."

Indócil desde o início, a plateia partiu para a confrontação aberta quando Gilberto Gil tocou num ponto delicado: o lado comercial da arte. "Não fomos nós que fizemos de nossa música mercadoria. Mas ela só penetra quando vendida", disse o compositor. As vaias explodiram. E aumentaram mais ainda quando Caetano mencionou Chacrinha. Além das bombinhas, que continuavam a estourar perto da mesa, até mesmo bananas foram atiradas nos convidados. Acostumado a polêmicas mais inflamadas, com muita presença de espírito, Pignatari não se intimidou: levantou-se e vaiou a plateia.

As bombinhas e as bananas lançadas sobre os tropicalistas traziam um aviso evidente: dali em diante, eles começariam a enfrentar algo bem mais concreto do que críticas e provocações.

* * *

Na mesma semana do tumultuado debate na FAU, os jornais começaram a anunciar uma alteração de planos no acordo de Caetano e Gil com a Rhodia e a TV Globo. Programado para 30 de junho, o primeiro especial com os tropicalistas foi batizado de *Vida, Paixão e Banana do Tropicalismo*. O roteiro levava as assinaturas de Torquato Neto e Capinan, com a direção de Zé Celso Martinez Corrêa.

Na verdade, os desentendimentos com a Rhodia não tinham terminado. A primeira derrota na queda de braço entre Guilherme Araújo e Lívio

"Enquanto Seu Lobo Não Vem": Chico Buarque, Arduino Colasanti, Renato Borghi, Zé Celso, Paulinho da Viola (de perfil), Dedé Veloso, Caetano, Nana Caymmi e Gil, durante a histórica Passeata dos Cem Mil, em 26 de junho de 1968, no Rio de Janeiro.

Rangan, o poderoso diretor de eventos da empresa, foi a substituição de Zé Celso na direção do show-desfile. E como as presenças de Gil e Caetano eram obrigatórias nesse espetáculo institucional, o programa de TV dos tropicalistas continuou em banho-maria, sendo adiado outras vezes.

Os baianos não imaginaram que estavam entrando numa fria ao assinar o contrato. Afinal, os shows da Rhodia gozavam de muito prestígio e o novo espetáculo foi anunciado como o mais caro já realizado até então no país. Além de temporadas no Rio de Janeiro e em São Paulo, entremeadas por apresentações esparsas em várias outras capitais, até o final daquele ano o show também seria exportado para cidades estrangeiras, como Lisboa, Buenos Aires e Montevidéu.

Momento 68 tinha textos de Millôr Fernandes, com a direção musical entregue a Rogério Duprat. Encabeçando o elenco, também apareciam a cantora Eliana Pittman e os atores Raul Cortez e Walmor Chagas. A direção cênica era de Ademar Guerra, com coreografias de Lennie Dale, Ismael Guizer e Renée Gumiel. Sem falar nas participações das melhores modelos do país.

O espetáculo era dividido em 20 quadros. "Pop Art", "A Volta do Gângster", "A Vamp dos Anos 30", "Juventude Pra Frente", "Sex Strip", "Bahia-iá-iá" ou "Tropicália" estavam entre os que chamavam mais atenção. Com eles, Millôr tentou compor uma colagem que pretendia retratar fenômenos sociais e culturais da época.

Exceto pela convivência agradável com as pessoas do elenco, a experiência revelou-se uma grande frustração para Caetano e Gil — a começar pelos textos do espetáculo, marcados por um ponto de vista bem conservador. Entre outras cenas incômodas, os dois se viram representando até mesmo o papel de tropicalistas, vestidos de maneira afetada, numa desagradável caricatura, uma paródia de si mesmos.

"Gil, não é possível que isto esteja acontecendo", reclamava Caetano, angustiado, logo nas primeiras exibições do show-desfile, sem ver uma saída para o impasse. Desistir do espetáculo e romper o contrato já firmado certamente acarretaria a suspensão do patrocínio do programa de TV pela Rhodia.

Caetano só veio a saber anos depois, mas os momentos desagradáveis que passou fazendo parte do elenco de *Momento 68*, ao menos mudaram, literalmente, a vida de alguém. Numa das apresentações do espetáculo, em Brasília, ao ver Caetano cantar, vestido com um extravagante modelo cor-de-rosa, o jovem Ney de Souza Pereira decidiu naquela noite que faria o que pudesse para vencer como artista. Quatro anos mais tarde, o rapaz do interior mato-grossense já era conhecido em todo país como Ney Matogrosso.

* * *

"Então essa gente continua a mesma? Afinal, já se passou um ano, desde que me vaiaram e eu já estou em outra. Até já tinha me esquecido da vaia e eles continuam na mesma?"

Em meados de julho, retornando da temporada do *Momento 68*, em Portugal, Caetano achou engraçado saber que os Mutantes tinham sido vaiados novamente, dias antes. Enquanto os futuros planos do grupo tropicalista seguiram em banho-maria, o trio inscrevera uma música no Festival Nacional da Música Popular Brasileira, promovido pela TV Excelsior. Impedida de contar com os grandes do gênero, já contratados pela Record ou pela Globo, a emissora apelou para um evento voltado para os "valores jovens".

"Mágica", uma ciranda temperada com levada de rock, era uma das primeiras composições dos Mutantes. Para acompanhá-los no festival, Arnaldo, Rita e Sérgio pediram a ajuda de Duprat, que entrou no palco com seu violoncelo eletrificado, e de Liminha, o jovem guitarrista dos Baobás, banda que vinha acompanhando Caetano em shows pelo país, nos últimos meses, antes da estreia de *Momento 68*.

O saldo da participação no festival foi bastante positivo para o grupo. Além de se classificar para a final, que aconteceu em 14 de julho, no auditório da TV Excelsior, o trio saíra do evento como o indiscutível campeão em vaias. As guitarras elétricas e as roupas extravagantes dos Mutantes chocaram tanto a ala linha dura, que um grupo mais exaltado chegou até a ameaçá-los de agressão física. Passado o susto, rindo muito, os irreverentes garotos confirmaram o que já suspeitavam: vaias e polêmica eram a melhor receita para aumentar o ibope.

* * *

Amor ou ódio. Extremos desse tipo marcaram, de modo geral, as críticas a *Tropicália ou Panis et Circensis*, o disco-manifesto tropicalista, que chegou às lojas no final de julho. Ao pedir a três jornalistas de sua equipe que comentassem o álbum, para a coluna "Música em Debate" da edição de 3 de agosto, o *Última Hora* carioca dava uma boa mostra das reações:

O crítico Sérgio Porto abria a coluna conferindo ao disco uma inflexível nota zero. "A palavra 'Tropicália', criada para dar nome a um movimento que fracassou de saída, por ser imitativo e sem imaginação, hoje

Momento 68: Caetano e Gil, no elenco do espetáculo da Rhodia, que também destacava a cantora Eliana Pitman, o coreógrafo Lennie Dale (atrás) e os atores Walmor Chagas e Raul Cortez.

Festa carioca: Gil, Caetano (encoberto), os Mutantes, Nara Leão e Gal Costa, no lançamento do LP *Tropicália ou Panis et Circensis*, no Dancing Avenida, em 7 de agosto de 68, no Rio de Janeiro.

lembra mais vigarice do que qualquer outra coisa", dizia Porto, caracterizando o LP como "uma salada musical de audição penosa". "É uma pena que artistas de talento, como Gil, Caetano, Gal Costa e Torquato Neto, estejam metidos nessa besteira, que o menos exigente dos críticos honestos poderia classificar de subdesenvolvimento musical baiano", concluía o já tradicional adversário dos tropicalistas.

"Este é o melhor disco que Caetano Veloso e Gilberto Gil fizeram desde o advento do tropicalismo", discordava radicalmente Eli Halfoun, que nem sempre aceitara as inovações dos baianos, depois de "Domingo no Parque" e "Alegria, Alegria". Dando nota dez ao disco, Halfoun considerou os arranjos de Rogério Duprat como "o ponto alto do LP". A única restrição ao álbum era dirigida à gravação de "Coração Materno", de Vicente Celestino: "A letra é ridícula e nem mesmo o arranjo de Rogério Duprat consegue torná-la sequer audível". Depois de ter feito uma dura crítica ao oba-oba que estava tomando conta do movimento, Nelson Motta fez as pazes com os tropicalistas — pelo menos em termos musicais. Também deu nota máxima ao álbum, considerando-o "um dos mais importantes lançamentos fonográficos dos últimos anos, pela seriedade de sua proposta, pela extraordinária inventiva, pela abertura de um novo caminho na expressão poético-musical brasileira".

Nem todos os desafetos dos tropicalistas, porém, colocaram seus preconceitos à frente dos ouvidos. O jornalista e compositor Chico de Assis, que costumava lamentar o fato de Caetano e Gil terem trocado a MPB tradicional e a imagem humilde do início de suas carreiras pela irreverência do movimento, reconheceu a qualidade musical do trabalho:

"Este LP, por cima de todas as cismas tropicalistas, representa um avanço efetivo para o disco nacional. Deixando de lado os *parti pris* consideramos este LP como um limite para a música brasileira. Se alguém quiser topar a briga, precisa fazer algo melhor. Ótimo LP", escreveu Assis, no *Última Hora* paulista.

* * *

O Dancing Avenida jamais tinha visto uma festa como aquela em três décadas de funcionamento. Estranhando a confusão e todos aqueles *hippies*, os antigos *habitués* da casa acabaram indo embora bem mais cedo. Já as *taxi-girls*, apesar de faturarem pouco, divertiram-se muito. Ainda mais quando tiveram a chance de tirar fotos abraçadas com Gilberto Gil e Caetano Veloso, que também comemorava seu 26º aniversário naquela noite de 7 de agosto de 1968.

Tropicália

Festa paulista: à frente da orquestra do Avenida Danças, em São Paulo, Gal, Nara, o maestro Duprat (de costas), Caetano, Gil e os Mutantes repetiram o lançamento do disco-manifesto, em 12 de agosto de 1968; na plateia, os jornalistas Alberto Helena Jr. (de óculos) e Chico de Assis.

O folclórico *dancing* foi escolhido para a festa de lançamento de *Tropicália ou Panis et Circensis*, o disco-manifesto dos tropicalistas, no Rio de Janeiro. Nem a veterana orquestra da casa, que décadas antes revelara uma *crooner* muito talentosa chamada Elizeth Cardoso, ficou de fora do evento. Regida pelo maestro Rogério Duprat, a orquestra alternou-se com os Mutantes no acompanhamento de Caetano, Gil, Gal Costa, Nara Leão e Tom Zé, que cantaram quase todas as faixas do LP.

Cinco dias depois, uma festa semelhante aconteceu no Avenida Danças, no centro de São Paulo. Além de atores, músicos, jornalistas e boa parte do elenco de modelos e bailarinos do show *Momento 68*, que estava em cartaz na cidade, também circularam pela pista do *dancing* artistas que pouco tinham a ver com a Tropicália, como as cantoras Claudete Soares e De Kalafe. Comandando a animação da plateia, Gil encarnava Chacrinha, apertando euforicamente uma buzina, aos gritos:

"Teresiiinhaaa! Teresiiinhaaa!"

As duas festas acabaram funcionando como ensaios para o grande evento do dia 23, quando cerca de 2 mil convidados lotaram a popular gafieira Som de Cristal, na rua Rego Freitas, no centro de São Paulo. Depois de alguns adiamentos, finalmente aconteceria a tumultuada gravação do primeiro programa de TV dos tropicalistas — na verdade, uma versão simplificada do original *Vida, Paixão e Banana do Tropicalismo*, que não fora aprovado por Livio Rangan, da Rhodia.

Executivos de terno e gravata, grã-finas bem-vestidas e artistas mais à vontade misturavam-se a estudantes, alguns até carregando livros e cadernos. Mais informais ainda, dezenas de rapazes usando calções de futebol e camisetas do Corinthians e do Palmeiras formavam um cenário colorido, emoldurado pelos ramos de coqueiros que enfeitavam o salão de dança naquela noite de sexta-feira. Nas paredes, faixas com chavões e frases *nonsense*, como "Quem te viu quem te vê", "Primo, você que é feliz", "Não faltará pescado na Semana Santa", "E agora, José?", "Não teremos destruído se não destruirmos as ruínas", "Vai que é mole" ou "Deixa comigo" realçavam o tom de cafonice.

Enquanto o estado-maior tropicalista não chegava, num dos dois palcos da casa, a *crooner* Hermely tentava entreter a plateia com um repertório variado, de sambas a canções francesas. Em clima de festa, o maestro Rogério Duprat, o primeiro tropicalista a aparecer no salão, chegou a ser carregado nos ombros pelo comediante Jô Soares mais o produtor Roberto Palmari.

Quando a notícia desagradável começou a se espalhar pelo salão, já passava da meia-noite. Ironicamente, o cantor Vicente Celestino, um dos convidados especiais do programa, tinha morrido havia pouco mais de uma hora, a alguns quarteirões dali, em um apartamento do Hotel Normandie. Depois de participar do ensaio da tarde, ao lado de outras cantoras da velha guarda, como Aracy de Almeida, Dalva de Oliveira e as irmãs Dircinha e Linda Batista, o autor de "Coração Materno" teria se sentido mal e morrido, pouco depois.

"Isso é boato para tornar mais animada a festa. Aposto que na hora ele vai aparecer", chegou a dizer uma garota, descrente.

A notícia tomou conta das conversas rapidamente. Já se falava em suspensão do programa quando Caetano e Dedé chegaram, à 1h15 da madrugada. Recebido com gritinhos, o cantor foi logo confirmando que a gravação ia acontecer. Gilda de Abreu, a viúva de Celestino, dissera a Caetano que seu marido jamais permitiria o cancelamento de um espetáculo. Com a chegada de Gilberto Gil e dos Mutantes, seguidos por Nara Leão, Aracy de Almeida e as irmãs Batista, que vieram se juntar a Tom Zé, Gal Costa, Jorge Ben, Maria Bethânia e o convidado Chacrinha, o elenco estava pronto para começar o show.

"Está na hora do Tropicalismo! Tropicalismo é discurso! Tropicalismo é o Chacrinha! Tropicalismo é homenagem! Tropicalismo é demagogia!", anunciou o ator Grande Otelo, um mestre de cerimônias sob medida para uma festa tropicalista, sentado no chão, com seu jeitão debochado.

"Tropicalismo é uma questão de bom senso", continuou Gil, dividindo com Otelo, a função de apresentador.

"Tropicalismo é às margens plácidas! É assistir ao *Direito de Nascer*! Tropicalismo é uma bênção dos céus! Está inaugurado o Tropicalismo na televisão brasileira!"

* * *

Gil e Caetano jamais discutiam. Mesmo quando tinha dúvidas sobre a validade de alguma atitude mais polêmica, Gil acabava deixando nas mãos do parceiro o poder final de decisão — o que Caetano achasse mais apropriado, ele seguia fielmente. No entanto, no dia da gravação do programa tropicalista, os dois não só discutiram, como estiveram bem próximos de sua primeira briga.

O incidente começou à tarde, no palco da Som de Cristal. Cantando "Miserere Nobis" (parceria com Capinan, que abria o álbum *Tropicália ou Panis et Circensis*), Gil ensaiava os movimentos de uma das cenas mais provocativas do programa. Era uma espécie de paródia tropicalista da *Santa Ceia* de Leonardo Da Vinci. Gil desempenhava o papel de Cristo, sentado no centro de uma grande mesa, cheia de bananas e abacaxis.

Com a visão ofuscada pelos refletores de luz, Gil se assustou quando ouviu um vozeirão forte, vindo da direção da plateia. Era Vicente Celestino, o convidado especial de Caetano, que esperava sua hora de ensaiar a canção "Mandem Flores para o Brasil". Chocado com o que estava assistindo, o veterano cantor, já próximo de completar 74 anos, levantou-se e interrompeu o ensaio, com o dedo em riste, para dar uma indignada bronca em Gil:

"Um Cristo negro eu ainda posso admitir, mas essa profanação, com bananas na mesa da Santa Ceia, é demais!"

Celestino continuou a reprimenda, mas o assustado Gil nem escutava mais o que ele dizia. Aquela voz tonitruante transportou-o imediatamente para os primeiros anos de sua infância, na interiorana Ituaçu. Sempre que o rádio da casa tocava "O Ébrio", Gil ficava amedrontado. O garoto não gostava de ouvir cantores operísticos estrangeiros, como Caruso ou Mario Lanza, por achar falso demais aquele jeito exagerado de cantar, mas no caso de Celestino a rejeição era ainda pior. Além da voz trovejante e da interpretação excessivamente dramática, Gil também tinha medo de ouvir aquelas histórias trágicas, repletas de desgraças e mortes. O cantor terminou seu protesto e voltou a sentar na plateia, sem que Gil tivesse coragem de pronunciar uma única palavra. Ao ver o velhinho indignado, encarnando com o vozeirão empostado a imagem assustadora de um dos fantasmas de sua infância, Gil só queria sair dali, o mais rápido possível.

"Tá difícil, Caetano. Eu já não estou me divertindo mais. Não estou aguentando a barra. Tá quase insuportável pra mim", confessou, logo após o ensaio, indo para o apartamento de Caetano e Dedé.

Horas depois, quando chegou a notícia de que Vicente Celestino tinha morrido, vítima de um ataque cardíaco, Gil achou que já era o bastante. A morte do cantor soava como um sinal de que estavam indo longe demais com tudo aquilo. Angustiado, propôs que a gravação do programa fosse suspensa.

Caetano até concordou, a princípio, entendendo essa atitude como uma demonstração de luto. Porém, quando Gilda de Abreu insistiu para que o show acontecesse de qualquer maneira, garantindo que o marido sempre dissera que desejava morrer no palco, Caetano mudou de ideia sobre o programa. Dessa vez, Gil bateu o pé:

"Vocês podem fazer, se quiserem, mas eu não vou!"

"Rapaz, o que é isso? Tá com medo?!", gritou Caetano, de um jeito que jamais falara com o parceiro. Nem mesmo um ano antes, quando ele demonstrara um temor semelhante, a ponto de pensar em desistir de apresentar "Domingo no Parque", no Festival da Record.

"Eu tô com medo, sim!", retrucou Gil, no mesmo tom irritado.

"Mas não é hora de ter medo! É muito importante fazer esse programa! Não é hora para covardia!"

A discussão ainda prosseguiu por alguns minutos, mas a vontade e a liderança de Caetano acabaram falando mais alto outra vez. Horas depois, o angustiado Gil já fazia das tripas coração para participar de mais uma ação de guerrilha tropicalista.

* * *

Chamá-lo de tropicalista seria um exagero. No entanto, o LP que Nara Leão lançou em um show na boate carioca Le Bilboquet, três dias após o evento no Som de Cristal, tinha evidentes afinidades com o movimento dos baianos. A começar por "Lindoneia", o bolero sangrento que Caetano e Gil fizeram sob encomenda da cantora, também incluído no disco-manifesto *Tropicália ou Panis et Circensis*.

Caetano, aliás, era o compositor com o maior número de canções no repertório do LP *Nara Leão* (Philips): além de "Mamãe Coragem", parceria com Torquato que Gal também gravara para o álbum tropicalista, ainda havia "Deus Vos Salve Esta Casa Santa", canção que Caetano e Torquato fizeram inspirados em um tema folclórico baiano.

Outra marcante presença no disco, que também remetia à Tropicália, era Rogério Duprat. Responsável por todos os arranjos, o maestro deu um verdadeiro show de orquestração e instrumentação. Afinal, Nara escolheu um repertório bastante eclético, que ia desde uma modinha dos tempos do Império ("Donzela, Por Piedade Não Perturbes", de J. S. Arvelos) até versos de *Romanceiro da Inconfidência* (da poetisa Cecília Meireles), que Chico Buarque musicara para o espetáculo *Os Inconfidentes* — sem falar em choros e canções pré-bossa nova, como "Odeon" (de Ernesto Nazareth, com letra encomendada por Nara a Vinicius de Moraes) e "Mulher" (de Custódio Mesquita e Sady Cabral).

Depois de passar quase um ano afastada das televisões, por vontade própria ("Arte mesmo, os produtores de TV não gostam de apresentar", criticava), Nara encontrou nos tropicalistas uma turma de amigos que a incentivavam a seguir seus impulsos musicais. E se alguém a acusava de

Programa tropicalista: Nara Leão e Sérgio Dias, durante a gravação do primeiro programa de TV dos tropicalistas, na gafieira Som de Cristal, em 23 de agosto de 1968, em São Paulo.

Cafezinho tropical: o empresário Guilherme Araújo, o produtor Manoel Barenbein e o maestro Rogério Duprat trabalharam com Nara Leão, durante as gravações de seu LP, em maio de 1968.

falta de coerência com seu passado, como numa entrevista para a TV Record, em que o repórter chegou a sugerir que ela, depois de ter se envolvido com a bossa nova e as canções de protesto, se aproximara dos baianos por oportunismo, a tranquila Nara não se perturbava:

"Acho que eu sou inteligente. Sei observar as coisas interessantes na hora em que elas aparecem. Só isso."

* * *

Era inevitável. Remediado durante meses, o conflito de opiniões entre os tropicalistas e a direção da Rhodia acabou estourando logo após a gravação do programa no Som de Cristal. Ao saber que Livio Rangan queria editar o especial gravado na gafieira paulista, descaracterizando-o com cenas gravadas no show-desfile da Rhodia, Caetano e Gil acharam que chegara a hora de comprar a briga. Com temporada do *Momento 68* marcada para Buenos Aires, os dois decidiram não embarcar junto com o elenco, no voo de 28 de agosto.

A essa altura, Zé Celso Martinez Corrêa já tinha rompido de vez com a direção da Rhodia. E o programa dos tropicalistas, anunciado sucessivamente pela TV Globo como *Tropicália ou Panis et Circensis*, depois *Caetano Veloso Especial* e, por fim, *Caetano Veloso Tropicalista*, fora suspenso pela quarta vez.

A briga não demorou a chegar aos jornais. O empresário Guilherme Araújo ameaçou processar Livio Rangan por prejuízos morais e rompimento do contrato assinado quatro meses antes, que dispunha a exibição mensal de um programa de TV com os tropicalistas. Dias depois, às vésperas de estrear no Festival Internacional da Canção, Caetano escancarava a briga no *Última Hora* paulista, acusando o diretor da Rhodia de tê-los usado apenas para emprestar "sofisticação" aos shows-desfiles da empresa:

"Ele pensou que podia nos enganar e ir protelando o programa de TV, adiando sempre, até que o nosso contrato acabasse. Para mim, o Livio é um homem que quis um dia ser cantor, bailarino ou manequim e, não tendo conseguido, ficou frustrado e agora quer fazer valer a todo custo suas imposições medievais. A Rhodia é uma empresa pré-capitalista extraordinária, mas Livio não acompanha o pensamento da empresa."

Frustrado com mais um fracasso dos vários projetos tropicalistas para a TV, Caetano nem imaginava que, antes de aquela semana terminar, ele estaria no centro do mais explosivo acontecimento musical do ano de 1968.

Tropicália

* * *

"Caetano, olhe que coisas lindas eles picharam nas paredes: É proibido proibir. Esta frase é linda!"

Folheando uma revista *Manchete*, com uma reportagem especial sobre a radicalização do movimento estudantil em Paris, Guilherme Araújo teve a ideia. O *slogan* era tão representativo daquele momento histórico, inclusive no Brasil, onde os estudantes também estavam se manifestando nas ruas, que poderia gerar uma boa canção.

Caetano até gostou da frase, mas não ficou estimulado ao ponto de querer fazer uma letra com ela. Porém, Guilherme insistiu tanto na ideia que, semanas depois, "É Proibido Proibir" apareceu pronta. A letra era relativamente simples, mas o refrão, construído sobre o slogan dos estudantes franceses, era forte.

Com um olho sempre à frente dos acontecimentos, tempos depois, o empresário sugeriu a Caetano inscrevê-la no próximo Festival Internacional da Canção.

"Mas essa música não tem interesse algum", ainda tentou argumentar o compositor. Além de considerar a canção um tanto primária, Caetano não gostava muito do recurso de repetir uma frase feita em uma letra de música. Mais tarde, porém, teve outra ideia: o jeito de salvar aquela canção seria transformá-la em uma peça experimental. Pensou em criar uma introdução bem dissonante, atonal até, e terminá-la com uma espécie de *happening*, inclusive recitando versos de algum poeta — uma maneira razoável de provocar a plateia do FIC.

Quando Caetano começou a trabalhar no arranjo de "É Proibido Proibir", junto com os Mutantes e Rogério Duprat, Gil já estava ensaiando algo para participar do mesmo FIC, na companhia dos Beat Boys. "Questão de Ordem" era uma canção antiga, criada em moldes mais tradicionais, que abordava a questão da militância política, mas sem proselitismos. Gil adaptara-a aos novos tempos da Tropicália, com muita irreverência na interpretação: inspirando-se em Jimi Hendrix, Gil decidiu subverter radicalmente o conceito de melodia, usando uma espécie de canto falado, com direito a muitos gemidos e gritos. Curiosamente, a exemplo do festival da Record, no ano anterior, Caetano e Gil tomaram caminhos musicais diversos, para acabarem se encontrando mais adiante.

* * *

Quem ouviu ou leu as declarações de Renato Corrêa de Castro, coordenador geral do setor paulista do 3º FIC, na véspera da primeira elimi-

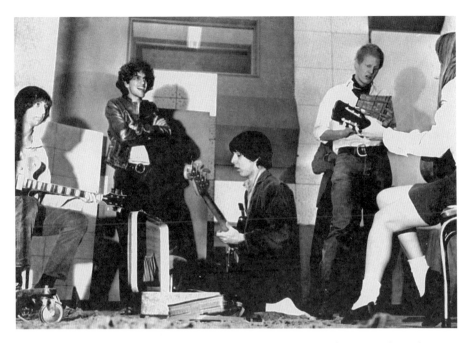

Antes do *happening*: Caetano, os Mutantes e o *hippie* Johnny Dandurand, durante a gravação de "É Proibido Proibir".

Parceiro de estúdio: o produtor Manoel Barenbein (à esq., de pé) foi uma figura essencial nas sessões de gravação dos tropicalistas.

natória estadual do evento, deve ter tomado um susto quando se deparou com o comportamento da plateia que foi ao Tuca, o Teatro da Universidade Católica.

"Não acredito em vaias nesse festival. O público já está mais esclarecido, mais educado musicalmente. E o seu desabafo está bem definido em outras coisas", afirmava o organizador do festival, seguro de que os protestos estudantis quase diários, pelas ruas do país, estavam canalizando o desejo de manifestação dos jovens.

Naquela noite de 12 de setembro, não foram apenas vaias que Caetano Veloso e os Mutantes ouviram da agressiva plateia que lotava o Tuca. Não bastassem os gritos de "Fora! Fora! Fora!", a primeira apresentação de "É Proibido Proibir" foi recebida com tomates, atirados sobre o palco. Só que os alvos das vaias já não eram somente as guitarras elétricas dos Mutantes. Afinal, desde o *happening* criado por Caetano até as roupas espaciais que ele, a banda e o maestro Rogério Duprat vestiam, tudo parecia planejado para chocar o público.

Os modelos que Regina Boni — a *marchand* paulista, que na época era dona da butique *Ao Dromedário Elegante*, na Rua Bela Cintra — criara, com o auxílio de Dedé Veloso, eram todos feitos de plástico brilhante. Caetano entrou em cena com uma camisa verde limão e uma espécie de colete prateado, além de um enorme colar de dentes de animais e pulseiras de metal. Rita estava com um vestidinho cor-de-rosa; Arnaldo e Serginho, com capas alaranjadas.

Além da longa e perturbadora introdução atonal, que o bem-humorado Duprat chamara no ensaio de "zoeira", Caetano também justapôs à canção um trecho de um poema de Fernando Pessoa, extraído do livro *Mensagem*. Porém o que surpreendeu e irritou mesmo a plateia foi a bizarra aparição de Johnny Dandurand — um genuíno *hippie* norte-americano, fugido do serviço militar em seu país, que entrou uivando e berrando palavras incompreensíveis. Com receio de que a produção do festival pudesse impedi-lo de participar do número, Caetano, que tivera a ideia na véspera, ao encontrar Johnny no estúdio, durante a gravação de "É Proibido Proibir", planejou tudo sem que ninguém mais soubesse — nem mesmo Guilherme Araújo.

Cartazes, com os dizeres "Tropicalismo é crítica", "Tropicalismo é liberdade" e "Proibido proibir", chegaram a circular pela plateia, junto com a suspeita de que teriam sido encomendados pelo empresário. Porém, quando a classificação da música de Caetano foi anunciada, as vaias soaram fortes, seguidas por gritos de "Bicha! Bicha!" e pelos tomates podres arremessados ao palco. Já os Mutantes, também classificados com a canção "Caminhante Noturno" (em outro criativo arranjo de Duprat), até foram aplaudidos, apesar de Arnaldo e Sérgio estarem vestidos com discretas fantasias de urso e gorila (esta logo apelidada, nos bastidores do Tuca, de Marechal).

Dois dias depois, na segunda eliminatória, Gil e os Beat Boys enfrentaram um grau de violência equivalente à dirigida contra Caetano e os Mutantes. Solidário com Geraldo Vandré, que até ameaçara tirar sua música do festival, indignado com o *happening* de Caetano, um grupo de furiosos universitários urrava: "Fora! Fora! Fora".

"Questão de Ordem" não foi classificada pelo júri para concorrer à final paulista. O hendrixiano canto falado de Gil foi rejeitado até mesmo por um simpatizante da Tropicália, como Nelson Motta, que em sua coluna no *Última Hora* qualificou-o como "um blefe". Menos ainda entendeu João Magalhães, comentarista do *Jornal da Tarde*: afirmou que Gil teria se exposto ao ridículo, ao apresentar "um rock dos tempos de Bill Haley e Seus Cometas e de Elvis Presley". Errou por mais de uma década.

* * *

"Não estou ligando pra classificação. O que me interessa é desclassificar as coisas", disse Caetano à reportagem do *Jornal da Tarde*, assim que entrou nos bastidores do Tuca, naquela noite de 15 de setembro, um domingo. Em vez de ficar intimidado com as vaias e os tomates da eliminatória, que o obrigaram a sair escoltado por um policial, o autor de "É Proibido Proibir" estava decidido a tornar seu *happening* mais provocativo ainda. Quando Caetano chegou ao teatro, os Mutantes tinham acabado de deixar o palco. A reação a "Caminhante Noturno" já indicava que o ambiente daquela noite era mais hostil ainda do que na eliminatória. Em meio a uma vaia ensurdecedora, os abusados Arnaldo e Serginho surgiram com becas de festa de formatura; já Rita entrou em cena com um inacreditável vestido de noiva.

O primeiro tumulto se deu durante a apresentação de Geraldo Vandré, um dos favoritos da plateia do Tuca. Apoiada em dois únicos acordes, a canção "Caminhando (Pra Não Dizer que Não Falei de Flores)" tinha uma letra bem-construída e de forte apelo entre o público universitário. Além de chamar atenção para os versos, a ideia de apresentar a canção sozinho, apenas com um violão, era uma forma esperta de marcar diferença frente aos arranjos orquestrais, que dominavam grande parte das concorrentes.

"Questão de Ordem": nem a plateia, nem o júri do FIC entendeu a canção que Gil defendeu acompanhado pelos Beat Boys.

"É Proibido Proibir": Caetano, Gil e os Mutantes enfrentaram as vaias, ovos e tomates da plateia do Tuca, durante o FIC, em 15 de setembro de 1968.

Assim que Vandré começou a cantar, surgiu, no meio do público, um vistoso cartaz. Sobre um fundo azul, trazia a imagem de uma caveira de boi ligada ao corpo de um violão, decorado com uma faixa verde-amarela. Na outra face do cartaz, vinha um contundente *slogan*: "Folclore é reação". Era o que faltava para o confronto direto entre fãs dos tropicalistas e torcedores de Vandré, que rendeu alguns socos e pontapés, até ser controlado pelos policiais.

Preocupado, a essa altura, um pequeno grupo de amigos de Caetano já tinha percebido que a torcida tropicalista era franca minoria no teatro. Sentados, no centro da plateia, estavam Augusto de Campos, sua mulher Lígia, Décio Pignatari, Torquato Neto, Gal Costa, Péricles Cavalcanti, o psicanalista LuísTenório e o artista plástico Edinízio Ribeiro Primo, por sinal, autor do cartaz responsável pelo tumulto.

Caetano e os Mutantes não esperavam que a reação de seus adversários seria tão violenta. Antes que entrassem em cena, com as mesmas roupas espaciais da eliminatória, a vaia já tinha tomado conta do auditório. Do palco, puderam ver, nas primeiras filas da plateia, os rostos de várias pessoas, algumas até conhecidas, vaiando e gritando com expressões de raiva, de ódio. Muitos pareciam estar ali apenas para agredi-los.

A introdução de "É Proibido Proibir" ainda não tinha terminado, quando os primeiros ovos, tomates e bolas de papel começaram a cair sobre o palco. Para provocar mais ainda, como já fizera na noite da eliminatória, Caetano entrou rebolando. Inventou uma dança agressivamente erótica, com movimentos pélvicos para a frente e para trás, que lembravam uma relação sexual. A resposta dos desafetos também veio quase em forma de coreografia: num movimento coordenado, grande parte da plateia virou as costas para o palco, sem parar de vaiar e gritar.

Os Mutantes não pensaram duas vezes, para retribuir o gentil tratamento que estavam recebendo: sem parar de tocar, também deram as costas para a plateia. Foi nesse momento que a adrenalina bateu forte em Caetano. Na verdade, antes de entrar no palco, ele planejara fazer uma homenagem à atriz Cacilda Becker, que acabara de ter seu contrato com uma emissora de TV rescindido. No entanto, frente à agressividade do público, a indignação de Caetano acabou explodindo sob a forma de um longo e ferino discurso, transformado em *happening*:

"Mas é isso que é a juventude que diz que quer tomar o poder? Vocês têm coragem de aplaudir, este ano, uma música, um tipo de música que vocês não teriam coragem de aplaudir no ano passado! São a mesma juventude que vão sempre, sempre, matar amanhã o velhote inimigo que morreu ontem! Vocês não estão entendendo nada, nada, nada, absoluta-mente nada. Hoje não tem Fernando Pessoa. Eu hoje vim dizer aqui, que quem teve coragem de assumir a estrutura de festival, não com o medo que o senhor Chico de Assis pediu, mas com a coragem, quem teve essa coragem de assumir essa estrutura e fazê-la explodir foi Gilberto Gil e fui eu. Não foi ninguém, foi Gilberto Gil e fui eu!"

Na plateia, o barulho das vaias, apupos e gritos era tamanho que não se conseguia entender exatamente o que Caetano estava dizendo. Enquanto a chuva de bolas de papel, tomates, ovos e até algumas bana-nas continuava a cair sobre o palco, Gil entrou em cena para apoiar os parceiros. Abraçou Caetano, sorrindo, ainda que as vaias já tivessem começado a se transformar em xingamentos e ofensas. Cada vez mais indignado, Caetano continuou o discurso:

"Vocês estão por fora! Vocês não dão pra entender. Mas que juventu-de é essa? Que juventude é essa? Vocês jamais conterão ninguém. Vocês são iguais sabem a quem? São iguais sabem a quem? Tem som no microfo-ne? Vocês são iguais sabem a quem? Àqueles que foram na *Roda Viva* e espancaram os atores! Vocês não diferem em nada deles, vocês não dife-rem em nada. E por falar nisso, viva Cacilda Becker! Viva Cacilda Becker! Eu tinha me comprometido a dar esse viva aqui, não tem nada a ver com vocês. O problema é o seguinte: vocês estão querendo policiar a música brasileira. O Maranhão apresentou, este ano, uma música com arranjo de *charleston*. Sabem o que foi? Foi a 'Gabriela' do ano passado, que ele não teve coragem de, no ano passado, apresentar por ser americana. Mas eu e Gil já abrimos o caminho. O que é que vocês querem? Eu vim aqui para acabar com isso!"

Quando já não havia mais ovos e tomates, pedaços das caixas de ma-deira que os continham também foram atirados no palco. Gil chegou a ser atingido por um deles — só mais tarde, já nos bastidores, percebeu um pequeno corte, que chegou a sangrar. Mesmo assim, o tropicalista não perdeu a classe. Pegou um dos tomates que estavam no chão, arrancou um pedaço com os dentes e devolveu o resto à plateia, em tom de debo-che. Ainda irado, Caetano prosseguiu o desabafo:

"Eu quero dizer ao júri: me desclassifique. Eu não tenho nada a ver com isso. Nada a ver com isso. Gilberto Gil. Gilberto Gil está comigo, para nós acabarmos com o festival e com toda a imbecilidade que reina no Brasil. Acabar com tudo isso de uma vez. Nós só entramos no festival pra isso. Não é Gil? Não fingimos. Não fingimos aqui que desconhece-mos o que seja festival, não. Ninguém nunca me ouviu falar assim. Entendeu? Eu só queria dizer isso, baby. Sabe como é? Nós, eu e ele, tivemos coragem de entrar em todas as estruturas e sair de todas. E vocês? Se vocês forem... se vocês, em política, forem como são em estética, estamos feitos! Me desclassifiquem junto com o Gil! Junto com ele, tá entendendo? E quanto a vocês... O júri é muito simpático, mas é incompetente. Deus está solto!"

Depois de "desclassificar" o júri (que incluía o maestro Lyrio Panicalli, os críticos Sérgio Cabral e Chico de Assis, o jornalista Paulo Cotrim, o radialista José Otávio de Castro Neves, o cineasta Maurice Capovilla e José Bonifácio de Oliveira Sobrinho, o Boni da Rede Globo), Caetano ainda voltou a cantar alguns versos da canção. Já aos gritos, sem entoar a melodia, alfinetou novamente os jurados, por terem rejeitado a música de Gil, na eliminatória:

"Fora do tom, sem melodia. Como é júri? Não acertaram? Qualificaram a melodia de Gilberto Gil? Ficaram por fora. Gil fundiu a cuca de vocês, hein? É assim que eu quero ver."

As vaias e os insultos só aumentaram, na plateia. Finalmente, com um irritado "chega!", Caetano interrompeu a música e deixou o palco. Abraçados com Gil, os Mutantes saíram logo atrás, rindo.

Nos bastidores, em vez de apoio dos colegas concorrentes, Caetano encontrou um constrangedor silêncio. Com exceção de Dedé, Gil, Sandra e Guilherme Araújo, apenas os jornalistas foram procurá-lo, interessados em entrevistas. Ofendido com a insinuação de que teria plagiado uma canção do ano anterior, o compositor Maranhão ameaçou tomar satisfações com Caetano e Gil, que também apontara a semelhança em uma entrevista. Porém, convencido pela turma do deixa-disso, preferiu comemorar o sucesso de sua "Dança da Rosa", de fato, um frevo misturado com *dixieland*. Enquanto isso, Gil comentava a reação da plateia com um repórter do *Jornal da Tarde*: "Não temos culpa se eles não querem ser jovens. É isso mesmo, querem que a gente cante sambinhas. Mas não tenho raiva deles não, eles estão embotados pela burrice que uma coisa chamada Partido Comunista resolveu por nas cabeças deles", desabafou.

Caetano, ainda indignado, dizia aos amigos e a alguns jornalistas que não participaria mais de festivais. Só relaxou um pouco ao ser cumprimentado e abraçado por Lennie Dale. O coreógrafo tinha se divertido muito com a dança provocadora de Caetano, que sugeria o movimento de uma cópula.

"Baby, eu adorei! Ainda mais vendo você enrabar toda aquela gente virada de costas", brincou.

Tropicália

Bananas adiadas: anúncio do programa de TV tropicalista que finalmente foi ao ar no dia 27 de setembro de 1968.

Acompanhado pelos amigos, preocupados com sua segurança à saída do teatro, Caetano decidiu abandonar o festival, antes mesmo do anúncio das canções classificadas para a final nacional. Saiu, sem nenhum policial para escoltá-lo, dessa vez. Minutos depois, quando "É Proibido Proibir" foi anunciada entre as escolhidas pelo júri, os desafetos dos tropicalistas não perderam a chance de um último insulto, ao ouvirem a informação de que Caetano já não estava mais no Tuca:

"Covarde! Covarde! Covarde!"

* * *

Impressionado com o que vira e ouvira sentado na plateia do Tuca, André Midani não perdeu tempo. No dia seguinte, pediu ao produtor Manoel Barenbein que conseguisse com a TV Globo a gravação do discurso de Caetano, para lançá-la em um compacto, junto com a versão em estúdio de "É Proibido Proibir". Três semanas depois, o disco já estava nas lojas. O conhecido faro do presidente da Philips, no cargo havia poucos meses, tinha funcionado mais uma vez. Midani percebeu na hora que o *happening* de Caetano tinha mais valor artístico — sem falar no aspecto político — do que a própria canção.

* * *

Dez dias após o tumulto provocado pelo *happening* tropicalista no Tuca, notícias e desmentidos diários sobre a possível participação de Caetano, na final nacional do FIC, continuavam alimentando os jornais e rádios. Numa estratégica saída de cena, Caetano passou uma semana descansando, junto com Gil, em São Vicente, no litoral paulista, para só então dar a palavra final sobre o assunto.

Augusto Marzagão, coordenador geral do FIC, rendeu-se à enorme repercussão do episódio, depois de declarar que não permitiria as roupas de plástico de Caetano e Mutantes, muito menos os berros do *hippie* Johnny Dandurand, em "É Proibido Proibir". Acabou telefonando para o apartamento de Caetano e pediu que ele reconsiderasse a decisão de abandonar o festival. Caetano não cedeu. Fiel a seu indignado discurso, confirmou que não participaria mais daquele evento.

"Eu conheço quase todas as pessoas que me xingavam, lá no Tuca. Elas têm guardado essa vaia há muito tempo", disse Caetano, dias depois, à reportagem do *Jornal do Brasil*, explicando que considerava o incidente como "mais um desde 'Alegria, Alegria'". "Realmente, no Brasil, existe um tipo de pensamento, *soit disant*, de esquerda, que não quer nos su-

Tropicália
225

portar. Talvez seja o momento de deflagrar a briga, mas que eles eram inimigos eu já sabia."

Por outro lado, quem levou vantagem com a autodesclassificação de Caetano foram os Mutantes. Classificados em sétimo lugar pelo júri, os roqueiros acabaram sendo convocados por Marzagão, para irritação de outros concorrentes, a preencherem com "Caminhante Noturno" a vaga deixada por "É Proibido Proibir".

Mal chegaram ao Rio, os garotos já souberam de um abaixo-assinado que estava circulando entre compositores e músicos participantes do FIC. No documento, constavam assinaturas de César Costa Filho, Geraldo Vandré, Sérgio Cabral e Beth Carvalho, entre outros, protestando contra a decisão "arbitrária" de Augusto Marzagão, que definira a indicação dos Mutantes à final. Claro que não se tratava de uma discordância meramente burocrática. Com o documento, a ala mais conservadora da MPB estava manifestando, mais uma vez, sua rejeição oficial às guitarras dos Mutantes e à iconoclastia dos tropicalistas.

Na semifinal de 26 de setembro, no Maracanãzinho, tudo indicava que os roqueiros paulistas enfrentariam outra sessão de vaias e ofensas. Porém, apoiada no criativo arranjo de Rogério Duprat, a vibração do trio reverteu as expectativas. As vaias de alguns grupos isolados foram sufocadas pela simpatia da maioria do público, que chegou até a pedir bis. No dia seguinte, o inesperado sucesso de "Caminhante Noturno" era noticiado com euforia nos jornais paulistas:

"Os Mutantes abafaram no Maracanãzinho", apontava a *Folha de S. Paulo*, caracterizando os três tropicalistas como "os heróis da primeira noite do 3.º Festival Internacional da Canção".

Na final nacional, três dias depois, a situação já era bem mais difícil. A absoluta maioria das 20 mil pessoas que lotavam o Maracanãzinho estava francamente a favor de "Caminhando", a canção de Geraldo Vandré. A ocasião exigia uma performance muito especial e os Mutantes não deixaram por menos. Rita fez uma visita ao guarda-roupa da TV Globo e lá encontrou as roupas que precisava para causar o necessário impacto.

Surgiu no palco toda de branco, de véu e grinalda, com um vestido de noiva que já tinha sido usado antes pela atriz Leila Diniz. Serginho entrou de toureiro; Arnaldo foi fantasiado de arlequim. E para completar a provocação, Rita também levou ao palco um gravador cassete. A ideia era responder às vaias com a gravação do discurso de Caetano, em "É Proibido Proibir".

As vaias vieram mesmo, mas foram ínfimas perto da confusão que se estabeleceu com o anúncio da vitória de "Sabiá" (de Tom Jobim e Chico Buarque). A vaia era tão violenta que até o próprio Geraldo Vandré, favorito do público, mas eleito segundo colocado pelos jurados, saiu em defesa dos colegas:

"Gente, por favor, um minuto só. Vocês não me ajudam desrespeitando Jobim e Chico. A vida não se resume a festivais."

Além de não serem os campeões em vaias da noite, os Mutantes tiveram a surpresa de ganhar o prêmio de melhor interpretação. Colocada em sexto lugar, na classificação geral, "Caminhante Noturno" rendeu ainda o troféu André Kostelanetz a Rogério Duprat, como o melhor arranjador do evento. Ao final das contas, apesar de serem tão estigmatizados, os três tropicalistas ainda saíram com um gostinho de vitória do mais conturbado festival na história da música popular brasileira.

Tropicália

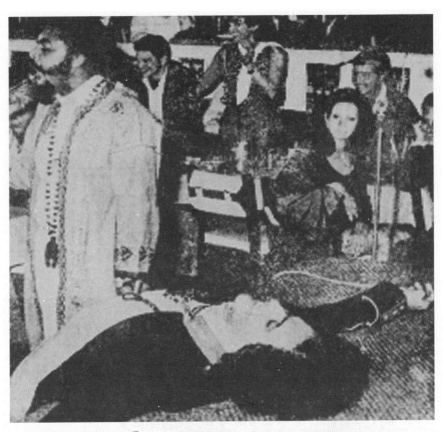

SHOW É NOITE DE LOUCURA COM HAPPENING DE VELOSO

O "show" de Caetano, Gil e Mutantes estava no auge quando a môça se levantou e interveio aos gritos: "Para, pára! Isto é uma apelação! Fora! Fora!" Veloso & Cia. não poderiam perder a deixa e o espetáculo foi num crescendo à loucura, até terminar no 'happening", Caetano estirado no chão, a música trepidante, o frenesi. Leia em Grande Festival, no 2.º Caderno, onde na página 3 está a convocação para outro festival, o de música popular da juventude cristã, com reunião marcada para hoje, entre os semifinalistas, com a advertência da comissão, de que quem não comparecer será desclassificado.

"Frenesi" na Sucata: o show dos tropicalistas, na boate carioca, ganhou a primeira página do jornal *Última Hora*, em 11 de outubro de 1968.

15.
MEDO E KRYPTONITA NO AR

"Um espetáculo violento, diferente de tudo que já foi feito". Assim era anunciado o show que Caetano Veloso, Gilberto Gil e Mutantes estrearam em 4 de outubro de 68, uma sexta-feira, na boate carioca Sucata. Depois de exibir estrelas da música popular brasileira, como Elis Regina e Wanda Sá, ou revelações mais recentes, como Milton Nascimento e Joyce, a badalada casa noturna dirigida por Ricardo Amaral fazia uma aposta mais radical.

Animados com a repercussão de suas atuações no FIC, cuja fase final ainda prosseguia no Rio, Caetano, Gil e os Mutantes decidiram avançar mais. Comparados ao que se viu e ouviu no palco da Sucata, durante aquelas duas semanas de show, os eventos produzidos anteriormente pelos tropicalistas já soavam tímidos. Enquanto o FIC trazia ao Maracanãzinho comportadas estrelas do segundo time da música internacional, como a francesa Françoise Hardy, a holandesa Lisbeth List ou a inglesa Anita Harris, os tropicalistas prometiam, na definição de Caetano, "um festival marginal" na Sucata. Ou, como preferiu o jornal *Última Hora*, "uma noite de loucuras".

Não era exagero. Muitas loucuras aconteceram durante a temporada dos tropicalistas na boate da Avenida Borges de Medeiros. O espetáculo começava tarde, já por volta da 1h30 da madrugada. No pequeno palco, como cenário, o norte-americano David Drew Zingg instalou duas bandeiras, com as inscrições "Yes, nós temos bananas" e "Seja marginal, seja herói" — esta uma obra de Hélio Oiticica, criada em homenagem ao bandido Cara de Cavalo, já exposta em outras ocasiões.

O show era aberto com dois números mais tranquilos dos Mutantes, que nessa época já tinham se transformado em quarteto, com a adesão do baterista Ronaldo Leme, o Dinho. A entrada de Caetano no palco, em seguida, marcava um dos pontos altos do espetáculo. Acompanhando-se ao violão, ele cantava "Saudosismo", uma canção que compusera havia poucos dias. Não só o ritmo e a interpretação suave lembravam a bossa nova. A letra, recheada por uma fina ironia, fazia várias referências ao movimento deflagrado pelo violão de João Gilberto:

Tropicália   229

Eu, você, nós dois/ Já temos um passado, meu amor/ Um violão guardado, aquela flor/ E outras mumunhas mais/ Eu, você, João/ Girando na vitrola sem parar/ E o mundo dissonante que nós dois/ Tentamos inventar/ Tentamos inventar/ Tentamos inventar/ Tentamos/ A felicidade/ A felicidade/ A felicidade/ A felicidade/ Eu, você, depois/ Quarta-Feira de Cinzas, no país/ E as notas dissonantes se integraram/ ao som dos imbecis/ sim, você, nós dois/ já temos um passado, meu amor/ a bossa, a fossa, a nossa grande dor/ como dois quadradões...

Ao final da canção, vinha a primeira surpresa. Repetindo várias vezes o refrão "chega de saudade", já com os Mutantes de volta, Caetano comandava uma explosão de gritos, ruídos, assobios e distorções de guitarra. Daí em diante, tudo era possível: Caetano rebolava, dava cambalhotas, plantava bananeira, arrastava-se pelo chão e até cantava deitado.

Gil não deixava por menos: na linha do canto falado que começara a explorar em "Questão de Ordem", mergulhava em longos improvisos vocais, recheados de gritos e gemidos. Para ajudar na atmosfera de *happening*, também entrava em cena Johnny Dandurand, o alucinado norte-americano que irritara os torcedores do Tuca. Por sinal, o show terminava justamente com as canções vaiadas no FIC paulista, em arranjos mais livres.

Surpresa, excitada, assustada ou mesmo escandalizada, a plateia acabava participando de alguma forma. Além de aplaudir, alguns iam até o palco para dançar ou mesmo cantar — foi assim com o ainda *teenager* cantor Jimmy Cliff, representante da Jamaica na fase internacional do FIC, que acabou cantando "Batmacumba" junto com Gil e os Mutantes, em uma das noites. Outros espectadores respondiam as provocações musicais dos tropicalistas com insultos. Coros de "bicha! bicha!" eram frequentes, até mesmo porque Caetano, Gil e os Mutantes logo se juntavam ao refrão, transformando o insulto em um debochado improviso. Havia também espectadores mais agressivos, como os do Tuca, que na impossibilidade de entrarem na boate carregando ovos e tomates, jogavam cubos de gelo e água sobre o palco.

Durante os nove dias do show, a boate se manteve lotada. Vários artistas e intelectuais a frequentaram, especialmente a turma do Cinema Novo, que possuía uma visão mais cosmopolita da cultura brasileira. Glauber Rocha, Cacá Diegues, Leon Hirszman e Arnaldo Jabor eram os mais eufóricos. Surpreendente foi a reação de Wanda Sá, sócia de cartei-

Pivô: a bandeira criada por Oiticica, em homenagem ao marginal Cara de Cavalo, serviu de pretexto para a suspensão do show tropicalista na boate Sucata.

Figurinos de plástico: com as roupas desenhadas por Regina Boni, Caetano e os Mutantes posam para a revista *Manchete*, em meio à polêmica causada por "É Proibido Proibir".

rinha do clube da bossa nova, que entrou no camarim com lágrimas nos olhos, emocionada. Já Elis Regina demonstrou ter ficado bem confusa, na noite em que foi flagrada pela revista *Veja*, assistindo ao show tropicalista, rodeada por alguns amigos. Em meio a palavrões, depois de ouvir Caetano interpretar "Saudosismo", a Pimentinha desabafou:

"Não sei mais o que devo cantar. O que é que está acontecendo? Pra onde vai a música popular brasileira?".

Mais uma vez, as reações na imprensa chegaram a extremos. Enquanto José Carlos Oliveira deliciava-se, no *Jornal do Brasil*, com a alegria e a anarquia dos tropicalistas ("Nunca nenhum espetáculo me pareceu representar, como esse, a alegria de viver. Estamos revivendo o instante em que os Beatles surgiram numa caverna de Liverpool"), Nelson Motta aprofundava a crítica que já fizera a Gil, por causa do canto falado de "Questão de Ordem":

"Agora, na base do grito desordenado, embora Gil busque a liberdade e a desordem, não consegue agredir ninguém, não consegue encantar ninguém, não consegue emocionar ninguém, não consegue derrubar nada. Com seus atuais gritos, consegue, no máximo, chatear. Não agride a sensibilidade ou os valores, agride fisicamente o ouvido."

Com o país assustado por notícias diárias de conflitos estudantis com a polícia, rumores de golpes e de atentados terroristas, o disse me disse começou em poucos dias. Primeiro foram notas plantadas na imprensa, dizendo que oficiais do Exército estariam irritados com a informação de que Caetano teria cantado o "Hino Nacional", durante um dos shows, enxertando versos ofensivos às Forças Armadas. Já no dia 11, alguns jornais traziam o desmentido do cantor:

"Os militares devem lembrar-se de que o 'Hino Nacional' não é um hino de guerra, nem uma canção militar, mas uma marcha civil, feita para os civis, e que pode ser cantado em qualquer lugar", retrucou Caetano. "Nós estamos fazendo um show na Sucata e nesse show acontecem muitas coisas, mas uma coisa que não aconteceu foi o 'Hino Nacional'. Não cantei o 'Hino Nacional'. Aliás, a última vez que cantei o 'Hino Nacional' foi durante a Passeata dos Cem Mil. Prefiro músicas líricas a hinos patrióticos."

Outro incidente acabou levando à interrupção definitiva da temporada, dois dias mais tarde. O problema começou quando o promotor público Carlos Mello procurou Ricardo Amaral para protestar contra a inscrição da bandeira de Hélio Oiticica ("Seja marginal, seja herói"), exigindo a imediata retirada da mesma do palco. Acompanhando o promotor, o delegado Fontoura de Carvalho, da 14ª DD, resolveu assumir funções de censor: por decisão própria, tentou forçar Caetano a assinar um documento em que se comprometeria a não mais fazer discursos ou mesmo falar durante o espetáculo.

Caetano se recusou a assinar o documento. Indignado, naquela mesma noite, denunciou a tentativa de censura durante o espetáculo, enquanto cantava "É Proibido Proibir", na presença do mesmo promotor. Já na manhã seguinte, a boate foi interditada, com a alegação de que a autoridade do promotor teria sido desacatada. Era o fim do show tropicalista na Sucata. Três dias depois, em uma entrevista a Nelson Motta no *Última Hora*, Caetano demonstrou que — ao contrário do angustiado Gil — o medo de represálias mais pesadas às provocações tropicalistas ainda não chegava a perturbá-lo: "O importante é não abrir concessões à repressão e assim vou continuar agindo, sem pensar onde possa parar, ou eu ou minha carreira. E é exatamente por isso que somos tão perseguidos, porque somos incômodos de verdade. Não nos limitamos ao blá-blá-blá. Somos a própria revolução encarnada", afirmou.

Prato apetitoso para os "defensores da ordem" e patriotas de plantão, o caso do show na Sucata continuou rendendo boatos maldosos. Em São Paulo, o apresentador Randal Juliano chegou a denunciar a suposta "baderna" dos tropicalistas na boate carioca, durante o programa *Guerra É Guerra*, que conduzia na TV Record. Baseado em um mero recorte de jornal, Randal referendou no ar a versão de que Gil, Caetano e Mutantes teriam feito uma paródia do "Hino Nacional" — na verdade, durante o espetáculo, Sérgio tocava apenas um trecho da "Marselhesa", o hino francês. A leviandade patriótica do apresentador não se limitou à denúncia feita na TV. Segundo o jornalista Zuenir Ventura, Randal teria repetido suas acusações pelo rádio, transformando o episódio em uma espécie de campanha contra os tropicalistas — atitude que, para setores mais reacionários do regime militar, soou como prova do suposto crime. Randal Juliano foi intimado a depor sobre o caso, na sede do 2º Exército, e acabou assinando uma denúncia formal, como se pudesse testemunhar um fato que, na verdade, jamais presenciou.

O episódio da proibição do show na Sucata era um sinal de que o cerco estava se fechando contra os tropicalistas. E, no fundo, até o mais arrojado deles já sentia isso no ar. Cantando "Marcianita" (versão de uma canção italiana, gravada originalmente pelo roqueiro pré-jovem guarda Sérgio Murilo), Caetano recorria ao universo pop do Superman, para mandar uma mensagem cifrada à plateia da boate:

Tropicália

233

"Há muita kryptonita no ar, verde e vermelha também. Mas Deus está solto."

* * *

Ainda durante a temporada na Sucata, Guilherme Araújo conseguiu concretizar o que os tropicalistas tentaram durante um ano: um espaço próprio na TV. Fechado com Fernando Faro, diretor musical da TV Tupi, o contrato dispunha que Caetano e Gil comandariam um programa semanal, com outros integrantes do grupo tropicalista, além de convidados especiais. Vários nomes foram pensados para o programa: alguns mais sérios, como *É Proibido Proibir*; outros bem cafonas, como *Bouquet de Melodias*; mas o escolhido foi *Divino, Maravilhoso* — mesmo título de uma canção inédita, que Caetano e Gil tinham acabado de compor e inscrever no festival da TV Record.

Por sinal, quem também chegou a discutir o projeto do programa tropicalista com Guilherme Araújo foi Paulinho Machado de Carvalho. Interessado em ter Caetano e Gil novamente em sua emissora, o chefão da Record propôs que eles fizessem dois ou três programas experimentais, antes de fechar um contrato de exclusividade — obviamente, para testar o ibope dos baianos. Assim, acabou perdendo o páreo para Fernando Faro, que demonstrou uma coragem rara entre os executivos da TV da época:

"Acredito no *Divino, Maravilhoso*, porque se os artistas tropicalistas foram discutidos, isto é um sinal de popularidade. Se foram agredidos, é porque se comunicaram com mais força. Se eles irritam, causam perplexidade, é porque essa comunicação foi feita fora dos códigos", disse, às vésperas da estreia do programa.

Além da direção geral de Faro, a equipe técnica contava com Antônio Abujamra na produção e Cassiano Gabus Mendes na direção de imagens. A concepção geral e o roteiro ficavam por conta de Caetano, com a colaboração de Gil. No fundo, cada programa era idealizado como um *happening*, com quase tudo definido no próprio dia da gravação, poucas horas antes de ser transmitido, ao vivo. A farra acontecia nos estúdios da TV Tupi, no bairro do Sumaré, às segundas-feiras, com o auditório aberto ao público.

O primeiro programa da série foi ao ar em 28 de outubro, às 21h. No cenário, quatro painéis em alto-relevo exibiam imagens de uma grande boca, seios e dentaduras, pintados em cores primárias e berrantes. "Divino, maravilhoso", repetiam várias pichações, nas paredes laterais do palco. Exceto pelas presenças de Gal Costa e Jorge Ben, o roteiro do programa de estreia era uma adaptação do show na boate Sucata.

"Este é o som livre! É mutante, não pode parar", festejou Caetano, em tom de declaração de princípios, logo depois de cantar "Saudosismo", sua estocada nos discípulos mais acomodados da bossa nova. Para os padrões da televisão brasileira, na época, só a roupa de Caetano já era o bastante para chocar a maioria dos espectadores: um casaco militar desabotoado, que deixava à mostra o peito nu, colar de dentes, calça jeans e sandálias de franciscano. Cantando "Baby", junto com os Mutantes, Caetano repetiu os gritos que incomodavam a ala mais quadrada da plateia, durante os shows da Sucata. Depois, o trio roqueiro trocou as guitarras por uma bateria de latas amassadas, para acompanhar Gil, em sua irreverente canção "A Luta Contra a Lata ou a Falência do Café", que também contou com Gal nos vocais.

Todos os números eram longos e recheados de improvisos. Na penúltima canção do show, a anarquia já reinava absoluta. Gil cantou "Batmacumba" rindo, dançando e rodopiando no palco. Caetano chegou a se atirar no chão e plantou bananeira. Ainda deitado, enquanto as guitarras dos Mutantes gemiam no mais alto volume, cantou "É Proibido Proibir", encerrando o programa mais anárquico que a TV brasileira já exibira até aquele dia. Nos bastidores, alguns técnicos da emissora estavam perplexos. Não entendiam como a censora do Departamento de Polícia Federal, a folclórica dona Dalva, não cortara nada daquelas loucuras, depois de assistir ao ensaio.

Outros tropicalistas participaram dos programas seguintes, como Tom Zé, Torquato Neto e Nara Leão, ao lado de convidados especiais ligados à música popular brasileira, como o sambista Paulinho da Viola, o veterano cantor Cyro Monteiro, o compositor e violonista Jards Macalé e o cantor-humorista Juca Chaves.

Além do elenco, o visual e os cenários também eram modificados a cada semana, para ambientar novos *happenings*. Num deles, Caetano criou uma grande jaula, que ocupou quase todo o palco. Dentro das grades, construídas com madeira, o elenco do programa representou uma espécie de banquete de mendigos, ou melhor, de *hippies*. O *gran finale* da noite ficou por conta de Caetano. Com sua própria juba bem eriçada, ele quebrou as grades da jaula, cantando "Um Leão Está Solto nas Ruas", o sucesso de Roberto Carlos.

Em outro programa, Gil retomou a ideia que tinha lhe custado um solene puxão de orelhas de Vicente Celestino. No papel de Jesus Cristo,

Estreia radical: no primeiro programa da série *Divino, Maravilhoso*, até os técnicos da TV Tupi ficaram perplexos com as loucuras dos tropicalistas.

ele e seus "apóstolos" surgiam sentados a uma grande mesa, repleta de bananas, abacaxis, melancias e pedaços de bacalhau, que bem ao estilo de Chacrinha foram atirados à plateia. Com tantas provocações, logo após a exibição do primeiro programa, a direção da emissora começou a receber cartas iradas, especialmente de conservadores pais de família, ou mesmo de prefeitos de cidades interioranas, protestando contra as "agressões" do programa.

Mais divertida foi a indignação do costureiro Clodovil, que logo após a estreia de *Divino, Maravilhoso*, acusou publicamente Caetano e Gil de terem plagiado uma criação sua. Com uma pitada de pimenta, o jornal *Última Hora* noticiou o caso, na edição de 31 de outubro:

"O costureiro Clodovil está batendo pé e revirando os olhos com raiva dos tropicalistas Caetano Veloso e Gilberto Gil. Tudo porque está sentindo-se plagiado na expressão 'Divino, Maravilhoso', que os baianos usaram numa música e como título do programa de televisão. Por causa disso, Clodô resolveu inaugurar a 'Semana do Ódio' e sua língua ferina não está poupando os baianos. E mais: para não o confundirem com a 'ralé' (a ralé, neste caso, são os baianos) criou uma expressão que, em se tratando de Clodovil, pode servir também como *slogan*: 'Beleza, Glorioso'. Os baianos estão morrendo de rir e já preparam sua defesa: *Divino, Maravilhoso* é, na verdade, uma homenagem ao empresário Guilherme Araújo."

* * *

Caetano resistiu, mas a curiosidade falou mais alto no dia em que Gil apareceu em seu apartamento com uma garrafa de *ayahuasca* — uma bebida alucinógena preparada com os ramos e folhas do caapi, que índios peruanos usam há séculos em rituais (conhecida hoje, em centros espíritas da Amazônia, como santo-daime).

Gil dividiu a bebida em copos individuais, na quantidade exata para todos que estavam no apartamento: Dedé, Sandra (a irmã mais velha de Dedé, que começara a namorar Gil poucos meses antes), Duda Machado, Waly Salomão, Péricles Cavalcanti e sua mulher Rosa. Ao ver que Gil também lhe reservara um copo, Caetano recusou, a princípio. Não queria repetir, de maneira alguma, a assustadora experiência que tivera com a *cannabis sativa*.

Ao contrário de Gil, que já fumava maconha com frequência, Caetano encarava as drogas com muita reserva. Sua primeira e única experiência — pouco mais de um ano antes, em Salvador — fora terrível. Uma amiga norte-americana lhe dera um *baseado* de um fumo muito forte, sem

Bananeira: uma das loucuras de Caetano durante o programa *Divino, Maravilhoso*.

maiores explicações. Imaginando que o efeito seria imediato, como o de um lança-perfume, Caetano acabou fumando o *charo* de maconha inteiro, sem entender porque não sentia nenhuma reação diferente. Minutos depois, já com o corpo amortecido e o coração disparado, começou a se sentir muito mal. O efeito da erva durou cerca de seis horas. Caetano chegou a achar que iria morrer.

"Eu entendo porque você sofreu tanto, Caetano. Eu gosto de maconha, mas ela realmente dá um tapa em você. Com isso aqui, você não vai ficar tonto, nem distante do mundo. Você ganha a capacidade de alucinar, mas não perde a sua vigília", argumentou Gil, tentando convencê-lo.

Minutos depois, ao perceber que só restara o seu copo na bancada de mármore da cozinha, Caetano acabou entregando os pontos. Sentindo-se solitário, tomou coragem. Virou o copo com a bebida e foi se juntar aos amigos, que já estavam sentados na sala de som. A música, teoricamente, era apropriada para a ocasião: o rock psicodélico da banda inglesa Pink Floyd.

Mal entrou na sala, Caetano começou a achar graça da música, que lhe parecia cada vez mais ridícula. Rindo, percebeu que seus sentidos estavam ficando muito mais agudos. Ao olhar para o tapete de nylon, em tons de bege, areia e gelo, que cobria o centro da sala, teve a sensação de saber exatamente como aquelas cores se manifestavam a partir de cada um dos fios do tapete. Do mesmo modo, observando os tacos que compunham o assoalho, conseguia ter uma noção plena da interioridade daqueles pedaços de madeira.

A percepção mais aguçada também levou Caetano a ver os amigos de um modo diferente. Olhando para Dedé, Gil e o resto do grupo, teve a impressão de compreender o ser de cada uma daquelas pessoas, assim como os sentimentos que o ligavam a elas. Fascinado, cobriu os olhos com as duas mãos e começou a ver alguns pontos de luz coloridos. Já com as pálpebras completamente fechadas, notou que os pontos luminosos tomaram a forma de uma bela rosácea de catedral — uma figura semelhante à de uma mandala, com seus círculos e quadrados concêntricos. Caetano tinha a nítida impressão de que cada um daqueles pontos era um ser, com toda sua interioridade. Logo depois, eles começaram a se mover, em movimentos muito bem coordenados, como numa dança.

"Gil, é tudo simétrico!", disse, extasiado com a beleza das formas que estava vendo.

Tomado por uma sensação de felicidade, Caetano atravessou a sala e sugeriu a Dedé que fossem até a varanda do apartamento, para curtirem a vista noturna de São Paulo. Já sob o pleno efeito do *ayahuasca*, Caetano viu uma cidade metalizada, com muito ferro compondo as estruturas de todos aqueles edifícios e construções que, apesar de uma certa luminosidade, transmitiam a sensação de algo impenetrável.

De volta à sala, Caetano tornou a fechar os olhos. Viu de novo o mesmo movimento simétrico dos pontos luminosos, que continuaram crescendo até tomarem formas de figuras humanas. Pareciam milhares de homens e mulheres, de origem indiana, todos nus, envolvidos em uma dança belíssima. Perplexo, Caetano notou que aquela verdadeira massa humana começou a delinear a forma de um grande rosto, que o observava, fixamente. Era uma espécie de ser dos seres, a fonte de onde sairia tudo.

"Eu acho que estou indo longe demais", pensou Caetano, abrindo os olhos, assustado.

A volta à consciência foi lenta e terrível. Caetano desmoronou, certo de que nunca mais se reencontraria. Desesperado, passou horas achando que sua vida tinha acabado, que teria enlouquecido definitivamente. Olhava os amigos e já não sabia quem eram aquelas pessoas. Teve a ideia de se olhar num espelho, mas não se reconheceu. Andando de um lado para o outro do apartamento, puxava os cabelos e gritava, com medo de terminar em um hospício. Com a noção de tempo totalmente perdida, sentia que aquele mal-estar seria eterno.

Só no dia seguinte, quando o sol já estava nascendo, é que o pânico começou a passar. Ainda assim, Caetano ficou com a definitiva sensação de que nunca mais foi a mesma pessoa. Nas semanas seguintes, quando comandou as gravações do programa *Divino, Maravilhoso*, na TV, continuou com a impressão de estar vivendo um palmo acima do mundo. Mesmo enquanto trabalhava, ao lado dos amigos, tinha a nítida sensação de não fazer mais parte daquele universo. Caetano esteve a um passo da loucura.

* * *

Foi uma grande surpresa. Exatamente um ano após a polêmica e as vaias provocadas por "Alegria, Alegria" e "Domingo no Parque", o tradicional Festival de Música Popular Brasileira da TV Record parecia transfigurado, em sua quarta edição. Quem assistiu à apresentação das primeiras canções concorrentes, em 13 de novembro de 68, ficou com a impressão de que os tropicalistas tinham tomado o poder no país da MPB.

Das 18 canções exibidas naquela noite, pelo menos 10 traziam guitarras elétricas nos arranjos — em vários casos, de modo puramente arti-

Tropicália

ficial, por puro modismo. A inesperada profusão de plugues e cabos elétricos chegou a provocar um problema técnico: em alguns momentos, as tomadas disponíveis no palco do Teatro Paramount não foram suficientes para conectar todos os fios.

Surpreendente também foi o número de roupas extravagantes, ou mesmo fantasias, usadas pelos intérpretes das canções, que aparentavam ter saído de uma festa tropicalista. De um ano para o outro, o tradicional *smoking* e os vestidos de noite pareciam ter perdido de vez a condição de trajes oficiais do horário nobre da televisão brasileira. A imitação das inovações tropicalistas era tão evidente que até uma antiga adversária de Caetano, Gil e Mutantes, a chefe de torcida Telé Cardim, apontou o fato, depois de ser flagrada aplaudindo "2001": "Foi uma fabricação em massa de tropicalismo. Ninguém quis reconhecer as inovações dos baianos, e agora todos procuram imitá-los: nas roupas, nos sons, nas palavras. Mas imitam mal", criticou a torcedora-líder, num acesso de lucidez.

Os jornais também registraram, com certa surpresa, a inesperada guinada do mais tradicional festival de MPB do país. "Uma imitação barata do chamado movimento tropicalista lançado pelos baianos", apontou o *Última Hora* carioca, no dia seguinte. "Foi um festival de fantasias", ironizou o *Jornal da Tarde*, lembrando que, nesse quesito, os Mutantes ainda continuavam sendo os melhores.

Os três roqueiros realmente capricharam no visual. Surgiram no palco vestidos a caráter para interpretar "Dom Quixote" — composição de Rita e Arnaldo que contara com uma mãozinha não creditada do poeta César Baptista, pai dos garotos. Arnaldo usou uma armadura prateada de cavaleiro, com o respectivo elmo, que mal o deixavam tocar direito seu baixo elétrico; Rita entrou vestida de Dulcineia; Serginho fantasiou-se de Chacrinha, com direito a buzina e outros apetrechos, emprestados pelo próprio apresentador. Escrito por Rogério Duprat, o arranjo também trazia uma considerável dose de deboche, nas figuras do grupo Anteontem 53 e 1/2 (nome escolhido para gozar outros conjuntos da época, como o Momento 4 e o Canto 4), que tocaram percussões bem típicas da MPB nacionalista, como queixada de burro e berimbau.

Mas o grande trunfo dos Mutantes no festival era mesmo "2001", canção composta em uma inusitada parceria de Rita Lee com Tom Zé. Na verdade, o compositor baiano só teve conhecimento da associação quando esta já estava consumada. Ao ouvir uma fita que Guilherme Araújo lhe entregou com um sorriso de vitória, Tom Zé reconheceu os versos

242   Carlos Calado

"2001", uma odisseia caipira: Liminha, Gil e os Mutantes defenderam a canção de Tom Zé e Rita Lee no Festival da Record de 1968.

de "Astronauta Libertado" — uma antiga letra que ele engavetara, depois de tentar musicá-la, sem sucesso, junto com Caetano Veloso.

Além de promover a parceria, sem que Tom Zé soubesse, Guilherme também já tinha inscrito a canção no festival da Record. Afinal, tratava-se de um verdadeiro achado tropicalista: a letra, que falava de astronautas, naves espaciais e galáxias, na versão de Rita, ganhou sotaque caipira de moda de viola misturado com rock. O novo título, também sugerido pela mutante, era inspirado em *2001, Uma Odisseia no Espaço*, o filme futurista de Stanley Kubrick, que estreara havia pouco em São Paulo.

Para incrementar o arranjo de "2001", os Mutantes contavam com um instrumento muito especial: o Theremim, uma bizarra engenhoca eletrônica inventada na Rússia, nos anos 20, que voltara a ser utilizada durante a década de 60, na criação de efeitos sonoros em filmes de ficção científica. Essa era apenas mais uma das ideias mirabolantes do criativo Cláudio César Dias Baptista, o irmão mais velho de Arnaldo e Sérgio. Além de ser *luthier* (construiu não só a réplica do Theremim, como a guitarra e o baixo elétrico dos irmãos), Cláudio César também criava os aparelhos eletrônicos dos Mutantes.

Diferentemente do festival anterior, dessa vez Tom Zé não estava concorrendo apenas como compositor. Também era o intérprete da canção "São São Paulo, Meu Amor", uma suposta homenagem à capital paulista, cuja letra era carregada de ironia, bem ao estilo do baiano de Irará.

Para apresentá-la no Teatro Paramount, orientado por Guilherme Araújo, Tom Zé também carregou nas fantasias. Entrou no palco acompanhado pelo conjunto Os Brasões e pelo grupo vocal Canto 4, que caracterizados como bandeirante, fazendeiro, almofadinha e aristocrata quatrocentão, tentavam representar "as origens do povo paulista", com direito a coreografias e muita teatralidade.

A brigada tropicalista, no festival da Record, completava-se com Gal Costa, que estava defendendo uma canção feita especialmente para ela, por Caetano e Gil. A vibrante "Divino, Maravilhoso" sintetizava em seus versos a já sombria atmosfera política do país, carregada de kryptonita, conforme a imagem pop de Caetano.

* * *

As especulações científicas de Tom Zé — o autor da letra de "2001", originalmente, "Astronauta Libertado" — começaram ainda na infância.

Nasce uma estrela: uma nova Gal Costa, mais agressiva e carismática, despontou durante o Festival da Record de 1968, cantando "Divino, Maravilhoso".

Em meados dos anos 40, para um garoto de uma cidadezinha do interior baiano, onde ainda nem havia energia elétrica, a televisão era algo inimaginável. Assim, uma das diversões favoritas do pequeno Tom Zé consistia em ficar ouvindo as conversas dos empregados de uma sapataria, que manufaturava calçados para a própria população da cidade.

O garoto nunca mais esqueceu o dia em que, meio escondido entre as bancadas dos operários, acompanhou atônito uma discussão sobre o desenvolvimento da ciência e suas implicações políticas. Só que em vez de perigosas armas atômicas, ou o combate a vírus devastadores, o assunto que originou o debate era bem mais prosaico: colchões de molas.

Como nenhum daqueles operários jamais tinha chegado perto de um colchão de molas de verdade, a discussão tomou ares de ficção científica. Os recursos, ou melhor, poderes dos imaginários colchões, verdadeiras maravilhas tecnológicas, com uma maciez indescritível, eram narrados em delírios fantásticos. E para afiançar todos absurdos que foram ditos, a discussão terminou desembocando, por incrível que pareça, no explosivo conflito entre os Estados Unidos e a União Soviética: a chamada Guerra Fria.

"Os americanos, quando se metem a fazer alguma coisa, fazem mesmo", assegurava um dos entendidos.

"Sim, mas os russos são muito mais ousados", contra-argumentava outro *expert* em tecnologia de colchões de molas e política internacional, de tendência mais esquerdizante.

Naquela noite, o pequeno Tom Zé custou mais a dormir. Seu velho e rústico colchão de palha, distante alguns anos-luz dos futuristas colchões de molas descritos pelos operários da sapataria, nunca pareceu tão duro e ultrapassado.

* * *

Uma semana antes do início do festival da Record, a exemplo de outros compositores, como Sérgio Ricardo e Adilson Godoy, os tropicalistas também tiveram problemas com a censura. Informados de que alguns trechos de suas canções haviam sido vetados, Tom Zé e Rita Lee foram tentar um acordo com a chefe do Departamento de Censura Federal, em São Paulo, Judith de Castro Lima. Apesar de as letras já terem sido liberadas oficialmente, a executiva recebera uma ordem expressa do coronel Aloysio Muhlethaler de Souza, chefe do Serviço de Censura de Diversões Públicas do Departamento de Polícia Federal, para cortar alguns versos.

"A culpa é do momento político. As coisas não andam lá muito boas", justificou a funcionária.

Como não queria abrir mão de participar do festival, Tom Zé estava aberto a negociações, desde que não precisasse mudar a estrutura da letra de "São São Paulo, Meu Amor". O primeiro problema apontado pela censora estava no verso "uma bomba por quinzena":

"Mas por quê, dona Judith? Isso acontece mesmo", argumentou o compositor, referindo-se aos atentados a bomba que vinham se acumulando em São Paulo.

"Acontece, meu filho, mas fatos como esse só a imprensa pode comunicar ao público", explicou a censora, em tom maternal.

O segundo problema envolvia a imagem pública do país, na estrofe "Em Brasília é veraneio/ no Rio é banho de mar/ o país todo de férias/ São Paulo é só trabalhar". Dona Judith argumentou que esses versos transmitiriam a ideia de que ninguém faria nada, não só em Brasília, como em todo o Brasil — um verdadeiro caos, segundo a letra da canção.

Nesse caso, Tom Zé achou melhor nem discutir. Pensou por um instante e já foi escrevendo novos versos, aprovados na hora pela censora: "Pelo norte é veraneio/ no Rio é banho de mar/ todo mundo está de férias/ São Paulo é só trabalhar".

"Mas e o outro verso? Como é que eu vou fazer, dona Judith?", perguntou o compositor, sem nenhuma ideia para substituir a "bomba" vetada. A censora foi rápida no gatilho:

"Meu filho, por que você não fala dessa inflação de festivais de música popular brasileira?"

"Ótimo, dona Judith! Assim está genial: 'um festival por quinzena'", comemorou Tom Zé, aliviado ao resolver o problema.

A negociação de Rita Lee foi mais difícil. Um dos problemas da canção "Dom Quixote", segundo a censora, estava na estrofe "Dia há de chegar/ e a vida há de parar/ para o Sancho descer/ pro Quixote vencer". No parecer do coronel de Brasília, esses versos davam a entender que estaria acontecendo uma revolução no país, pronta para derrubar o governo. Já no verso "armadura e espada a rifar", o coronel detectou uma crítica ao exército brasileiro.

"Não e não. A armadura e a espada são de Dom Quixote mesmo", tentou argumentar Rita, mas não conseguiu convencer a censora. Delicadamente, dona Judith pediu que a compositora substituísse aquelas palavras. Rita pensou, pensou, mas não encontrou uma solução. O jeito era cantar a música deixando de fora aqueles versos.

* * *

Tropicália

"Pode ir, Gal. Eu tenho certeza de que eles estão com a gente. Todo mundo virou tropicalista!"

Guilherme Araújo precisou conversar um pouco com Gal para convencê-la a se aproximar mais das primeiras fileiras da plateia, enquanto cantasse "Divino, Maravilhoso". Naquela noite de 9 de dezembro, desde que chegara ao camarim do Teatro Paramount, para a finalíssima do festival da TV Record, ela não parara de repetir:

"Tô com medo..."

Porém, já no palco, quando sentiu que grande parte da plateia estava do seu lado, Gal se soltou. Só quem conhecia há mais tempo a tímida e calada Gracinha, que cantava bossa nova como ninguém, poderia perceber a enorme transformação que estava acontecendo com aquela garota, vestida com uma túnica indiana vermelha, bordada com espelhos de metal e colares de miçangas — outro modelo de Regina Boni. Gal cantou emocionada e ofegante, dando gritos à Janis Joplin, enquanto andava pela passarela que circundava o fosso da orquestra. Os fãs mais entusiasmados chegavam a agarrá-la, cantando junto o refrão da canção, enquanto outros festejavam, atirando confetes e serpentinas de carnaval sobre ela.

A consagração dos tropicalistas começara minutos antes, com a entrada no palco de Tom Zé, para cantar "São São Paulo, Meu Amor". Muito aplaudido pela plateia, o compositor chegou a pensar, por um instante, que aquilo tudo seria uma alucinação da febre. Gripado, com duas olheiras consideráveis no rosto, Tom Zé não se sentia nada bem na hora de entrar em cena. Chegou a cantar com os olhos fechados, antes de tomar coragem de encarar a plateia, com um sorriso tímido de quem jamais estivera tão perto do sucesso.

"Já ganhou! Já ganhou", gritavam.

Quando foi divulgado que "São São Paulo, Meu Amor" tinha ficado com a primeira colocação pelo júri popular, Tom Zé estava agachado, num canto dos bastidores. Recebeu a notícia com um sorriso acanhado e se manteve em silêncio. A mesma expressão se manteve, com o anúncio de que a canção de Tom Zé era a vencedora na opinião do júri especial. Em meio à confusão nos camarins e bastidores, o compositor baiano ficou andando de um lado para o outro, com a testa franzida. Só sorriu quando voltou ao palco, para o anúncio dos prêmios.

"Ele estava parecendo um garoto concentrado, antes de prestar os exames", comentou um dos integrantes do Canto 4.

Já o resto dos tropicalistas comemorava a ampla vitória. Na decisão do júri especial, "Divino, Maravilhoso" terminou em terceiro lugar e

"São São Paulo, Meu Amor": Tom Zé e o conjunto Os Brasões, no festival da TV Record, em 9 de dezembro de 1968.

Vitória: Tom Zé recebeu da apresentadora Sônia Ribeiro o troféu e os prêmios pela primeira colocação no festival da Record; à esquerda, o maestro Júlio Medaglia.

"2001" em quarto, à frente de "Dia da Graça", de Sérgio Ricardo, e "Benvinda", de Chico Buarque, quinto e sexto colocados; Edu Lobo, com "Marta Saré", ficou com o segundo lugar. Claro que não faltaram críticas e ataques ao júri especial, que reuniu os maestros Júlio Medaglia e Gabriel Migliori, o compositor Claudio Santoro, o pianista João Carlos Martins, os críticos Sérgio Cabral e Raul Duarte e os jornalistas José Carlos Oliveira e Roberto Freire. "Tropicalista" foi o insulto mais leve que os jurados ouviram.

Em meio à festa dos vencedores, Gilberto Gil era dos mais eufóricos. Afinal, além da vitória do amigo Tom Zé, do terceiro lugar e da excelente recepção do público a "Divino, Maravilhoso", sua parceria com Caetano, ele também ajudara a acompanhar os Mutantes, tocando sua velha sanfona, em "2001": "Nós emplacamos todas! Agora, na Bahia, nas praças públicas de Irará, Ituaçu e Santo Amaro da Purificação, vão fazer discursos e comícios em nossa homenagem", festejava.

Por alguns instantes, o alegre Gil conseguiu esquecer o medo e a angustiante sensação de que, havia exatamente um ano, ele, Caetano e os outros tropicalistas estavam mexendo com fogo.

* * *

Para bom entendedor, um novo título bastava. Em 18 de dezembro, cinco dias após a decretação do AI-5, *Roda Viva* — a coluna de Nelson Motta que, nos últimos meses de 68, crescera e se tornara uma seção do caderno de variedades do *Última Hora*, editada por Eli Halfoun — mudou de nome. O antigo título, inspirado na canção de Chico Buarque, que também batizara a polêmica peça do compositor montada pelo Teatro Oficina, deu lugar a *Chão de Estrelas*.

Lida no contexto da nova conjuntura política do país, a letra da antiga canção de Orestes Barbosa e Sílvio Caldas ganhava uma enorme carga de ironia: "Minha vida/ Era um palco iluminado/ Eu vivia vestido de dourado/ Palhaço das perdidas ilusões". Em tempos de repressão e censura pesadas, rebatizar a coluna que lançou oficialmente o Tropicalismo, como *Chão de Estrelas*, também era um ato tropicalista.

* * *

Cassiano Gabus Mendes fez o que pôde para amenizar a violência daquela cena, exibida durante o programa *Divino, Maravilhoso*, na noite de 23 de dezembro, antevéspera do Natal de 68. Cantando a marchinha "Boas Festas", uma das preciosidades musicais do baiano Assis Valente, Caetano Veloso apontava um revólver, engatilhado, para a própria cabeça:

> *Anoiteceu/ O sino gemeu/ A gente ficou/ Feliz a rezar/ (...)/ Já faz tempo que eu pedi/ Mas o meu Papai Noel não vem/ Com certeza já morreu/ Ou então felicidade/ É brinquedo que não tem.*

Aproveitando a atmosfera fraterna das festas de fim de ano, os tropicalistas resolveram afrontar mais uma vez a caretice da tradicional família brasileira, em seu *happening* semanal pela TV Tupi. Responsável pela edição de imagens do programa, que era transmitido ao vivo, Gabus Mendes usou todos os recursos disponíveis para evitar que o revólver de Caetano aparecesse no vídeo em primeiro plano. Uma cena tão forte poderia provocar algum problema bem maior do que as cartas indignadas de espectadores e autoridades de cidades interioranas, que continuavam chegando à emissora.

Apesar da evidente brutalidade da cena, inspirada em *Terra em Transe*, de Glauber Rocha, Caetano tinha uma explicação bem consistente. A imagem dramática de um suicida, cantando uma canção que ironizava o suposto espírito natalino, revelava também a essência da poesia de Assis Valente. Além de ser negro e bissexual, o compositor baiano realmente se suicidou — em 1958, aos 47 anos de idade — depois de duas tentativas frustradas, tomando goles de formicida numa garrafa de guaraná.

Por causa de provocações desse tipo, não era à toa que, logo nas primeiras semanas, já se comentava que o *Divino, Maravilhoso* tinha seus dias contados. Além do ibope não ser dos maiores, o auditório da TV Tupi era frequentado por policiais à paisana, o que aumentava ainda mais o mal-estar dos tropicalistas. Principalmente após a decretação do AI-5, o medo aumentou muito entre o elenco e a produção do programa. De algum modo, todos tinham consciência de que, a qualquer momento, poderiam ter problemas com a polícia (Jô Soares chegou a avisar Caetano e Gil que seus nomes faziam parte de uma lista de artistas visados), ou mesmo sofrer um atentado. Afinal, *Divino, Maravilhoso* já nascera como uma mina, pronta para explodir.

* * *

"O importante é que se discutiu o que nós fizemos. O fundamental é que fizemos o que nos deu na cabeça."

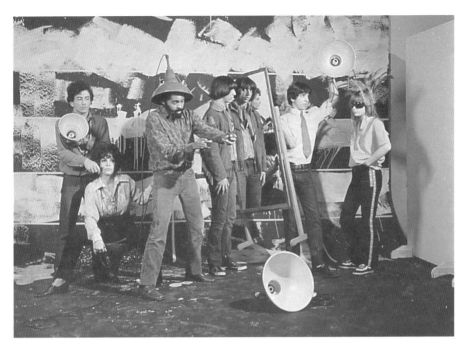

Happening semanal: Tom Zé, Gal, Gil e os Mutantes preparando um dos programas da série *Divino, Maravilhoso*, nos estúdios da TV Tupi.

Divino, Maravilhoso: Nara Leão e o conjunto Os Brasões também participaram do programa tropicalista.

Recostado numa poltrona da sala de estar de seu apartamento, Caetano esboçava uma avaliação pessoal do ano de 1968, já bem próximo de seu final. Foi assim que a conversa começara, mas o que interessava mesmo ao repórter João Magalhães, do *Jornal da Tarde*, era saber quais os novos projetos do compositor e líder do grupo baiano para o ano seguinte.

Sem esconder uma boa dose de incerteza, Caetano acabou revelando alguns planos a médio prazo: trocar São Paulo pelo Rio de Janeiro; talvez morar por um tempo no exterior; ou mesmo realizar o antigo sonho de dirigir seu primeiro filme. Já o futuro do *Divino, Maravilhoso* estava praticamente decidido: o programa continuaria por apenas mais cinco semanas, período que faltava para terminar o contrato assinado com a TV Tupi. Se o acordo seria ou não renovado, ninguém sabia ainda. De todo modo, o que Caetano realmente tinha certeza era que, em 1º de fevereiro de 69, logo após gravar o último *Divino, Maravilhoso*, estaria em Salvador, de onde só sairia após o Carnaval.

Ironicamente, de todos os planos que o compositor mencionou para o ano seguinte, o único que ele acabou realizando, meses depois, foi o de morar no exterior. No sábado em que a entrevista foi publicada, dia 28 de dezembro, Caetano e Gil já estavam trancafiados em duas minúsculas celas de um quartel da Polícia do Exército, no Rio de Janeiro. A aventura tropicalista custou caro aos dois parceiros.

* * *

Quem lesse as entrelinhas certamente entenderia. Em 13 de janeiro, numa reportagem sobre a ida de artistas brasileiros para o Mercado Internacional do Disco (o Midem), em Cannes, na França, a *Folha da Tarde* dava um jeito de veicular a proibida notícia da prisão dos baianos. Informando que Gil e os Mutantes tinham voo marcado para a Europa, no dia seguinte, a reportagem sugeria que talvez Gil não pudesse embarcar "por estar internado em uma casa de saúde, no Rio". Mais adiante, o repórter voltava ao assunto, observando que, apesar de ter planos de ir também aos Estados Unidos e de fazer um filme com Rogério Sganzerla, Gil só poderia realizar seus planos depois que a "junta de médicos" lhe desse licença para deixar o hospital. E, para não deixar dúvidas sobre a mensagem cifrada, a foto que ilustrava o texto, com os dois baianos usando comportados ternos, ganhou também uma ambígua legenda:

"Gilberto Gil e Caetano Veloso quando ainda usavam terno e gravata. Hoje, eles estão internados numa casa de saúde do Rio e já se sabe que sairão de lá com a barba e o cabelo rapados."

Tropicália

"Aquele Abraço": Caetano e Gil se despedem de Gal,
pouco antes de partirem para o exílio.

16.
O ABRAÇO DE ADEUS

Era um dia muito especial para todo o planeta. No instante em que o astronauta norte-americano Neil Armstrong pisou pela primeira vez a superfície lunar, às 23h56 daquele 20 de julho de 1969, cerca de um bilhão e duzentos milhões de pessoas estavam acompanhando a cena por seus aparelhos de TV. Enfim, o Homem tinha chegado à Lua.

Menos de três horas antes daquele momento histórico, quando uma enorme bola amarela foi projetada no fundo do palco do Teatro Castro Alves, em Salvador, muitas das duas mil pessoas sentadas na plateia perceberam a referência, mas a emoção que as dominava não tinha nada a ver com a euforia da chegada à Lua. Ironicamente, aquela noite marcava também o adeus oficial de Caetano Veloso e Gilberto Gil, de malas prontas para se exilarem na Europa.

Foi a primeira aparição dos dois tropicalistas num palco, desde as gravações do programa *Divino, Maravilhoso*, em dezembro de 68. Após os dois meses de prisão arbitrária, em quartéis militares do Rio de Janeiro, Gil e Caetano passaram outros cinco meses de ostracismo forçado, em regime de prisão domiciliar, na capital baiana. Só depois de uma arrastada negociação com os militares, mediada pelo comandante da Polícia Federal de Salvador, conseguiram a permissão para fazer o show — um jeito de obterem dinheiro para a viagem, depois de tanto tempo impedidos de trabalhar. Logo em seguida, deveriam deixar definitivamente o país.

Durante o período em que permaneceram confinados em Salvador, os dois compositores ficaram proibidos de dar entrevistas, fazer shows ou se apresentarem em rádios e TVs, além da obrigação de se apresentarem todos os dias na Polícia Federal. Inicialmente, Gil foi morar com Caetano e Dedé, em uma pequena casa alugada, na rua Rio Grande do Sul, no bairro de Pituba. Depois de alguns dias, cansada de fingir que ela e Gil eram apenas namorados, Sandra simplesmente comunicou aos pais que estava casada com ele e foi se juntar aos três. Exceto por eventuais visitas de amigos e ex-parceiros de São Paulo, como Rogério Duprat, Júlio Medaglia ou Tony Osanah (dos Beat Boys), o cotidiano dos baianos já não tinha quase nada que lembrasse a agitação do ano anterior. Passaram a viver num círculo restrito de amigos e familiares.

Com os cabelos curtos (consequência da cabeça raspada no quartel), Gil era o que chamava mais atenção pela marcante transformação física. Bem mais magro, sem o cavanhaque e o bigode das pontas viradas para cima, que alguns chegaram a chamar de diabólico ou mefistofélico na época, Gil abandonara a expressão debochada e agressiva dos dias mais explosivos da Tropicália. Não só deixou de fumar, de beber e de comer carne, como passou a seguir a dieta macrobiótica radicalmente. Pedia sempre aos amigos que lhe trouxessem arroz integral e soja de São Paulo ou do Rio.

Por volta de maio, ainda sem haver perspectivas de mudança na situação dos dois detidos, André Midani e Manoel Barenbein, presidente e produtor da Philips, concluíram que a única maneira de ajudá-los seria produzindo novos discos. Os detalhes gerais foram acertados por telefone e, já em junho, Barenbein, Rogério Duprat e os técnicos de som Ary Carvalhaes e João dos Santos viajaram para Salvador, levando dois gravadores de dois canais, microfones e toda a parafernália necessária para o trabalho.

Depois de se instalarem no Estúdio J. S. (o mesmo em que Gil gravou seus primeiros *jingles*), ao voltar para seu apartamento no Hotel da Bahia, Barenbein já tinha a sua espera uma intimação para comparecer à sede da Polícia Federal. O responsável foi logo ao assunto:

"O senhor não sabia que os senhores Gilberto Gil e Caetano Veloso estão proibidos de participarem de qualquer atividade pública?"

Barenbein tirou de uma pasta as letras das músicas a serem gravadas, com as devidas liberações da Censura Federal. Depois de garantir ao policial que as gravações dos discos não implicariam apresentações públicas, foi embora, suando frio.

Mal chegou ao estúdio, o produtor encontrou um novo problema. Ao ouvir o som precário dos instrumentos disponíveis, especialmente a bateria, Barenbein quase arrancou os cabelos. Sem tempo hábil para conseguir outro estúdio, nem mesmo novos instrumentos, o produtor já estava pensando em suspender as gravações, quando Rogério Duprat surgiu com uma de suas ideias inusitadas. Perguntou a Gil e Caetano se eles conseguiriam gravar os vocais apenas com o auxílio de um violão e um metrônomo. A resposta positiva dos cantores detonou uma verdadeira maluquice. Invertendo totalmente o processo tradicional de feitura de um disco, Duprat gravou primeiro as vozes de Gil e Caetano, para só depois,

256   Carlos Calado

Uma gravação diferente: Caetano, no Estúdio J.S. de Salvador, onde gravou os vocais para seu LP de 1969; as bases e a orquestra só foram acrescentadas depois.

Um samba de adeus: Gil, durante a sessão de gravação de "Aquele Abraço", no Rio de Janeiro, pouco antes de se exilar na Europa; ao fundo, Sandra.

já em São Paulo, inserir bateria, baixo, piano e guitarra (tocada pelo delirante Lanny Gordin), sem falar em várias intervenções orquestrais.

Apesar de todas as afinidades que tinham, ou mesmo de estarem morando sob o mesmo teto, Caetano e Gil já começaram a tomar rumos diferentes nesses trabalhos, que só chegaram às lojas quando os dois já estavam vivendo no exterior. Cada vez mais envolvido pela música pop, em composições próprias como "Cérebro Eletrônico" e "Volks Volkswagen Blues", ou mesmo em uma original versão de "2001" (a obra-prima de Rita Lee com Tom Zé), Gil já antecipava seu mergulho no rock britânico. Ainda assim, o baiano fazia questão de mostrar que continuava cultuando suas raízes, no baião "17 Léguas e Meia" (de Humberto Teixeira e Carlos Barroso), antigo sucesso de Luiz Gonzaga, que também recebeu uma roupagem pop-rock.

Por outro lado, o LP *Gilberto Gil* terminava com a experimental "Objeto Semi-Identificado", uma parceria poética de Gil com Rogério Duarte, posteriormente musicada e sonorizada pelo maestro Rogério Duprat.

Duarte, que também fora preso em 68, estava morando de novo em Salvador e era presença constante na casa de Gil e Caetano, durante aqueles meses. Embora já convivessem desde o Rio de Janeiro, nos tempos do Solar da Fossa, foi só em Salvador que a amizade de Gil e Rogério Duarte se transformou em parceria. Interessados em questões esotéricas e teosóficas, os dois passaram a se encontrar quase todos os dias, para longas conversas que podiam começar pelos princípios da eubiose e terminar em discos voadores. Reforçando mais ainda a cumplicidade, os bate-papos da dupla eram invariavelmente acompanhados por muita maconha.

Até mesmo quando Gil decidiu fazer uma espécie de retiro espiritual para compor as canções do disco, durante cerca de um mês, numa casa que ficava no alto de uma colina, em Piatã, Rogério também o acompanhou. Foi dessa convivência diária que nasceram os textos recitados de "Objeto Semi-Identificado", além da canção "A Última Valsa", que até hoje não foi gravada. Por essas e outras, ao pensar na capa de seu LP, Gil não teve dúvidas: usou um poema-desenho que Rogério Duarte fizera durante as semanas que passaram juntos.

Já o LP *Caetano Veloso* não conseguia esconder a tristeza e a depressão que seu autor vivera durante os seis meses que precederam a gravação. A começar pela versão de "Carolina", a popular canção de Chico Buarque, que Caetano decidiu gravar ao ver crianças pobres de Salvador cantarem-na, em um programa de calouros. Para Caetano, o sentido de sua gravação seria quase antropológico. Flagrou na personagem de Chico

Diversão possível: embora quase não se interessasse por futebol, Caetano foi várias vezes ao estádio da Fonte Nova, durante a prisão domiciliar, em Salvador.

um amargo retrato do país, uma antimusa do Brasil. O evidente tom depressivo da interpretação de Caetano não impediu que a gravação fosse tomada como crítica, ou até mesmo provocação a Chico Buarque. Virou motivo de fofocas de bastidores, em colunas de jornais que exploravam a já conturbada convivência entre os tropicalistas e emepebistas.

Quando foi preso, Caetano já tinha em mente um título bem provocativo para seu próximo disco: *Boleros e Sifilização*. Desse projeto, ainda um pouco vago, o LP *Caetano Veloso* acabou herdando a ideia de gravar o tango "Cambalache" (de E. S. Discépolo), além da canção "Não Identificado", composta pouco antes da prisão (também gravada por Gal Costa em seu primeiro disco) e do poema "Acrilírico" (musicado posteriormente por Duprat).

Apesar da euforia carnavalesca do frevo "Atrás do Trio Elétrico", composição que prefigurou uma futura nova fase da música baiana, a atmosfera de melancolia dominava o álbum, especialmente em faixas como "The Empty Boat" (uma das primeiras canções em inglês de Caetano), o fado "Os Argonautas" ou a versão de "Chuvas de Verão" (de Fernando Lobo). Imagens poéticas como "my heart is empty" (meu coração está vazio), "meu coração não aguenta tanta tormenta" ou "trazer uma aflição dentro do peito" estavam longe de serem meras coincidências.

"Oportunamente apresentaremos para vocês algo mais... mais... mais... mais... sei lá... algo mais divertido — disse o palhaço vaiado. Assim esperamos — disse a plateia, já agora morrendo de rir. O grande sucesso do palhaço. Esta e outras histórias não serão contadas agora porque não há tempo", escreveu Caetano, assumindo sua tristeza publicamente, em um pequeno texto que escreveu para o programa do show de despedida.

Mesmo assim, ao menos entre a plateia, a atmosfera era bastante festiva no Teatro Castro Alves, que esteve lotado durante as três exibições do show (também houve uma matinê, no dia 20, além da apresentação final, no dia 21). Além de recordarem sucessos tropicalistas, como "Alegria, Alegria", "Tropicália", "Domingo no Parque" e "Superbacana", Gil e Caetano também ofereceram à animada plateia uma prévia dos novos discos, que Rogério Duprat estava finalizando em São Paulo.

"Esses baianos estão cada vez mais interplanetários", deliciava-se, na plateia, Augusto de Campos, ao ouvir canções como "Não Identificado" e "Marcianita". Flagrado pela reportagem da revista *Veja*, o poeta concreto também fora se despedir dos amigos. Outra figura notável, presente na plateia, era Jorge Amado. "Minha comoção se manifesta na barriga. É como se eu sentisse um nó nas tripas", confessou o escritor baiano.

Acompanhando as canções da dupla, estava o Leif's, um grupo de rock bem jovem de Salvador, que incluía os irmãos Pepeu, Carlinhos e Jorginho Gomes. A colaboração dos garotos com os tropicalistas não passou em branco: tempos depois, Pepeu e Jorginho já faziam parte do grupo Novos Baianos, ao lado de Moraes Moreira, Baby Consuelo, Paulinho Boca de Cantor e Luiz Galvão.

Para um espetáculo de despedida, o final não poderia ser mais eufórico. Com a plateia de pé, Gil fechava o show cantando "Aquele Abraço", um samba irresistível que foi apresentado em público pela primeira vez nesse show. A ideia de fazer uma canção de adeus nascera quando Gil e Sandra foram ao Rio de Janeiro, no final de junho, para definir os detalhes da saída do país, com os militares. Na sede do antigo Ministério da Guerra, na avenida Presidente Vargas, Gil ouviu a instrução do coronel responsável pelo caso:

"Vocês fiquem fora do país até que determinemos algo em contrário."

No dia em que deveriam voltar a Salvador, pela manhã, Gil e Sandra foram visitar a mãe de Gal, dona Mariah, levando a notícia de que finalmente poderiam sair do país. Durante a conversa, já sentindo a emoção da despedida, Gil começou a pensar na canção. Uma das primeiras imagens que lhe vieram à cabeça foi a avenida Presidente Vargas, ainda com a decoração de Carnaval, na manhã da Quarta-Feira de Cinzas em que ele e Caetano foram libertados.

Já no avião para Salvador, Gil começou a rabiscar partes da letra em um guardanapo. O refrão "aquele abraço" também remetia aos dois meses em que esteve preso: era dessa maneira, com o bordão popularizado pelo comediante Lilico, na televisão, que os soldados do quartel, em Deodoro, cumprimentavam Gil. Chegando em Salvador, o compositor só precisou do violão para dar o acabamento à música, já esboçada na memória, e completar os últimos versos da letra.

"Aquele Abraço" foi a última canção gravada por Gil antes de embarcar para a Europa — que por sinal, nem teve tempo de ouvir a gravação finalizada. Ironicamente, Gil saiu do país sem imaginar que deixara engatilhado seu maior sucesso até então. Além de passar dois meses liderando as paradas de sucesso, o compacto com "Aquele Abraço" ultrapassou a marca de trezentas mil cópias vendidas.

Excepcional para a época, esse número poderia ter sido muito maior, não fosse uma confusão causada na última hora por Jorge Ben. Para o lado B do compacto, Gil decidira gravar, junto com Gal e Caetano, uma canção inédita do amigo, chamada "País Tropical". A gravação já esta-

Tropicália

261

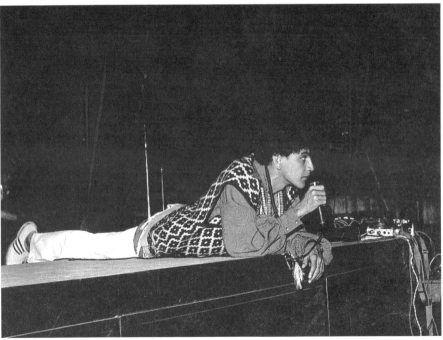

Festa de despedida: o show no Teatro Castro Alves de Salvador,
em 20 de julho de 1969, que ficou registrado no disco *Barra 69*.

Barra 69: o programa do show de despedida de Caetano e Gil.

va pronta para virar disco, quando Barenbein foi avisado de que Jorge, apesar de ter ensinado a canção aos baianos, prometera exclusividade ao cantor Wilson Simonal, que conseguiu assim um dos maiores sucessos de sua carreira.

* * *

Na véspera do embarque para Lisboa, marcado para 27 de julho, depois de passar exatos sete meses sem falar abertamente à imprensa, Caetano teve a chance de fazer um rápido balanço da ação tropicalista, numa entrevista para a edição carioca do *Última Hora*:

"Sei que o movimento que a gente começou está influenciando meio mundo. Mais dia, menos dia, era inevitável que aqui também se começasse a utilizar uma linguagem nova. Isso demonstra que estávamos certos e que o que fazíamos, aquela confusão toda, era um acontecimento natural no processo musical brasileiro. Quanto ao Tropicalismo, ainda não posso falar muita coisa. É claro que ele mantém raízes. O fato é que Gal Costa se tornou a mais importante cantora brasileira a partir dele e eu acho que isso já compensa. Se o Tropicalismo passou, eu não sei, mas acho que, de certo modo, ele continua, e do modo certo, com Gal."

Caetano não estava exagerando. Após a guinada estética e pessoal deflagrada pela canção *Divino, Maravilhoso*, Gal despontou rapidamente como a estrela mais brilhante do que restou do grupo tropicalista, enfraquecido pelo afastamento sumário de Gil e Caetano da cena musical do país. Lançado no início de 69, o primeiro LP individual de Gal combinava canções de Caetano ("Não Identificado", "Lost in the Paradise", "Saudosismo", "Baby"), Gilberto Gil ("A Coisa Mais Linda que Existe", parceria com Torquato Neto) e Tom Zé ("Namorinho de Portão"), com outras de Jorge Ben e Roberto Carlos, além do forró "Sebastiana" (de Rosil Cavalcanti).

Seu jeito mais agressivo de cantar, com evidente influência de Janis Joplin e até um pouco de James Brown, agradou tanto aos fãs da Tropicália como aos órfãos da Jovem Guarda — o LP *Gal Costa* vendeu bem. O *feeling* de produtor de Guilherme Araújo acabou se confirmando. Quase três anos antes, quando Caetano e Rogério Duarte discutiam ideias sobre um repertório mais forte para Gal, o antenado empresário já dizia: "Vocês têm que fazer de Gracinha uma nova Wanderléa. Ela tem que ser a verdadeira rainha do iê-iê-iê". De certo modo, isso acabou se confirmando. Gal provou que havia uma interface entre Tropicalismo e Jovem Guarda. Graças a essa conexão atingiu um público mais amplo.

O espírito da Tropicália também continuou vivo na parceria dos Mutantes com Rogério Duprat. O relativo sucesso obtido pelo trio paulista na França, puxado pela apresentação no Midem, em janeiro de 69, acabou repercutindo muito bem por aqui. Lançado no mês seguinte, o segundo álbum do grupo trazia as canções defendidas pelo grupo nos festivais, caso de "Dom Quixote", "2001", "Mágica" e "Caminhante Noturno", realçadas pelos irreverentes arranjos de Duprat. Apesar de ficar bem aquém dos números de Gal Costa, a vendagem foi considerada boa em termos do ainda incipiente filão pop nacional.

Três dias após a partida dos baianos para o exílio, os Mutantes já estavam estreando em mais um festival. Composta por Arnaldo, Rita e Sérgio, sob o efeito de maconha, a canção pop "Ando Meio Desligado" chegou a deixar o trio preocupado, por causa da reação do público, durante a primeira eliminatória do 4º FIC. No mesmo Tuca, onde tinham sido vaiados e agredidos com ovos e tomates, junto com Caetano, no ano anterior, dessa vez os Mutantes receberam muito mais aplausos do que vaias. "Será que eles avançaram, ou nós é que estamos ficando caretas?", perguntou-se o trio.

Na verdade, o principal alvo da reação e das vaias dos mais conservadores durante esse festival acabou sendo o cantor e compositor carioca Jards Macalé, não por acaso um velho amigo de Caetano e Gil. Na melhor tradição tropicalista, usando uma longa bata colorida, para cantar a provocadora "Gotham City", que fez em parceria com Capinan, Macalé já entrou no palco do Maracanãzinho aos gritos: "Cuidado! Há um morcego na porta principal! Cuidado! Há um abismo na porta principal!" — um agressivo cartão de visita, veiculado nacionalmente pela TV, que lhe rendeu durante décadas a pecha de "maldito".

Mais discreto, o tropicalista Tom Zé chegou a dividir vários shows com Gal Costa nos primeiros meses de 69, mas sem o mesmo impacto em termos de popularidade e vendagem de discos. Lançado logo após a vitória de sua "São São Paulo, Meu Amor", no festival da TV Record de 68, o primeiro LP do baiano de Irará trazia doze canções de sua autoria, como "Namorinho de Portão", "Glória" e "Não Buzine que Eu Estou Paquerando", em arranjos de Sandino Hohagen e Damiano Cozzela — os mesmos maestros que colaboraram com o primeiro disco solo de Caetano. Quem sabe, se tivesse a oportunidade de trabalhar com Duprat, ou mesmo continuado a parceria com os Mutantes, que resumiu-se apenas a "2001" e "Qualquer Bobagem", talvez Tom Zé pudesse ter atingido um público maior.

Tropicália

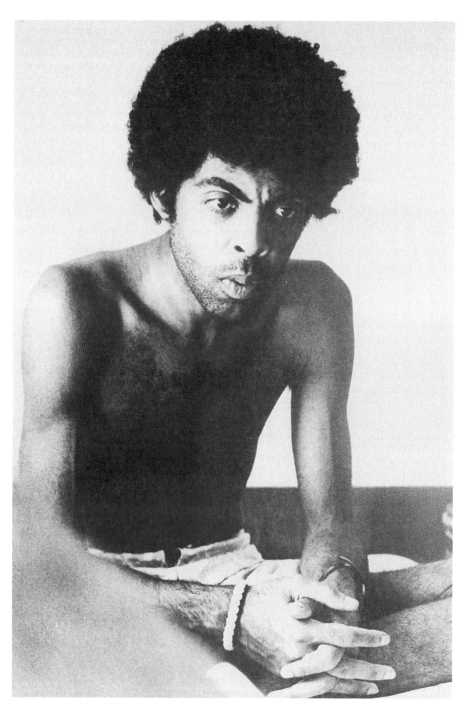

Novo homem: graças à dieta macrobiótica, que continuou seguindo em Londres, Gil chegou a emagrecer mais de 20 quilos.

17.
NO EXÍLIO

Para Gil, ironicamente, deixar o país trouxe uma boa dose de alívio. Além de afastar a permanente ameaça de ser preso outra vez, o exílio acabou concretizando seu projeto de passar uma temporada no exterior, que não se realizara por pouco. Se não tivesse sido preso no final de dezembro de 68, na certa ele teria embarcado para a França, duas semanas depois, junto com os Mutantes e Rogério Duprat. Por isso, Gil subiu no avião sorrindo, ao contrário de Caetano, que mergulhou na tristeza ao se ver oficialmente proibido de voltar ao Brasil.

Acompanhados por Dedé e Sandra, os dois desembarcaram em Lisboa, em 28 de julho, com uma apresentação marcada no *Zip-Zip*, um popular programa de TV comandado pelo comediante Raul Solnado. Na verdade, Caetano e Gil ainda tinham dúvidas quanto à cidade que escolheriam para morar. Apesar da opinião de Guilherme Araújo, que já estava viajando pela Europa havia algumas semanas e recomendara Londres, os dois parceiros ainda imaginavam que Paris poderia ser uma boa opção. Porém, bastaram duas semanas enfrentando a hostilidade e o mau humor dos parisienses para que eles se decidissem de vez pela capital inglesa.

No dia em que os cinco chegaram a Londres, ainda encontraram o palco e os vestígios da animação provocada por um grande concerto que os Rolling Stones tinham apresentado na véspera, no Hyde Park. Depois de passarem alguns dias hospedados num hotel em Southampton, mudaram-se para uma casa de três pavimentos, no bairro de Chelsea, bem ao lado da King's Road.

Em poucas semanas, o ambiente da casa já começava a lembrar a animação dos tempos do apartamento de Caetano e Dedé em São Paulo. As visitas frequentes de amigos, como Hélio Oiticica, Rogério Sganzerla, Júlio Bressane, Jorge Mautner, Antônio Peticov, Neville de Almeida, os irmãos Cláudio e Sérgio Prado, Antônio Bivar e Zé Vicente, transformaram o lugar em uma espécie de comunidade brasileira. Sem falar em jovens poetas britânicos que aos poucos passaram a frequentar a casa, como Michael Chapman e Edward Pope.

Tropicália

Uma visita bastante especial, ao menos para Caetano, foi a de Roberto Carlos. Na noite que passou em Chelsea, entre um papo e outro, o "rei" resolveu mostrar uma nova canção que acabara de gravar. "Nas Curvas da Estrada de Santos" emocionou Caetano, que chorou bastante ao ouvi-la. A cena impressionou tanto Roberto que, ao voltar para o Brasil, compôs com Erasmo Carlos uma homenagem ao amigo exilado: a canção "Debaixo dos Caracóis dos Seus Cabelos".

As disposições iniciais de Caetano e Gil acentuaram-se com o passar do tempo. Ansioso por se integrar rapidamente ao novo ambiente cultural, Gil foi logo procurar um curso de inglês. Costumava sair quase todas as noites para ir a concertos de música pop, rock ou jazz. Além disso, graças aos *baseados* que fumava diariamente, qualquer possibilidade de depressão ou melancolia estava afastada em seu caso.

Já Caetano, conforme o rigoroso inverno britânico foi chegando, afundou mais ainda na depressão. Sentia-se mal com tanto frio e chuva. Achava Londres muito escura e feia — até os tijolinhos das casas o desagradavam. Mesmo sem jamais ter gostado de usar barba, acabou deixando-a crescer, estampando no próprio rosto seu estado interior. Chegou até a parar de compor durante meses, por não ver mais sentido em fazer música, vivendo fora do Brasil.

Nessa fase, sua produção resumiu-se às crônicas que enviava com frequência ao *Pasquim*, jornal semanal carioca que chegara às bancas pela primeira vez exatamente na véspera da partida de Caetano e Gil para o exílio. O convite para que ele escrevesse foi feito pelo colunista Luiz Carlos Maciel, mas a ideia partiu de Tarso de Castro. Escritos no formato de cartas, alguns desses artigos traduziam com todas as letras o estado depressivo do autor:

"Talvez alguns caras no Brasil tenham querido me aniquilar; talvez tudo tenha acontecido por acaso. Mas eu agora quero dizer aquele abraço a quem quer que tenha querido me aniquilar porque o conseguiu. Gilberto Gil e eu enviamos de Londres aquele abraço para esses caras. Não muito merecido porque agora sabemos que não era tão difícil assim nos aniquilar. Mas virão outros. Nós estamos mortos", escreveu, no artigo publicado no *Pasquim* de 27 de novembro de 1969.

O ânimo de Caetano só melhorou um pouco quando Sandra descobriu um mercado em que era possível comprar azeite de dendê, leite de coco e outros ingredientes típicos da culinária baiana. Assim que conseguiu um livro de receitas com a mãe, Sandra assumiu de vez o fogão da casa, depois de passarem muito tempo comendo macarrão à *carbonara*,

O primeiro inverno: Gil e Caetano no exílio europeu, no final de 1969.

Big Ben: Rogério Duprat se diverte com o símbolo da pontualidade britânica, em Londres, 1969.

único prato que Dedé sabia fazer. A primeira moqueca preparada por Sandra provocou lágrimas de seu cunhado.

Era comum traficantes abordarem Caetano na rua para oferecer-lhe heroína ou outras drogas pesadas. Magérrimo, com a pele amarelada por causa do frio excessivo, o aspecto de Caetano lembrava bastante o de um *junky*. Os vendedores de drogas jamais poderiam imaginar que ele só tomava Coca-Cola. Depois da assustadora experiência que tivera com o *ayahuasca*, cujos efeitos alucinógenos ainda o perturbaram durante meses, Caetano eliminou até o álcool de seu cotidiano — atitude que lhe rendeu o apelido de Caretano, inventado por Rogério Duarte.

Mesmo quando estava em casa, na companhia dos amigos, frequentemente envolvidos em viagens coletivas de LSD, Caetano não se perturbava. Continuava sentado no chão da sala, com as pernas cruzadas, tomando sua Coca-Cola diretamente da latinha, sem largá-la em momento algum, receoso de que alguém tentasse colocar algum aditivo perigoso em sua bebida. Com a mesma preocupação, até *viajando* sob o efeito de ácido, Dedé também não tirava os olhos da latinha do marido.

Gil, ao contrário, não tinha esse tipo de problema com as drogas. Durante o exílio londrino, além dos baseados que fumava todos os dias, tomou cerca de 80 ácidos, sem falar no haxixe e na mescalina, que, eventualmente, também faziam parte de sua dieta alucinógena. Adepto das drogas do *enlightenment* (da iluminação, do aprofundamento), Gil as usava como ferramentas criativas. Sua bíblia psicodélica era *Politics of Ecstasis*, de Timothy Leary. Gil ficou tão impressionado com esse livro, que chegou a furtar dez exemplares na Foyle's, famosa livraria da Charing Cross Road, para distribuir entre os amigos mais próximos, numa espécie de ato de guerrilha cultural. Antônio Peticov, os irmãos Cláudio e Sérgio Prado, Antônio Bivar e Péricles Cavalcanti estavam entre seus parceiros de viagens mais constantes. Nessa área, Gil era convicto e radical: jamais quis sequer experimentar cocaína.

* * *

Gil e Caetano já estavam vivendo em Londres havia seis meses quando fizeram o primeiro show juntos em um palco da cidade. Guilherme Araújo chegou a resistir ao convite do pianista e compositor Sérgio Mendes para que os dois baianos dividissem um show com ele no Royal Festival Hall. O empresário achava que ainda era um pouco cedo para a estreia de ambos, especialmente de Caetano, que andava pouco motivado pela música, mas a insistência de Mendes acabou vencendo.

Em Londres: Caetano esboça um raro sorriso no exílio, ao lado de Sandra, em 1970.

Vida calma: na janela da casa londrina, Dedé conversa com Rodrigo, irmão de Caetano.

O show aconteceu na primeira semana de março de 70. Com o teatro lotado por 2.500 pessoas, Gil e Caetano apresentaram oito canções, acompanhados pelo Nucleous, um conjunto local bem mais afinado com o jazz do que com música pop. O número favorito da plateia foi uma versão bem livre de "Asa Branca", o clássico de Luiz Gonzaga e Humberto Teixeira, para surpresa dos próprios baianos, que foram aplaudidos por alguns minutos. Já os críticos preferiram a música de Sérgio Mendes e seu Brasil 66. Sugeriram que Caetano e Gil ainda não estavam muito familiarizados com o gosto europeu e que precisariam aprimorar o domínio do inglês.

Dois meses depois, logo após o nascimento de Pedro (primeiro filho de Gil e Sandra), os casais decidiram morar separados. Depois de passarem quase um ano com a casa repleta de amigos e conhecidos, essa foi a solução encontrada para conseguirem um pouco mais de privacidade. Gil, Sandra e o bebê foram morar em uma casa na Kensington Park Road, na área de Notting Hill Gate e da Portobello Road. Caetano e Dedé mudaram-se para uma casa próxima, na Elgin Crescent.

Nessa época, Gil já se sentia bem à vontade em Londres. Decidido a dominar de vez o idioma do pop-rock, comprou sua primeira guitarra, uma Gibson 335, na mesma loja da Shaftesbury Avenue em que Eric Clapton comprava as suas. As frequentes idas a casas de shows e clubes de jazz começaram a render contatos e amizades com músicos locais e estrangeiros. Nessas ocasiões, costumava levar o violão ou um bongô e, sempre que tinha chance, não negava fogo nas *canjas*. Foi assim que conheceu David Gilmour, guitarrista do Pink Floyd, durante uma *jam session*, no palco do Revolution. Nesse mesmo lugar, meses depois, na noite de *réveillon* de 71, tocou ao lado da cantora e atriz norte-americana Eartha Kitt.

Mesmo quando era apenas um espectador, só o fato de estar ali, vendo e ouvindo algumas das melhores bandas e músicos de rock de todos os tempos, como os Rolling Stones, Jimi Hendrix, Derek and the Dominos (a meteórica banda comandada por Eric Clapton) ou John Lennon and The Plastic Ono Band, já funcionava como um curso superior de música pop. Entre as dezenas de grandes bandas e grupos que conheceu ao vivo, em apresentações no Marquee, na Round House ou no Speakeasy, Gil gostava especialmente do trabalho musical da banda inglesa Traffic, de cujo baterista, Jim Capaldi, até se tornou amigo.

Esse intensivo curso musical não se resumiu apenas à música pop. Gil também costumava frequentar o Ronnie Scott's, o mais tradicional clube de jazz britânico, onde ouviu grandes astros do gênero, como o *band*

Underground: Gil, na entrada de uma estação do metrô londrino, em março de 1971.

leader Sun Ra e sua Arkestra, o saxofonista Rahsaan Roland Kirk e a banda Weather Report. Com esta, também chegou a participar de uma *canja*, tocando violão e percussão ao lado de Wayne Shorter, Joe Zawinul, Miroslav Vitous e do baterista brasileiro Dom Um Romão.

Embora em doses menores, Caetano também fez seu estágio em música pop durante o exílio. Junto com Gil e outros amigos brasileiros, foi aos dois festivais da ilha de Wight. No primeiro, viram Bob Dylan e The Band. No segundo, quando assistiram a shows de Jimi Hendrix, Miles Davis, Joni Mitchel, The Who e Emerson, Lake and Palmer, Caetano e Gil participaram de uma espécie de *jam session*, que também incluiu os músicos brasileiros Arnaldo Brandão e Gustavo (que mais tarde veio a ser baterista do grupo A Cor do Som).

Na verdade, Caetano se envolveu bem menos que Gil com a cena musical londrina. Excitado mesmo só ficou com Jimi Hendrix ("Não saio daqui enquanto vocês todos não estiverem ligados", disse o guitarrista norte-americano, em Wight), Richie Havens e os Rolling Stones, que chegou a ver em duas ocasiões. De resto, as bandas de rock o deixavam meio entorpecido. Não gostou muito do show de David Bowie, ficou com sono ao ouvir o som psicodélico do Pink Floyd e entediado com o barulhão do Led Zeppelin. No meio dos concertos de rock, geralmente sentia saudades do Carnaval da Bahia.

Caetano divertia-se mais indo ao cinema. Frequentava o Electric Cinema, onde viu muitos filmes malucos e alternativos, além de *Zabriskie Point*, de Michelangelo Antonioni; *The Wild Bunch*, de Sam Peckinpah; *Morte em Veneza* e *Os Deuses Malditos*, de Luchino Visconti. Também gostava de ir a parques, especialmente ao Hampstead Heath (parque que ambienta o filme *Blow-Up*, de Antonioni) e ao Hyde Park. Depois que se mudou para Notting Hill Gate, costumava ir com Péricles Cavalcanti ao Holland Park.

Contando basicamente com os direitos autorais que recebiam do Brasil, Caetano e Gil voltaram a viver com um orçamento bastante modesto durante o exílio londrino: menos de 1.000 dólares por mês. Naquela época, a legislação brasileira impunha um limite mensal de 300 dólares por pessoa para remessa de dinheiro a residentes no exterior. Léa Millon, tia de Dedé e Sandra, que ficou administrando os rendimentos de Gil e Caetano no Brasil, tinha que se desdobrar para fazer o dinheiro chegar à Inglaterra. Todos os meses, precisava enviar cinco ou seis remessas no valor de 300 dólares, endereçadas pessoalmente a Caetano, Gil, Dedé, Sandra, além de eventuais amigos que estivessem por lá. Como cada cidadão brasileiro só podia fazer uma remessa por mês, Léa era obrigada a pedir a diferentes pessoas que assinassem os papéis, com o risco de ficarem visadas pelo leão da Fazenda. O economista Rômulo de Almeida, o doutor Nelson Motta (pai de Nelsinho) e o advogado Hélio Saboia foram alguns dos amigos de Léa que ajudaram os baianos.

* * *

As rádios de Salvador não pararam de tocar canções de Caetano Veloso naquele 7 de janeiro de 1971. Da antiga "Um Dia" à novíssima "London, London", passando pela inevitável "Alegria, Alegria", as emissoras soteropolitanas festejavam dessa maneira o retorno do compositor à Bahia, depois de um ano e meio fora do país. Na verdade, não se tratava de volta definitiva, mas apenas uma visita devidamente permitida pelas autoridades militares. Com a intermediação de Benil Santos, seu empresário, Maria Bethânia conseguira a autorização para que o irmão pudesse assistir à missa comemorativa das bodas de rubi de seu Zezinho e dona Canô, casados havia 40 anos.

Na véspera, quando desembarcou no Aeroporto Internacional do Galeão, no Rio de Janeiro, Caetano não imaginava o tipo de recepção que o esperava. Mal o avião aterrissou, ainda na pista foi abordado por policiais, que o fizeram entrar em um fusca, deixando Dedé atônita. Levado para um aparelho clandestino do Exército, na avenida Presidente Vargas, Caetano foi interrogado durante seis horas. Entre várias intimidações, os militares chegaram até a chantageá-lo, dizendo que só o soltariam se ele fizesse uma canção favorável à construção da rodovia Transamazônica.

Caetano precisou de muito tato e sangue frio para conseguir se safar da situação. Para intimidá-lo mais ainda, chegaram a citar nomes de artistas conhecidos, dizendo que eles seriam dedos-duros infiltrados na classe artística. Ao final do longo interrogatório, deixando transparecer que estavam preocupados com o que o compositor pudesse dizer à imprensa, os militares fizeram uma lista de imposições: Caetano só poderia dar entrevistas por escrito, estava impedido de raspar a barba ou cortar o cabelo durante sua estadia no país e teria que fazer uma apresentação na TV determinada por eles.

Se saíra de Londres pensando que a licença para entrar no Brasil poderia ser o primeiro passo para sua volta definitiva ao país, depois da "calorosa" recepção no aeroporto, Caetano mudou de ideia. Em Salvador, ele e Dedé perceberam logo que estavam sendo espionados todo o tempo. No dia em que resolveu dar um passeio em uma fazenda, fora do perímetro urbano da cidade, Caetano não só foi seguido, como teve que explicar na sede da Polícia Federal porque havia deixado a cidade sem permissão. Por essas e outras, em sua compulsória aparição no programa *Som Livre Exportação*, na TV Globo, em 4 de fevereiro (três dias antes de retornar a Londres), Caetano cantou somente o samba "Adeus Batucada" (de Sinval Silva). Um adeus que também valia para seus planos de voltar logo a viver em seu país.

* * *

Quando Gil começou a planejar com Julinho Bressane uma viagem por um deserto, Sandra até pensou em acompanhá-los. Porém, acabou concluindo que o pequeno Pedro, então com pouco mais de seis meses de idade, não teria condições de participar da aventura. Assim, Sandra decidiu ir ao Brasil com o filho, para apresentá-lo à família e aproveitar um pouco o verão. Afinal, imaginou, não tinha problema algum com os militares ou a polícia brasileira.

Já no Rio, depois de ter encontrado Dedé e Caetano em Salvador, Sandra não desconfiou de nada quando uma garota que conhecera no show de Gal Costa foi à casa de sua avó, minutos antes da saída para o aeroporto, pedir que ela levasse uma carta até Paris. Assim que entrou na área de embarque do Galeão, Sandra foi logo interceptada por policiais, que agiram como se já soubessem que ela tinha algo na bolsa. Assinada por detentos da penitenciária de Santa Cruz, a carta era, na verdade, dirigida a Caetano e Gil. Nela, os prisioneiros pediam aos dois exilados que ajudassem a denunciar as torturas no país, incluindo nomes de várias vítimas.

Sandra foi detida na hora e levada a uma sala do aeroporto, junto com o filho. Ao interrogá-la, os policiais a trataram como uma típica militante: queriam saber a que organização ela pertencia, suas ligações e atividades políticas. Com medo de que o caso fosse uma armadilha para prender Gal, Sandra achou melhor esconder como conhecera a garota que lhe deu a carta. Sem obter informação alguma, os sujeitos levaram a garota e seu filho para uma espécie de cela, que ficava embaixo da pista do aeroporto. Quando disseram que iriam levar Pedro para entregá-lo à família, Sandra resistiu. Disse que o filho nascera em Londres e exigiu a presença de alguma autoridade do consulado britânico.

O calor e o barulho na cela eram infernais. Sandra passou boa parte do tempo dando banhos em Pedro, numa pequena pia, com medo de que ele ficasse desidratado. Além dos ruídos da pista do aeroporto, Sandra chegou a ouvir gritos de presos, torturados em outras dependências do lugar. Apavorada, depois de pedir algumas vezes aos guardas que a deixassem ir ao banheiro, despertou novas suspeitas. Levada a uma sala, quando viu o pau de arara Sandra entrou em pânico. Primeiro, os policiais ameaçaram torcer o braço de Pedro. Depois disseram que Caetano seria preso novamente por causa da carta:

"Entrega o que você tem aí", gritavam, achando que ela teria alguma coisa escondida no corpo.

Já aos prantos, Sandra ainda tentou uma última cartada:

"Vocês não sabem com quem estão mexendo. Minha família é toda de militares", disse, antes de ser violentada.

Só no dia seguinte ela foi solta. Ao saber da prisão, a família conseguiu acionar um parente, ligado ao SNI, que conseguiu libertá-la. Sandra nem quis retornar para a casa da avó. Com o filho no braço, embarcou no primeiro voo para fora do país.

* * *

Caetano já tinha começado a preparar um disco, quando viajou para o Brasil, em janeiro de 71. Ao tentar que a Philips inglesa produzisse os novos trabalhos dos baianos, André Midani percebeu que a companhia não se interessara pela ideia. Assim, resolveu colocá-los em contato com Ralph Mace, um pianista e produtor que acabara de deixar a Philips para trabalhar em uma nova gravadora, a Famous Records.

Mace ficou impressionado com o talento musical de Caetano e Gil logo no primeiro encontro. Mesmo achando que o fato de as canções de ambos serem diferentes dos padrões da música pop (mais ainda no caso de Caetano) dificultaria a aceitação pelo conservador público britânico, sem falar no problema das letras em português, acabou convidando-os a gravar uma fita demo. Obviamente, com o conselho de que deveriam compor mais canções em inglês. O interesse do produtor animou Caetano, que até voltou a pensar em criar novas canções.

Gil, por seu lado, estava praticamente pronto para gravar. Além de ter composto suas primeiras canções em inglês, tinha planos de formar uma banda. Nessa época, já costumava tocar em duo com Chris Bonett, um baixista australiano que conhecera numa *jam* e se tornara seu amigo. No entanto, Mace não aprovou a ideia de fazer o disco com uma banda. Reservou o estúdio Chappell's, na Bond Street, e, sem que Gil soubesse que já estava fazendo a gravação definitiva, pediu que ele tocasse as bases das canções escolhidas para o disco só com o violão. Em seguida, Gil gravou os vocais e até algumas percussões. Só então é que entraram o baixo

Tropicália 277

"London, London": a atriz Maria Gladys e Gil no show de lançamento do álbum de Caetano Veloso em Londres, 1971.

de Chris Bonett e a guitarra elétrica de Mick Ronson (este sugerido por Mace, para tocar em apenas duas canções).

Das oito faixas do LP *Gilberto Gil*, todas relativamente longas para o padrão radiofônico da época, a única não assinada pelo baiano era "Can't Find My Way Home", canção de Steve Winwood (da banda Traffic), que recebeu uma versão bastante pessoal de Gil. "The Three Mushrooms", "Babylon" e "Crazy Pop Rock" marcavam o início da parceria com o escritor, cantor e violinista Jorge Mautner — um *expert* em questões de contracultura. Como intérprete, na melhor tradição do blues e do rock n'roll, o canto de Gil era gritado, carregado de *feeling*. O sotaque particular dos vocais e das letras — certamente detectado pelos britânicos — não impedia que o álbum se enquadrasse no universo da música pop.

Se temas como solidão e tristeza faziam parte do álbum de Gil, temperando os ritmos mais animados de canções como "Crazy Pop Rock" e "Nêga (Photograph Blues)", o disco de Caetano já se mostrava contaminado pela melancolia e depressão que o compositor vivera durante o primeiro ano e meio de exílio — uma atmosfera pesada que a capa do álbum só reforçava, graças à foto de Caetano, barbado e encolhido de frio.

Uma a uma as canções pintavam um quadro pungente. Caetano já abria o disco escancarando a tristeza do exílio, em "A Little More Blue", que incluía a lembrança do dia da prisão, no Rio de Janeiro. Em "London, London", falava da solidão do cotidiano vivido em outro país. "Eu não vim aqui para ser feliz", confessava em seguida, na letra de "If You Hold a Stone". Depois, abordava mais uma vez o tema da prisão, em "In the Hot Sun of a Christmas Day" (parceria com Gil). E fechava o disco com uma comovente versão de "Asa Branca", reforçando nas entrelinhas da letra a ideia de voltar ao Brasil — desejo que teve de sufocar por quase mais um ano.

Tropicália

A volta: Caetano, em 1972, no primeiro show em Salvador após seu retorno do exílio.

18.
DE VOLTA À BAHIA

Era uma simples apresentação em um *night club* londrino, mas Gil sentia que aquela noite — 19 de março de 71 — tinha um significado bastante especial. Apesar de já haver se apresentado na cidade um ano antes, ao lado de Caetano e Sérgio Mendes, Gil considerava aquele show no Marquee Club sua verdadeira estreia em Londres. Afinal, depois de um ano e meio na cidade, era a primeira vez que ia entrar num palco empunhando uma guitarra elétrica, à frente de um grupo que ele mesmo formara. Sem falar em outro detalhe importante: o Marquee era um histórico ponto de encontro da vanguarda pop inglesa, onde até os Rolling Stones tinham começado.

A formação do trio de Gil era bastante recente. O baterista baiano Tutty Moreno desembarcara em Londres no início de janeiro, somente com a cara, a coragem e Ina, sua mulher. Gil, que conhecia Tutty vagamente de Salvador, vislumbrou logo ao encontrá-lo a chance de formar o grupo que planejava desde que começara a tocar com o baixista Chris Bonnet. Como Tutty chegara sem instrumento, obrigado a vendê-lo para comprar a passagem de avião, Gil não teve dúvidas: levou o novo parceiro a uma loja especializada e o presenteou com uma bateria.

A temporada no Marquee — outros shows aconteceram em quatro domingos posteriores — deu início a uma série de apresentações do grupo, incluindo também cidades do interior da Inglaterra, alguns concertos na Suíça e, mais tarde, na França. Em sua primeira experiência real como *band leader*, depois das breves parcerias com os Mutantes e os Beat Boys, Gil estava prestes a sofrer uma grande — e definitiva — transformação como músico e artista.

* * *

Um pouco mais animado, Caetano já estava envolvido com um novo trabalho quando seu disco foi lançado pela Famous Records no mercado inglês, no início de junho. Três meses antes, ele também decidira formar uma banda. Escreveu para o Brasil, convidando o violonista carioca Jards Macalé e o baixista baiano Moacyr Albuquerque a formarem o grupo com o baterista carioca Áureo de Sousa, que já estava vivendo em Londres.

Macalé e Caetano eram amigos desde 1965, época em que se conheceram no Rio de Janeiro. Quando recebeu o chamado para ir a Londres, Macalé atravessava um período bastante difícil. Graças à repercussão negativa de sua aparição no FIC, com a canção "Gotham City", sofreu um cerrado boicote profissional. Mesmo assim, Macalé relutou muito em aceitar o convite de Caetano. Já com as passagens na mão, dias antes do embarque, chegou mesmo a desistir — só terminou viajando por causa da insistência de Gisêlda, sua mulher. A chegada à casa dos Veloso, em Notting Hill Gate, também não foi das mais promissoras: Macalé passou dias trancado no quarto, sem querer falar com ninguém. Caetano já sabia que Macalé tinha algumas esquisitices, mas não entendeu bem o que estava acontecendo. Porém, aos poucos os dois voltaram a estabelecer um diálogo e, finalmente, começaram a trabalhar.

Depois de algumas semanas de ensaio, no salão de uma igreja próxima ao Camden Market que Guilherme Araújo alugara, o quarteto começou a fazer algumas apresentações em Zurique, Amsterdã e Londres. Com arranjos assinados por Macalé, o novo trabalho incluía versões de clássicos da música popular brasileira, como "Aquarela do Brasil" (de Ari Barroso) ou "Mora na Filosofia" (de Monsueto), além de canções inéditas de Caetano. Misturando português e inglês, as novas letras já refletiam, de certo modo, uma leve melhora no *astral* do compositor.

"Música popular é uma coisa mais ou menos inculta, e o tipo de literatura que ela exige é uma literatura que não precisa de muita erudição. Então eu mando a minha brasa no *inglesinho* brasileiro", dizia Caetano, ironizando seu inglês ainda deficiente, numa entrevista à Rádio Suíça Internacional, em 22 de junho de 1971, logo após o primeiro concerto oficial da banda, em Zurique.

Ainda nessa entrevista, a inevitável pergunta sobre a influência e o destino do Tropicalismo serviu para que Caetano fizesse uma breve e incisiva avaliação do movimento, quase dois anos após seu afastamento do país:

"Acho que a única coisa que o Tropicalismo fez, realmente, foi trazer uma visão crítica ao estado em que a música brasileira se apresentava no momento em que o Tropicalismo apareceu — não só uma visão crítica desse momento, como de toda a história da música brasileira. Foi bem mais uma tentativa de oferecer um número de referências críticas em relação à música brasileira do que apresentar uma forma nova. A bossa nova, por exemplo, era crítica, mas era principalmente a criação de uma nova forma de fazer música, enquanto que a nossa coisa foi muito mais ligada à crítica do que a uma nova bossa. Nós nunca tivemos uma bossa diferente. O que nós tivemos foi uma visão crítica diferente, nada mais. E essa foi a influência que o Tropicalismo trouxe: uma radicalização da crítica."

* * *

"Caetas, estou aqui com Gracinha. Venha hoje mesmo para cá, porque a gente vai gravar um programa. Você tem que cantar com a gente!"

Caetano assustou ao receber o telefonema de João Gilberto. Maior ainda foi a surpresa ao ouvir o convite — ou melhor, uma carinhosa intimação — para que ele fosse imediatamente ao Brasil. O mestre da bossa não se apresentava no país havia quase dez anos e, ao aprovar o projeto de gravar um especial de TV, queria que seus discípulos participassem de qualquer maneira do programa. Atônito, Caetano ainda tentou explicar que não poderia retornar tão cedo ao país, depois de todos os problemas que tivera com a polícia, seis meses antes, mas João nem o deixou terminar. Num rasgo de clarividência, o cantor vaticinou:

"Caetas, ouça bem o que eu estou lhe dizendo. É Deus que está mandando eu lhe chamar. Você vai tomar um avião, vai chegar aqui e só vai encontrar sorrisos. Nem na Alfândega vão lhe parar. Ninguém vai lhe dizer nada! Todos vão sorrir pra você! Os brasileiros te amam, Caetas!"

A certeza demonstrada por João era tão impressionante que Caetano decidiu apostar na intuição de seu guru musical. Acompanhado por Dedé, tomou o primeiro voo disponível, desembarcando no aeroporto do Galeão na manhã de 8 de agosto de 1971 — um dia depois de completar 29 anos. O presságio de João confirmou-se plenamente. Recebido com sorrisos e gentilezas, inclusive pelas autoridades da Alfândega, Caetano custou a acreditar no que estava vendo:

"João é um mago", comentou com Dedé.

Poucas horas depois, o casal embarcou em um voo para São Paulo. O programa foi gravado naquela mesma noite, nos estúdios da TV Tupi, no Sumaré, onde aconteciam as gravações do tropicalista *Divino, Maravilhoso*. Na plateia, excitados com o histórico encontro, estavam Rogério Duprat, Augusto de Campos, Décio Pignatari, Júlio Medaglia e Tom Zé, entre outros amigos e conhecidos dos baianos, além de muitos fotógrafos e repórteres.

"Gal, é inacreditável! É maravilhoso demais a gente estar aqui, junto com João Gilberto. Esse cara é bom demais. Esse cara é demais, Gal!", exultava Caetano, ameaçando chorar.

Foram seis horas de gravação, que terminaram com o mestre e seus discípulos cantando "Saudade da Bahia" (de Dorival Caymmi). No mais, João revisitou seu repertório clássico, de "Desafinado" a "Chega de Saudade". Entre outras, Gal lembrou "Falsa Baiana" (de Geraldo Pereira) e "Saudosismo", a homenagem a João composta por Caetano. E este mostrou canções mais recentes da safra londrina, como "De Noite na Cama" e "A Tua Presença", além da original versão de "Asa Branca". Acompanhando Caetano e Gal em alguns números, também estava o talentoso guitarrista Lanny Gordin, que já vinha participando dos últimos discos da cantora.

Como era de se esperar, as maiores surpresas da noite ficaram por conta de João Gilberto. Minutos depois do início da gravação, incomodado com a agitação na plateia e o grande número de fotógrafos presentes, exigiu que o estúdio ficasse vazio: "Afinal de contas, o Caetano pegou um avião *de verdade* para vir para cá", justificou, muito sério.

Já por volta das onze da noite, João fez um inesperado convite: queria que Caetano jogasse uma partida de pingue-pongue com ele — privilégio que só costumava conceder aos amigos mais íntimos.

Graças ao encontro com João, somado ao fato de não ter sido incomodado por qualquer autoridade policial ou militar durante as duas semanas que passou no país, Caetano voltou a Londres sentindo-se muito melhor, já com planos de voltar para o carnaval. De certo modo, teve sorte também ao não poder assistir à edição final do programa, que foi ao ar somente em 29 de setembro.

João viu e ficou furioso. Indignado com a redução das 6 horas de gravação para um programa de apenas 2 horas e meia, sem falar nos cortes abruptos para as entradas de dezenas de comerciais (incluindo uma "sensacional quinzena de tapetes da Eletroradiobrás"), o mestre da bossa chegou a pedir a Fernando Faro, minutos antes da transmissão, que refizesse toda a versão montada por Álvaro Moya. Solidário, mas sem poder fazer mais nada, Faro tirou seu nome dos créditos do programa (cujos teipes, por sinal, já não existem mais). Um final frustrante para um evento tão notável para a música popular brasileira.

* * *

A notícia espalhou-se rapidamente entre a turma do Píer, que quase não falou em outra coisa durante aquela ensolarada terça-feira, dia 11 de janeiro de 72. Caetano Veloso tinha desembarcado pela manhã, no Aeroporto Internacional do Galeão, com a intenção de ficar definitivamen-

O mestre e os discípulos: João Gilberto, Caetano e Gal, durante a gravação do especial na TV Tupi, em 8 de agosto de 1971.

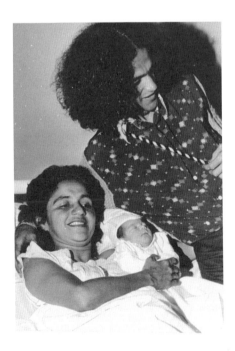

Sobrinha de futuro: Caetano, ao visitar a recém-nascida Belô, filha da irmã Mabel, em agosto de 1971.

te no país. E isso era só o começo: três dias depois, ele já estaria entrando no palco do Teatro João Caetano para abrir sua primeira turnê pelo Brasil desde que fora exilado. Justamente nesse dia, Gilberto Gil também chegou ao Rio de Janeiro, em sua primeira visita após ter deixado o país.

Aquele foi o mais animado dos três verões que durou o folclórico Píer de Ipanema — uma horrenda armação com pilastras de madeira e tubulações de concreto, que avançava 200 metros mar adentro, entre as ruas Farme de Amoedo e Teixeira de Melo. Na verdade, não se tratava de um píer com a função de cais acostável, mas sim um emissário submarino destinado a lançar detritos no Oceano Atlântico.

De início, houve protestos dos moradores da região: além de sua função antiecológica, o Píer também agredia a beleza da praia. Porém, quando os surfistas do Arpoador descobriram que as tubulações provocavam ondas mais fortes, perfeitas para se divertirem com suas pranchas, o Píer se transformou no lugar da moda. Virou ponto de encontro não só da juventude dourada carioca, mas de centenas de artistas e intelectuais que o transformaram em um descontraído polo de resistência contra a *caretice* dos tempos da ditadura militar. Ali quase tudo era liberado: das tangas e sungas microscópicas às conversas mais politizadas, devidamente acompanhadas por *baseados*, LSD e outros aditivos alucinógenos. Enfim, uma pequena zona franca de desbunde, em meio ao conservadorismo do Brasil dos anos 70.

Não foi à toa que o Píer de Ipanema passou a ser conhecido, tempos depois, como Dunas do Barato ou Dunas da Gal. Quando saía de sua casa, na Farme de Amoedo, para tomar sol na praia, Gal Costa costumava estender sua toalha em cima de um monte de areia bem ao lado do Píer. A homenagem era compreensível: se já era considerada a musa da geração tropicalista, no início de 72 Gal tornara-se um mito sexual. Ainda mais depois de estrear o show *Gal a Todo Vapor*, no Teatro Teresa Raquel, que se transformou no grande acontecimento musical daquele verão no Rio de Janeiro.

Com direção de Waly Salomão, a novidade do espetáculo já começava pelo cenário de Luciano Figueiredo e Oscar Ramos, na verdade, um experimento em visualidade: as palavras-destaque "fa-tal" e "violeto" (extraídas de um poema de Waly, que na época preferia ser conhecido como Waly Sailormoon) apareciam pintadas no chão do palco e em grandes faixas coloridas. O impacto prosseguia com a guitarra desvairada de Lanny Gordin, também autor dos arranjos. E chegava ao máximo com as emocionantes interpretações de Gal para sambas clássicos, como "Antonico" (de Ismael Silva) e "Falsa Baiana" (Geraldo Pereira), ou obras-primas do pop brasileiro dos anos 70, como "Pérola Negra" (Luiz Melodia), "Vapor Barato" (Macalé e Waly Salomão) e "Hotel das Estrelas" (Macalé e Duda Machado), todas devidamente registradas no álbum *Gal a Todo Vapor*.

Também não faltaram surpresas no concerto que marcou a volta de Caetano — apresentado de 14 a 17 de janeiro, no Teatro João Caetano, e nos dias 18 e 19, no Tuca, em São Paulo. Quem esperava reencontrar o mesmo Caetano irreverente e até agressivo dos tempos tropicalistas, sentiu logo a diferença. Tocando violão, com uma segurança que jamais demonstrara antes no país, ele abria o show com "Bim-Bom", o baião-bossa nova de João Gilberto, numa versão que durava quase dez minutos. E prosseguia com o samba "Nada de Novo", de Paulinho da Viola. Em vez de recorrer aos discursos e *happenings* do passado, Caetano deixou claro que as canções passariam a falar por ele.

No repertório desse show, recheado por canções de Roberto Carlos, Chico Buarque e Dorival Caymmi, já apareciam as novas composições incluídas no LP *Transa*, que Caetano, Macalé, Moacyr Albuquerque, Áureo de Sousa e Tutty Moreno tinham gravado em Londres, quase como um álbum ao vivo, pouco antes de viajarem para o Brasil. Também produzido por Ralph Mace, com belos arranjos de Macalé, esse disco — lançado aqui em abril de 72 — é considerado pelos críticos como um dos melhores trabalhos da carreira de Caetano, opinião que ele subscreve.

Os meses de ensaios em Londres, seguidos por apresentações na Suíça, Holanda, França e Inglaterra, trouxeram não só maior consistência ao som da banda, como também ajudaram a desenvolver a performance de palco de Caetano. Se deixara o país sentindo-se ainda pouco mais que um amador, ele voltara como um intérprete profissional de música popular brasileira, capaz de enfrentar uma grande plateia sozinho, apenas com seu violão. Longe do Brasil, cantando para plateias desconhecidas, Caetano conseguira enfrentar e dominar o nervosismo que muitas vezes prejudicara seus shows e gravações no início da carreira.

Durante aqueles últimos meses, especialmente depois de se apresentar ao lado de João Gilberto, episódio que aumentou bastante sua autoconfiança, Caetano encontrara enfim seu caminho: pela primeira vez assumiu que ia se dedicar à música como profissional. E para quem tinha ainda alguma ilusão de que ele voltaria ao país decidido a resgatar a condição de líder que assumira na época da Tropicália, em uma entrevista à revista *Veja*, ele afirmou com todas as letras:

Tropicália

"Eu não quero assumir nenhum tipo de liderança. Quero só cantar as minhas músicas, para as pessoas verem que continuamos cantando e trabalhando. Não existe mais nenhuma esperança de organizar as pessoas em torno de um ideal comum."

* * *

O amadurecimento de Gil como músico também era bem evidente durante a turnê por oito capitais do país que ele iniciou na primeira semana de março. A escolha de Recife para abrir a série de concertos tinha um significado muito especial para Gil. Afinal, fora na capital pernambucana, no início de 67, que ele vislumbrara pela primeira vez o caminho musical que acabou conduzindo o grupo baiano à Tropicália.

O público que acompanhou Gil em sua volta aos palcos brasileiros sentiu a transformação de imediato: no lugar do cantor e violonista via-se surgir um verdadeiro *band-leader*. Em Londres, além de ter aprimorado mais sua técnica instrumental, Gil aprendera a dominar também a guitarra elétrica. Do velho banquinho que usara por tantos anos para apoiar o violão, Gil saltara para o centro do palco, ereto, empunhando sua guitarra, como um líder nato.

A euforia desencadeada pela possibilidade de retornar ao Brasil foi tamanha, que Gil chegou até a interromper as gravações do que viria a ser seu segundo álbum inglês. Cinco ou seis faixas chegaram a ser gravadas, em Londres, mais uma vez com a produção de Ralph Mace, mas Gil jamais chegou a concluir esse trabalho. A saudade e o consequente envolvimento com a nova realidade do país, que começara a sofrer lentas mudanças políticas, falaram mais forte.

Ao desembarcar no Rio de Janeiro, com Sandra, o filho Pedro e três guitarras, Gil não escondera sua necessidade de reabastecer as antenas musicais com um banho de raízes. Logo ao descer do avião, disse que estava ansioso para se encontrar com Paulinho da Viola e Martinho da Vila. Também não via a hora de poder dar um beijo em Luiz Gonzaga, seu ídolo desde a infância, cujos discos passava horas ouvindo em Londres. Pouco depois, numa longa entrevista a Júlio Hungria, publicada no *Jornal do Brasil*, em 15 de janeiro 72, Gil escancarava suas inquietações:

"Vi tudo, vivi tudo, o sonho acabou, os anos 60 passaram, a música levou tudo às últimas consequências. Bem, então agora eu vou ver o que é que sobrou, o que é que eu sou, o que é que eu posso. Eu sou músico? Então o que é que eu toco? Que tipo de música eu faço? Eu sou cantor? Então que tipo de coisa eu canto? Eu sou de algum lugar? Então de onde

À vontade: Gil e Gal em Paris, onde o compositor fez algumas apresentações, em dezembro de 1971.

Canja: o baterista Tutty Moreno, que acompanhou Gil e Caetano durante 1971, em uma exibição no festival de Glastonbury.

eu sou? Minha música tem alguma raiz? Quais são elas? Essas são as perguntas que vêm povoando o meu trabalho, eu diria, de um ano, um ano e pouco para cá. Resultados? Tenho já alguns. Eu sei hoje, por exemplo, que eu toco violão diferente do que eu tocava há uns três anos. Melhor? Não sei. Mais rico? Eu diria sim. Encontrei as raízes? Sim. E eu diria que estou mais próximo. Sou muito nordestino, sou muito popular, sou bem pop, sou cantor de feira, sou cantador. A distância do Brasil me ajudou a chegar a isso. A distância ampliou o quadro e eu pude ver melhor. Eu pude entender mais profundamente."

Uma transparência semelhante era revelada por Gil em seu concerto da volta, que começava com a vibrante "Back in Bahia". Feita durante o retorno do compositor à Bahia, logo após uma festa na casa da família de Caetano, em Santo Amaro da Purificação, essa canção falava das saudades provocadas pelo exílio. Fundindo suas raízes nordestinas com o ritmo dançante do rock n'roll, Gil chegara a uma espécie de avesso do samba "Aquele Abraço", que marcara sua partida para o exílio.

Outra canção de grande impacto no show era "O Sonho Acabou". Gil a havia composto em junho de 71, em Glastonbury, no interior da Inglaterra, onde passara uma semana acompanhando um grande festival, o último da era *hippie*. Misturando bandas pop alternativas e gurus indianos, o evento tinha um assumido caráter esotérico, reforçado pela construção de uma grande pirâmide e demonstrações de aviões da British Air Force, que desenhavam signos do zodíaco no ar. Sentindo no ar o fim daquela era, Gil emprestou uma frase do beatle John Lennon (*"the dream is over"*) para expressar sua visão pessoal daquele momento.

Essa produção mais recente de Gil, que também destacava a reflexiva canção "Oriente", serviu de base para o LP *Expresso 2222*, lançado em julho de 1972. A presença da Banda de Pífaros de Caruaru, abrindo o disco com a instrumental "Pipoca Moderna", já dizia quase tudo. Gil conseguia enfim realizar o projeto que vislumbrara cinco anos antes ao receber o impacto direto da música de Pernambuco. Ironicamente, para que pudesse chegar ao irresistível forró movido a guitarra elétrica de "Sai do Sereno" (Onildo Almeida), Gil teve que passar não só pelo experimentalismo da fase inicial da Tropicália, como também viver o exílio em Londres, período em que aprendeu a tocar guitarra elétrica no próprio contexto da música pop. Só depois de conhecer por dentro os dois universos que desejava unir, ele pode realizar seu projeto original. O primeiro sonho tropicalista de Gil tinha enfim se concretizado.

* * *

O ano que marcou a volta de Caetano e Gil ao país já se aproximava do final quando surgiu a trágica notícia. Na manhã de 10 de novembro, Torquato Neto foi encontrado morto, estendido no banheiro de seu apartamento, na rua Mariz e Barros, no bairro da Tijuca. O poeta e letrista vedara a janela e as entradas de ar com um lençol e abrira o gás do aquecedor. Enquanto esperava a morte, escreveu um bilhete com letras desiguais e frases entrecortadas, que ocuparam três folhas de um caderno espiral. Terminava recomendando a quem o lesse que não acordasse o filho de 3 anos, que dormia no quarto ao lado:

FICO. Não consigo acompanhar a marcha do progresso de minha mulher ou sou uma grande múmia que só pensa em múmias mesmo vivas e lindas feito a minha mulher na sua louca disparada para o progresso. Tenho saudades como os cariocas do tempo em que eu me sentia e achava que era um guia de cegos. Depois começaram a ver e enquanto me contorcia de dores o cacho de bananas caía.

De modo q FICO sossegado por aqui mesmo enquanto dure. Ana é uma SANTA de véu e grinalda com um palhaço empacotado do lado. Não acredito em amor de múmias e é por isso que eu FICO e vou ficando por causa de este AMOR. Pra mim chega! Vocês aí, peço o favor de não sacudirem demais o Thiago. Ele pode acordar.

Na noite anterior ao suicídio, Torquato completara 28 anos. Ao sair com Ana Maria e alguns amigos, para comemorar seu aniversário, o poeta parecia contente. Só então Ana entendeu o sentido de algumas atitudes estranhas do marido, nas semanas anteriores à tragédia. Primeiro, Torquato começara a se desfazer de uma vasta coleção de literatura de cordel que possuía. Depois, passou a queimar a maioria de seus escritos, dos quais Ana conseguiu salvar alguns, às escondidas. Finalmente, o poeta quebrou sua máquina de escrever, dizendo que nunca mais iria voltar a usá-la.

As altas doses de álcool que Torquato consumia diariamente, já na época da Tropicália, certamente acentuaram o estado depressivo e autodestrutivo que passou a perturbá-lo nos últimos quatro anos de vida. Por vontade própria, chegou a procurar clínicas especializadas para se desintoxicar. Foram nove internações, no Rio de Janeiro e até em Teresina, no Piauí, onde nascera.

Já rompido com o Tropicalismo, logo após a decretação do AI-5, Torquato viajara com Hélio Oiticica para a Europa, onde passou alguns meses. Na volta, começara a se aproximar dos cineastas Júlio Bressane, Rogério Sganzerla e Ivan Cardoso, desafetos assumidos do Cinema Novo. Em 71, foi o protagonista de um filme em super-8 dirigido por Cardoso, intitulado *Nosferatu no Brasil*.

Numa época de muita censura, Torquato passou a atuar como um ferrenho militante da implantação da contracultura no Brasil. Seu veículo mais efetivo foi a coluna *Geleia Geral*, que assinou entre agosto de 71 e março de 72, na edição carioca do *Última Hora*. Caetano Veloso, Gilberto Gil, Gal Costa, Jards Macalé, José Carlos Capinan, Hélio Oiticica, José Celso Martinez Corrêa, os irmãos Augusto e Haroldo de Campos, Décio Pignatari, Waly Salomão, Novos Baianos e Luiz Melodia eram personagens frequentes em seus textos, ao lado de muitos "toques" com as últimas novidades do universo pop internacional ou da cena *underground* brasileira. Provocativo, Torquato comprou várias brigas. Denunciou as máfias dos direitos autorais no país. Desafiou o compositor Ataulfo Alves, que acabou se defendendo com o samba "Não Cole Cartaz em Mim". Enfrentou Glauber Rocha, Cacá Diegues e outros adeptos do Cinema Novo, ao se perfilar ao lado do cinema *underground* de Bressane, Sganzerla e Cardoso.

Pouco antes de morrer, protagonizou uma cena bastante reveladora de seu espírito polêmico e exaltado. Acompanhado por Ana, estava andando pela orla da praia de Copacabana, perto do Posto 6, quando cruzou com Jaguar, humorista do *Pasquim*. Nessa época, é bom lembrar, o semanário carioca já tinha começado a provocar e estigmatizar os tropicalistas, depois de abrir espaço para os textos de Caetano, enquanto este estava exilado. A princípio, era uma atitude debochada que, tempos depois, quase virou uma campanha contra os baianos.

Tudo aconteceu muito rápido. Com o dedo em riste, apontando para o nariz do humorista, Torquato atacou:

"Você não precisa de óculos, porque é cego de tudo!"

Antes que ele tivesse tempo de reagir, Torquato arrancou os óculos de Jaguar e pisou até esmigalhá-lo. Perplexo, o agredido nem conseguiu esboçar uma reação.

* * *

Até Guilherme Araújo era proibido de entrar no estúdio. Caetano exigiu privacidade e liberdade absolutas para fazer seu primeiro disco

"A pureza é um mito": Torquato Neto, na exposição de Hélio Oiticica, na Whitechapel Gallery, em Londres, no início de 1969.

individual após o exílio, cujas gravações começaram no final de setembro de 72. Acompanhado apenas pelos técnicos de som Marcus Vinícius e Flávio Augusto, Caetano trancou-se durante duas semanas em um moderno estúdio de 16 canais, o Eldorado — bem próximo do apartamento em que ele e Dedé haviam morado no auge da Tropicália, no centro de São Paulo. Explorando ao máximo a carta branca que recebera de André Midani, o chefão da Philips, Caetano mergulhou fundo no experimentalismo: gravou gritos, assobios e percutiu o próprio corpo; registrou sons de rua; inverteu e superpôs gravações; usou efeitos de estúdio e até tocou piano.

O LP *Araçá Azul* significou para Caetano uma relativa retomada do projeto de *Boleros e Sifilização*, disco abortado por causa de sua prisão, quatro anos antes. Quando se viu vivendo de novo no Brasil, livre para fazer o que quisesse, Caetano decidiu assumir um desafio: "Vou entrar no estúdio e inventar tudo na hora. Vou gritar, grunhir, fazer ruídos, tudo totalmente sem amarras", pensou consigo mesmo. Além de uma certa influência dos então recentes trabalhos experimentais do cantor Walter Franco e do instrumentista Hermeto Pascoal, a nostalgia das atitudes mais radicais da época da Tropicália orientou esse trabalho.

"Faça o que você quiser", disse Caetano a Rogério Duprat, ao convidá-lo a escrever o arranjo da faixa "Épico", única "encomenda" do disco. Mais uma vez, o maestro não negou fogo: explorou muito bem o contraste entre imponentes intervenções orquestrais e uma espécie de repente gravado por Caetano, nas calçadas da Avenida São Luís e da Rua Major Quedinho, em meio ao barulho dos automóveis. Mais experimental ainda era a faixa "De Conversa", composta por ruídos produzidos com o corpo e vocais superpostos de Caetano, que desembocavam em um trecho de "Cravo e Canela" (de Milton Nascimento e Ronaldo Bastos).

Inusitada também era a participação de Edith Oliveira — baiana que Caetano trouxera diretamente de Santo Amaro da Purificação, especialista em cantar sambas de roda do Recôncavo, acompanhando-se com um prato de louça e uma faca de cozinha. A voz ardida de Edith era mais um original ingrediente do disco, criando contraste com uma versão roqueira do samba "Eu Quero Essa Mulher" (Monsueto) ou com uma experiência concreta dedicada ao poeta Augusto de Campos, intitulada "De Palavra em Palavra".

Lançado no início de 73, *Araçá Azul* funcionou para Caetano como resgate pessoal da Tropicália. Ironicamente, porém, também rendeu ao compositor um recorde pouco desejável. Foi o disco com o maior número de devoluções no mercado brasileiro — fato que aconteceu na esteira do sucesso de vendas do LP ao vivo que Caetano e Chico Buarque gravaram juntos, poucos meses antes. Longe de atrair o grande público, a atitude e a lembrança da Tropicália trazidos pelo disco de Caetano pareciam incomodar, quatro anos após o enterro oficial do movimento. Definitivamente, os tempos já eram outros.

Reencontro feliz: depois de cantarem juntos no disco comemorativo *Tropicália 30 Anos*, Tom Zé, Gilberto Gil e Caetano Veloso gravaram o programa *Som Brasil* (TV Globo), em 11 de novembro de 1997.

19.
A HERANÇA TROPICALISTA

"O Tropicalismo quis e conseguiu ser uma chuva de verão que alagasse infinita enquanto durasse."

A metáfora de Capinan não se refere apenas à breve existência da Tropicália — um movimento mais ou menos organizado que, entre outubro de 67 e dezembro de 68, mal chegou a completar dois verões de vida. A imagem do alagamento sintetiza também a intenção principal dos tropicalistas, decididos a desafinar o tom hegemônico das canções de protesto e da MPB politizada em meados dos anos 60.

De certo modo, a Tropicália já nasceu como um movimento com a vocação para extinguir de vez os movimentos na música brasileira. Por isso, não demorou a promover seu próprio enterro — numa primeira tentativa, durante o abortado *Vida, Paixão e Banana do Tropicalismo*, especial de TV escrito por Capinan e Torquato Neto, e, em seguida, no programa *Divino, Maravilhoso*, comandado por Caetano Veloso e Gilberto Gil.

Para combater o aristocratismo musical da época, o apoio à Jovem Guarda e a conexão com a música pop internacional foram estratégicas para a vitória da Tropicália. O mesmo valia para a relação do movimento com Chacrinha, verdadeiro ícone tropicalista. O "velho guerreiro" era o exemplo mais perfeito de como se poderia atingir, ao mesmo tempo, dois segmentos tão diversos de público: as chamadas classes C e A.

Quem achou que os tropicalistas teriam a pretensão de superar a sofisticada bossa nova estava enganado. "Para se fazer o novo, não é preciso destruir o velho. O novo, por si só, pela importância do seu esforço, arrebenta o velho", explicava Gilberto Gil, já naquela época. Diferentemente da bossa nova, da qual eram discípulos assumidos, os tropicalistas tinha pouco a ver com a criação de novas formas musicais. Utilizando estilos e formas já existentes no repertório da música popular brasileira, o movimento estava mais interessado em expor e implantar uma nova atitude. Antes de tudo, sua intervenção era crítica.

Trinta anos após a eclosão de "Alegria, Alegria" e "Domingo no Parque", não há dúvida de que os efeitos da rebelde enchente tropicalista

Tropicália

foram bem mais abrangentes e duradouros do que poderiam imaginar, na época, aqueles que a consideravam um simples modismo oportunista. Caetano, Gil e Gal Costa foram rapidamente integrados ao veio principal da música popular brasileira. Alternando fases de maior ou menor popularidade, jamais saíram de cena. Além de continuarem produzindo discos e shows com regularidade, os três tropicalistas vêm servindo até hoje como modelos estéticos ou fontes de inspiração para compositores e intérpretes das gerações posteriores.

Até mesmo Chico Buarque, cujos sambas e canções ainda eram tomados no final dos anos 60 como antíteses do "som universal" tropicalista, acabou aderindo a certas liberdades estéticas propagadas pelo movimento, como fundir baião com rock ou mesmo se aproximar do blues. Elis Regina, quem diria, seguiu um caminho semelhante. Depois de liderar os emepebistas mais ortodoxos em seus confrontos com a Jovem Guarda na época dos programas *O Fino* e *Frente Única*, ela passou a incluir em seu repertório canções da dupla Roberto e Erasmo Carlos, junto com outras que Caetano e Gil lhe mandavam do exílio, antes mesmo que a década de 60 terminasse. Elis chegou até a gravar "Golden Slumbers", dos Beatles.

Sem o "alagamento" musical desencadeado pela Tropicália, também seria difícil imaginar, já no início da década de 70, um Milton Nascimento cantando "Para Lennon & McCartney", acompanhado por guitarras elétricas. Era o prenúncio do lendário Clube da Esquina, que lançou um original grupo de compositores mineiros, como Toninho Horta, Wagner Tiso, Lô Borges, Fernando Brant, Beto Guedes, Márcio Borges e Ronaldo Bastos.

A partir dos anos 70, a crescente eletrificação da música popular brasileira — instalada pelos tropicalistas, depois de ser deflagrada pela Jovem Guarda de Roberto Carlos— espalhou-se pelo país junto com uma abertura maior do mercado musical frente aos sotaques regionais. Do paraibano Zé Ramalho ao pernambucano Alceu Valença, passando pela dupla gaúcha Kleiton e Kledir, o pop e o rock continuaram sendo misturados, em maiores ou menores doses, aos ritmos nativos.

Inspirados nos "velhos baianos" da Tropicália e estimulados por ninguém menos que João Gilberto, os Novos Baianos investiram nas fusões plugadas com o frevo, o choro e o samba. Assim, abriram caminho para a expansão dos trios elétricos, responsáveis diretos por uma verdadeira reciclagem do carnaval da Bahia.

Também de inspiração tropicalista, a parceria de Jards Macalé com Waly Salomão (registrada no álbum *Aprender a Nadar*, em 1974) resultou na "linha de morbeza romântica", uma nova abordagem das canções dor de cotovelo. Luiz Melodia, Walter Franco, Jorge Mautner e Ney Matogrosso foram outros dos inúmeros compositores e intérpretes dessa década que se beneficiaram das conquistas tropicalistas.

Houve até quem rotulasse de neotropicalista a geração de músicos revelada em São Paulo, no final dos anos 70, que terminou mais conhecida como "vanguarda paulistana". Tendo o compositor Arrigo Barnabé (um paranaense de Londrina) como sua figura mais popular, tratava-se não de um movimento articulado, mas de um grupo de compositores e conjuntos musicais que costumavam se apresentar no já extinto teatro — e selo — Lira Paulistana.

Afinidades pessoais à parte, a chamada vanguarda paulistana era bem heterogênea. Arrigo, que chegou a estabelecer contato com os irmãos Campos e Décio Pignatari, começou misturando rock e procedimentos da música dodecafônica com o universo fantástico das histórias em quadrinhos. Por sua banda, a Sabor de Veneno, passaram as cantoras Vânia Bastos, Susana Sales e Tetê Espíndola, que mais tarde trilharam carreiras próprias. Ao lado de Arrigo surgiu ainda o baixista e compositor Itamar Assumpção, que depois de formar a banda Isca de Polícia seguiu por um caminho bastante original, fundindo elementos de reggae, soul, funk e ritmos brasileiros.

Diferente também era a concepção musical do Rumo, grupo que combinava material próprio com arranjos de clássicos de Noel Rosa e Lamartine Babo. Além dos vocais de Ná Ozzetti, que enveredou pela carreira solo posteriormente, outro toque original do grupo estava na utilização do canto falado, que o professor universitário e compositor Luiz Tatit experimenta em suas canções. Já o grupo Premê (Premeditando o Breque, originalmente) começou com formação de conjunto regional e passou a englobar instrumentos eletrificados, mas sempre manteve o humor e a sátira como suas marcas mais típicas. Mais próximo do deboche era o Língua de Trapo, grupo especialista em canções paródicas recheadas com muito escracho e teatralidade.

Talvez até por uma necessidade de afirmar suas diferenças frente à hegemonia da MPB nos anos 70, a onda roqueira que se estabeleceu no país ao longo da década de 80 tinha pouco a ver com a atitude estética dos tropicalistas. Afinal, a partir de 73, até os Mutantes abandonaram o deboche crítico e a convivência com os ritmos brasileiros, característicos de seus cinco primeiros anos. A saída de Rita Lee, que acabou se transformando na primeira-dama do rock nacional, e a adesão às firulas me-

Tropicália

299

galomaníacas do rock progressivo transformaram a banda paulistana em uma sombra de si mesma.

A década de 90 começou assistindo à irônica mas merecidíssima redescoberta de Tom Zé. Foi preciso que o produtor pop norte-americano David Byrne o apadrinhasse, para que o radical tropicalista de Irará tivesse a chance de voltar a gravar e a fazer shows, tanto no Brasil como no exterior. Duas décadas de forçado *underground* quase levaram Tom Zé a abandonar definitivamente a carreira.

Uma das novidades musicais mais excitantes desta década foi o surgimento do mangue-beat. Constituído por compositores e bandas de Pernambuco, que misturam ritmos locais, como o maracatu, o pastoril, a ciranda e a embolada, com hip-hop, funk, hardcore e outros ritmos do pop contemporâneo, esse movimento tinha como principal porta-voz o compositor e *band leader* Chico Science, tirado de cena prematuramente por um acidente automobilístico, no início de 97. Admitindo ter sofrido alguma influência musical da Tropicália, Chico ainda teve tempo para iniciar uma rápida parceria com Gilberto Gil, que viu seu sonho musical dos anos 60 ser revigorado nos anos 90. Essa tem sido, aliás, uma tônica desta década: os ritmos nativos estão na base de jovens bandas roqueiras de vários cantos do país, como as mineiras Virna Lisi e Pato Fu e a pernambucana Mundo Livre S/A.

Outro expoente da música pop brasileira nos anos 90, o percussionista e compositor baiano Carlinhos Brown é um declarado admirador da Tropicália. Antes de se tornar conhecido como o criador das bandas Timbalada e Bolacha Maria, ou autor de sucessos gravados por cantoras como Maria Bethânia e Marisa Monte, Brown já chamava atenção na banda de Caetano Veloso. Fundindo a riqueza dos ritmos afro-baianos com a universalidade do pop-rock, Brown é um escancarado exemplo de como a música produzida no Brasil pode ser apreciada nos mais diversos cantos do planeta.

Também não é difícil perceber influências tropicalistas na música de Chico César, autor e intérprete cujos vocais chegam a lembrar Caetano Veloso. Nas composições desse paraibano de Catolé da Rocha, os elementos do universo folclórico dos repentes, cirandas e carimbós costumam misturar-se com o rock, o pop ou mesmo ritmos africanos.

Foi reivindicando a condição de "órfãos da Tropicália", que um grupo de talentosos compositores do Rio de Janeiro se lançou, no início de 93. Misturando influências de Caetano, Gil e Mutantes, os compositores Mathilda Kóvak, Suely Mesquita, Pedro Luís, Antonio Saraiva, Luís

Capucho e Arícia Mess criaram, com uma boa dose de humor e oportunismo, a "Retropicália". Esse suposto movimento não chegou a decolar, mas através de gravações de cantoras como Fernanda Abreu e Rosana, ou do próprio Pedro Luís, as primeiras composições do grupo começaram a atingir um público mais amplo.

Na verdade, a Tropicália não deixou herdeiros diretos ou eleitos. Assim como as inovações musicais introduzidas pela bossa nova no final dos anos 50, as atitudes estéticas dos tropicalistas foram herdadas e usufruídas, em maior ou menor medida, por quase todos os artistas que se dedicaram à música popular brasileira durante as últimas três décadas.

Para aqueles que ainda sonham com um movimento que resgate o espírito renovador e a iconoclastia dos tropicalistas, a realidade do mercado musical brasileiro nos anos 90 indica que isso é algo bastante improvável. Os acordos comerciais que transformaram as programações das rádios e TVs em um jogo de cartas marcadas, no qual geralmente só faz sucesso o artista que estiver amparado por um maciço investimento financeiro, tornaram a ideia de um movimento espontâneo e rebelde algo quase impossível. Ainda assim, o exemplo da Tropicália permanece.

Outubro de 1997

AGRADECIMENTOS

O apoio da Bolsa Vitae de Artes foi fundamental para que eu pudesse me afastar das atividades diárias de jornalista durante o primeiro ano da pesquisa que resultou neste livro. Essencial também foi o contato permanente com Tárik de Souza, mestre e amigo, que contribuiu com observações valiosas e muitos itens de seu espantoso arquivo pessoal, sem falar no incentivo durante os momentos mais difíceis deste trabalho.

Minha gratidão vai também para Maria Sampaio, que abriu as portas de seu precioso arquivo (no simpático bairro do Chame-Chame, em Salvador), com uma generosidade e dedicação que se esperaria apenas de parceiros de trabalho ou amigos. O mesmo vale para Maurício Ruella, que começou a contribuir com este livro há quatro anos, quando me decidi a investigar as loucuras musicais dos Mutantes.

Sem a generosidade de alguns dos personagens deste livro, que se dispuseram a conceder várias e longas entrevistas, seria quase impossível narrar a história da Tropicália com um mínimo de precisão e riqueza de detalhes. Por isso, agradeço muito a Caetano Veloso, Gilberto Gil, Gal Costa, Tom Zé, José Carlos Capinan, Rogério Duprat, Rita Lee, Arnaldo Baptista e Sérgio Dias.

Por terem contribuído com valiosos depoimentos, também sou muito grato a Alberto Helena Jr., Ana Maria Silva de Araújo Duarte, André Midani, Antônio Peticov, Armando Pittigliani, Arnolpho Lima Filho (Liminha), Augusto de Campos, Carlos Fausto, Cynira Arruda, Chiquinho de Moraes, Cláudio Prado, Dedé Gadelha, Fernando Faro, Gisêlda Santos, Guilherme Araújo, Humberto Contardi, Jô Soares, Júlio Medaglia, Léa Millon, Luciano Figueiredo, Luís Tenório de Oliveira Lima, Manoel Barenbein, Marcos Lázaro, Maria Bethânia, Marisa Alvarez Lima, Nana Caymmi, Nelson Motta, Olivier Perroy, Oswaldo Schmiedel, Raphael Vilardi, Roberto Menescal, Rogério Duarte, Ronaldo Leme (Dinho), Ronnie Von, Sandra Gadelha, Solano Ribeiro, Suely Chagas, Tony Osanah, Tutty Moreno, Tuzé de Abreu, Vânia Alves, Willy Verdager e Zuza Homem de Melo.

Por facilitarem o acesso a materiais e informações, agradeço também ao Centro de Arte Hélio Oiticica, ao Museu da Imagem e do Som (São

Tropicália

303

Paulo), à Biblioteca Mário de Andrade, ao Banco de Dados da Folha de S. Paulo, ao departamento de Imprensa da Polygram, à Rádio Suíça Internacional e à Natasha Records.

Sou grato ainda, por vários motivos, a Annette Schwartsman, Armando Antenore, Bernardo Carvalho, Beth Cayres, Bety Serpa, Célia Brandão, Claudinê Gonçalves, Clélia Regina Ramos, Daisy Perelmutter, Connie Lopes, David Drew Zingg, Fernanda Scalzo, Genivaldo Araújo dos Santos, Guilherme Teixeira Wisnik, Isabel Levy, Isabela Faro de Oliveira Santos, Jacó Guinsburg, Jane Barbosa, Jeanne de Castro, João Máximo, José Miguel Wisnik, Luiz Schwarcz, Mara Gama, Márcia Cristina Cortez, Maria Lucia Barbosa, Mário Fernando Canivello, Mathilda Kóvak, Maurício Stycer, Monique Borges de Melo, Luís Cláudio Garrido, Luiz Calanca, Paulo Malta, Paulo Puterman, Pedro Franciosi, Regina Davidoff, Rita de Cássia, Ruy Moraes, Sebastião Marciano, Sérgio D'Ávila, Sérgio Martins, Sérgio de Oliveira, Sonia Mindlin, Teté Martinho e Waly Salomão. Minhas desculpas antecipadas àqueles que, por acaso, eu tenha esquecido de mencionar.

Finalmente, agradeço a Valéria (na verdade, a primeira desta lista) pelo carinho e apoio diários, além de sua enorme paciência.

BIBLIOGRAFIA

ANDRADE, Oswald de. *A utopia antropofágica*. São Paulo: Globo, 1990.

BAHIANA, Ana Maria, WISNIK, José Miguel e AUTRAN, Margarida. *Anos 70: música popular*. Rio de Janeiro: Europa, 1979.

BAHIANA, Ana Maria. *Nada será como antes: MPB nos anos 70*. Rio de Janeiro: Civilização Brasileira, 1980.

BUARQUE DE HOLLANDA, Chico. *Letra e música*. São Paulo: Companhia das Letras/MPM, 1989.

CALADO, Carlos. *A divina comédia dos Mutantes*. São Paulo: Editora 34, 1995.

CAMPOS, Augusto de. *Balanço da bossa e outras bossas*. São Paulo: Perspectiva, 1978.

CASTRO, Ruy. *Chega de saudade: a história e as histórias da bossa nova*. São Paulo: Companhia das Letras, 1990.

CHEDIAK, Almir. *Songbook Caetano Veloso*. 2 vols. Rio de Janeiro: Lumiar, 1989.

_____. *Songbook Gilberto Gil*. 2 vols. Rio de Janeiro: Lumiar, 1992.

_____. *Songbook Rita Lee*. 2 vols. Rio de Janeiro: Lumiar, 1990.

CLARK, Lygia e OITICICA, Hélio. *Cartas, 1964-1974*, organizado por Luciano Figueiredo. Rio de Janeiro: Editora UFRJ, 1996.

DOLABELA, Marcelo. *ABZ do rock brasileiro*. São Paulo: Estrela do Sul, 1987.

ECHEVERRIA, Regina Lico. *Furacão Elis*. São Paulo: Globo, 1994 (2ª ed. rev.).

FAVARETTO, Celso F. *Tropicália: Alegoria, Alegria*. São Paulo: Ateliê Editorial, 1996 (2ª ed. rev.).

_____. *A invenção de Hélio Oiticica*. São Paulo: Edusp, 1992.

FONSECA, Heber. *Caetano, esse cara*. Rio de Janeiro: Revan, 1993.

GALVÃO, Luiz. *Anos 70, novos e baianos*. São Paulo: Editora 34, 1997.

GIL, Gilberto. *Expresso 2222*, organizado por Antonio Risério. Rio de Janeiro: Corrupio, 1982.

_____. *Todas as letras*, organizado por Carlos Rennó. São Paulo: Companhia das Letras, 1996.

HOMEM DE MELLO, Zuza. *Música popular brasileira*. São Paulo: Edusp, 1976.

KRAUSCHE, Valter. *Música popular brasileira: da cultura de roda à música de massa*. São Paulo: Brasiliense, 1983.

LIMA, Marisa Alvarez. *Marginália: arte e cultura na idade da pedrada*. Rio de Janeiro: Salamandra, 1996.

LUCCHESI, Ivo e DIEGUEZ, Gilda Korff. *Caetano. Por que não?: uma viagem entre a aurora e a sombra*. Rio de Janeiro: Leviatã, 1993.

Tropicália

MACIEL, Luiz Carlos. *Geração em transe: memórias do tempo do tropicalismo*. Rio de Janeiro: Nova Fronteira, 1996.

MEDAGLIA, Júlio. *Música impopular*. São Paulo: Global, 1988.

MOTTA, Nelson. *Memória musical*. Porto Alegre: Sulina, 1990.

_____. *Música, humana música*. Rio de Janeiro: Salamandra, 1980.

NETO, Torquato. *Os últimos dias de paupéria*. São Paulo: Max Limonad, 1982 (2ª ed.).

OITICICA, Hélio. [Catálogo]. Rio de Janeiro: Centro de Arte Hélio Oiticica, 1996.

PAIANO, Enor. *Tropicalismo: bananas ao vento no coração do Brasil*. São Paulo: Scipione, 1996.

PECCI, João Carlos. *Toquinho: 30 anos de música*. São Paulo: Maltese, 1996.

RICARDO, Sérgio. *Quem quebrou meu violão*. Rio de Janeiro: Record, 1991.

RISÉRIO, Antonio. *Avant-garde na Bahia*. São Paulo: Instituto Lina Bo e P. M. Bardi, 1995.

RISÉRIO, Antonio e GIL, Gilberto. *O poético e o político e outros escritos*. Rio de Janeiro: Paz e Terra, 1988.

SALOMÃO, Waly. *Armarinho de miudezas*. Salvador: Fundação Casa de Jorge Amado, 1993.

_____. *Hélio Oiticica: qual é o parangolé*. Rio de Janeiro: Relume-Dumará, 1996.

SOUZA, Tárik de. *O som nosso de cada dia*. Porto Alegre: L&PM, 1983.

SOUZA, Tárik de e ANDREATO, Elifas. *Rostos e gostos da música popular brasileira*. Porto Alegre: L&PM, 1979.

TATIT, Luiz. *O cancionista: composição de canções no Brasil*. São Paulo: Edusp, 1996.

VASCONCELLOS, Gilberto. *Música popular: de olho na fresta*. Rio de Janeiro: Edições do Graal, 1977.

VELOSO, Caetano. *Alegria Alegria*, organizado por Waly Salomão. Rio de Janeiro: Pedra & Ronca, s.d.

VENTURA, Zuenir. *1968: o ano que não terminou*. Rio de Janeiro: Nova Fronteira, 1988.

VÁRIOS AUTORES. *Brasil musical*. Rio de Janeiro: Art Bureau, 1988.

_____. *Nova história da música popular brasileira*. São Paulo: Abril Cultural, 1978 (coleção).

_____. *Rock: a música do século XX*. Rio de Janeiro: Rio Gráfica, 1983 (2 vols.).

_____. *Tropicália 20 anos*. São Paulo: SESC, 1987.

Periódicos consultados

Aparte
Bondinho
A Cigarra
Contigo
Correio da Manhã
O Cruzeiro
O Dia
Diário da Noite
Diário de Minas
Diário de Notícias
Diário de São Paulo
O Estado de S. Paulo
Fatos & Fotos
O Fluminense
Folha da Tarde
Folha de S. Paulo
A Gazeta
Gazeta de Notícias
O Globo
Intervalo
Isto É
O Jornal
Jornal da Bahia
Jornal do Brasil
Jornal do Comércio
Jornal da Tarde
Jornal de Música
Luta Democrática
Manchete
Música
A Notícia
Notícias Populares
Pop
Realidade
Rock: A História e a Glória
Rolling Stone
O Sol
A Tarde
A Tribuna
Tribuna da Imprensa
Última Hora
Veja
Visão

DISCOGRAFIA BÁSICA

TROPICÁLIA OU PANIS ET CIRCENSIS (Philips, 1968)

1. *Miserere Nóbis* (Gilberto Gil/ Capinan)
com Gilberto Gil e Mutantes
2. *Coração Materno* (Vicente Celestino)
com Caetano Veloso
3. *Panis et Circenses* (Gilberto Gil/ Caetano Veloso)
com Mutantes
4. *Lindoneia* (Caetano Veloso/ Gilberto Gil)
com Nara Leão
5. *Parque Industrial* (Tom Zé)
com Tom Zé, Gilberto Gil, Caetano Veloso, Gal Costa e Mutantes
6. *Geleia Geral* (Gilberto Gil/ Torquato Neto)
com Gilberto Gil
7. *Baby* (Caetano Veloso)
com Gal Costa e Caetano Veloso
8. *Três Caravelas/ Las Tres Carabelas* (A. Algueró Jr./ G. Moreau/ versão: João de Barro)
com Caetano Veloso e Gilberto Gil
9. *Enquanto Seu Lobo Não Vem* (Caetano Veloso)
com Caetano Veloso
10. *Mamãe, Coragem* (Caetano Veloso/ Torquato Neto)
com Gal Costa
11. *Bat Macumba* (Gilberto Gil/ Caetano Veloso)
com Gilberto Gil e Mutantes
12. *Hino do Senhor do Bonfim* (João Antonio Wanderley)
com Caetano Veloso, Gilberto Gil, Gal Costa e Mutantes

Arranjos: Rogério Duprat
Direção de produção: Manoel Barenbein
Reedição em CD: 1993

CAETANO VELOSO (Philips, 1968)

1. *Tropicália*
2. *Clarice* (Caetano Veloso/ Capinan)
3. *No Dia em que Eu Vim Me Embora* (Caetano Veloso/ Gilberto Gil)
4. *Alegria, Alegria*
5. *Onde Andarás* (Caetano Veloso/ Ferreira Gullar)
6. *Anunciação* (Caetano Veloso/ Rogério Duarte)
7. *Superbacana*
8. *Paisagem Útil*
9. *Clara* (Perinho Albuquerque/ Caetano Veloso) com Gal Costa
10. *Soy Loco por Ti, América* (Gilberto Gil/ Capinan)
11. *Ave Maria*
12. *Eles* (Caetano Veloso/ Gilberto Gil)

Todas as canções, exceto as indicadas, são de autoria de Caetano Veloso
Arranjos: Júlio Medaglia, Sandino Hohagen e Damiano Cozzela
Direção de produção: Manoel Barenbein
Capa: Rogério Duarte
Reedição em CD: 1990

CAETANO VELOSO (Philips, 1969)

1. *Irene*
2. *The Empty Boat*
3. *Marinheiro Só* (adaptação e arranjo: Caetano Veloso)
4. *Lost in the Paradise*
5. *Atrás do Trio Elétrico*
6. *Os Argonautas*
7. *Carolina* (Chico Buarque)
8. *Cambalache* (E.S. Discépolo)
9. *Não Identificado*
10. *Chuvas de Verão* (Fernando Lobo)
11. *Acrilírico* (Caetano Veloso/ Rogério Duprat)
12. *Alfômega* (Gilberto Gil)

Todas as canções, exceto as indicadas, são de autoria de Caetano Veloso
Arranjos: Rogério Duprat
Direção de produção: Manoel Barenbein
Reedição em CD: 1990

CAETANO VELOSO (Famous/Philips, 1971)

1. *A Little More Blue*
2. *London, London*
3. *Maria Bethânia*
4. *If You Hold a Stone*
5. *Shoot Me Dead*
6. *In the Hot Sun of a Christmas Day* (Caetano Veloso/ Gilberto Gil)
7. *Asa Branca* (Luiz Gonzaga/ Humberto Teixeira)

Todas as canções, exceto as indicadas, são de autoria de Caetano Veloso
Arranjos de cordas: Phil Ryan
Produção: Lou Reizner e Ralph Mace
Reedição em CD: 1990

TRANSA (Famous/Philips, 1972)

1. *You Don't Know Me*
2. *Nine Out of Ten*
3. *Triste Bahia* (Gregório de Mattos/ Caetano Veloso)
4. *It's a Long Way*
5. *Mora na Filosofia* (Monsueto Menezes/ Arnaldo Passos)
6. *Neolithic Man*
7. *Nostalgia (That's What Rock 'n Roll Is All About)*

Todas as canções, exceto as indicadas, são de autoria de Caetano Veloso
Arranjos: Jards Macalé
Produção: Ralph Mace
Reedição em CD: 1990

ARAÇÁ AZUL (Philips, 1972)

1. *Viola, Meu Bem* (Anônimo) com Edith Oliveira
2. *De Conversa* (Caetano Veloso) *Cravo e Canela* (Milton Nascimento/ Ronaldo Bastos)
3. *Tu Me Acostumbraste* (F. Dominguez)
4. *Gilberto Misterioso* (Caetano Veloso/ Souzândrade)
5. *De Palavra em Palavra*
6. *De Cara* (Lanny Gordin/ Caetano Veloso) *Eu Quero essa Mulher* (Monsueto Menezes/ José Batista)
7. *Sugar Cane Fields Forever* com Edith Oliveira
8. *Júlia/ Moreno*
9. *Épico*
10. *Araçá Azul*

Todas as canções, exceto as indicadas, são de autoria de Caetano Veloso
Arranjo para orquestra: Rogério Duprat (em *Épico*)
Capa: Luciano Figueiredo e Oscar Ramos
Reedição em CD: 1990

GILBERTO GIL (Philips, 1968)

1. *Frevo Rasgado* (Gilberto Gil/ Bruno Ferreira)
2. *Coragem pra Suportar*
3. *Domingou* (Gilberto Gil/ Torquato Neto)
4. *Marginália II* (Gilberto Gil/ Torquato Neto)
5. *Pega a Voga Cabeludo* (Gilberto Gil/ Juan Arcon)
6. *Ele Falava Nisso Todo Dia*
7. *Procissão*
8. *Luzia Luluza*
9. *Pé da Roseira*
10. *Domingo no Parque*

Todas as canções, exceto as indicadas, são de autoria de Gilberto Gil
Arranjos: Rogério Duprat
Participação especial: Os Mutantes
Capa: Rogério Duarte, Antônio Dias e David Drew Zingg
Reedição em CD: 1993

GILBERTO GIL (Philips, 1969)

1. *Cérebro Eletrônico*
2. *Volks Volkswagen Blues*
3. *Aquele Abraço*
4. *17 Léguas e Meia* (Humberto Teixeira e Carlos Barroso)
5. *A Voz do Vivo* (Caetano Veloso)
6. *Vitrines*
7. *2001* (Rita Lee e Tom Zé)
8. *Futurível*
9. *Objeto Semi-Identificado* (Rogério Duarte/ Gilberto Gil/ Rogério Duprat)

Todas as canções, exceto as indicadas, são de autoria de Gilberto Gil
Arranjos: Rogério Duprat
Direção de produção: Manoel Barenbein
Reedição em CD: 1993

GILBERTO GIL (Famous/Philips, 1971)

1. *Nêga (Photograph Blues)*
2. *Can't Find My Way Home* (Steve Winwood)
3. *The Three Mushrooms* (Gilberto Gil e Jorge Mautner)
4. *Babylon* (Gilberto Gil e Jorge Mautner)
5. *Volkswagen Blues*
6. *Mamma*
7. *One O'Clock Last Morning, 20th April 1970*
8. *Crazy Pop Rock* (Gilberto Gil e Jorge Mautner)

Todas as canções, exceto as indicadas, são de autoria de Gilberto Gil
Produção: Ralph Mace
Reedição em CD: 1993

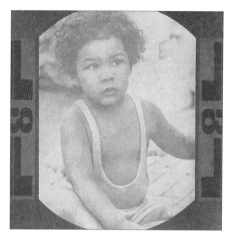

EXPRESSO 2222 (Philips, 1972)

1. *Pipoca Moderna* (Caetano Veloso/ Sebastião C. Biano)
com a Banda de Pífaros de Caruaru
2. *Back in Bahia*
3. *O Canto da Ema* (Ayres Viana/ Alventino Cavalcante/ João do Vale)
4. *Chiclete com Banana* (Gordurinha e Almira Castilho)
5. *Ele e Eu*
6. *Sai do Sereno* (Onildo Almeida)
7. *Expresso 2222*
8. *O Sonho Acabou*
9. *Oriente*

Todas as canções, exceto as indicadas, são de autoria de Gilberto Gil
Coordenação de produção: Roberto Menescal
Capa: Edinízio Ribeiro Primo
Reedição em CD: 1993

BARRA 69 (Philips, 1972)
Caetano Veloso e Gilberto Gil

1. *Cinema Olympia* (Caetano Veloso)
2. *Frevo Rasgado* (Gilberto Gil e Bruno Ferreira)
3. *Superbacana* (Caetano Veloso)
4. *Madalena* (Isidoro)
5. *Atrás do Trio Elétrico* (Caetano Veloso)
6. *Domingo no Parque* (Gilberto Gil)
7. *Alegria, Alegria* (Caetano Veloso)
   Hino do Esporte Clube Bahia
   Aquele Abraço (Gilberto Gil)

Gravado ao vivo, no Teatro Castro Alves de Salvador, em 20 e 21 de julho de 1969
Direção de produção: Nelson Motta
Capa: Luciano Figueiredo e Oscar Ramos
Reedição em CD: 1990

GAL COSTA (Philips, 1969)

1. *Não Identificado* (Caetano Veloso)
2. *Sebastiana* (Rosil Cavalcanti)
   com Gilberto Gil
3. *Lost in the Paradise* (Caetano Veloso)
4. *Namorinho de Portão* (Tom Zé)
   com Gilberto Gil
5. *Saudosismo* (Caetano Veloso)
6. *Se Você Pensa* (Roberto Carlos/ Erasmo Carlos)
7. *Vou Recomeçar* (Roberto Carlos/ Erasmo Carlos)
8. *Divino, Maravilhoso* (Gilberto Gil/ Caetano Veloso)
9. *Que Pena* (Jorge Ben)
   com Caetano Veloso
10. *Baby* (Caetano Veloso)
    com Caetano
11. *A Coisa Mais Linda Que Existe* (Gilberto Gil/ Torquato Neto)
12. *Deus É o Amor* (Jorge Ben)

Direção musical: Rogério Duprat
Direção de produção: Manoel Barenbein
Reedição em CD: 1993

GAL COSTA (Philips, 1969)

1. *Cinema Olympia* (Caetano Veloso)
2. *Tuareg* (Jorge Ben)
3. *Cultura e Civilização* (Gilberto Gil)
4. *País Tropical* (Jorge Ben)
   com Caetano e Gil
5. *Meu Nome É Gal* (Roberto Carlos/ Erasmo Carlos)
6. *Com Medo, Com Pedro* (Gilberto Gil)
7. *The Empty Boat* (Caetano Veloso)
   com Macalé
8. *Objeto Sim, Objeto Não* (Gilberto Gil)
9. *Pulsars e Quasars* (Macalé e Capinan)

Direção musical: Rogério Duprat
Direção de produção: Manoel Barenbein
Reedição em CD: 1993

LEGAL (Philips, 1970)
Gal Costa

1. *Eu Sou Terrível* (Roberto Carlos e Erasmo Carlos)
2. *Língua do P* (Gilberto Gil)
3. *Love, Try and Die* (Macalé/ Gal/ Lanny)
4. *Mini-Mistério* (Gilberto Gil)
5. *Acauã* (Zé Dantas)
6. *Hotel das Estrelas* (Macalé/ Duda)
7. *Deixa Sangrar* (Caetano Veloso)
8. *The Archaic Lonely Star Blues* (Macalé/ Duda)
9. *London, London* (Caetano Veloso)
10. *Falsa Baiana* (Geraldo Pereira)

Direção de produção: Manoel Barenbein
Arranjos de base: Lanny e Macalé
Arranjos de orquestra: Chiquinho de Moraes
Capa: Hélio Oiticica
Reedição em CD: 1993

GAL A TODO VAPOR (Philips, 1971)

1. *Fruta Gogoia* (Folclore baiano)
2. *Charles Anjo 45* (Jorge Ben)
3. *Como 2 e 2* (Caetano Veloso)
4. *Coração Vagabundo* (Caetano Veloso)
5. *Falsa Baiana* (Geraldo Pereira)
6. *Antonico* (Ismael Silva)
7. *Sua Estupidez* (Roberto Carlos/ Erasmo Carlos)
8. *Fruta Gogoia* (Folclore baiano)
9. *Vapor Barato* (Macalé/ Waly)
10. *Dê Um Rolê* (Moraes/ Galvão)
11. *Pérola Negra* (Luiz Melodia)
12. *Mal Secreto* (Waly/ Macalé)
13. *Como 2 e 2* (Caetano Veloso)
14. *Hotel das Estrelas* (Macalé/ Duda)
15. *Assum Preto* (Luiz Gonzaga/ Humberto Teixeira)
16. *Bota a Mão nas Cadeiras* (Folclore baiano)
17. *Maria Bethânia* (Caetano Veloso)
18. *Não se Esqueça de Mim* (Caetano Veloso)
19. *Luz do Sol* (Carlos Pinto/ Waly)

Direção de produção: Roberto Menescal
Arranjos: Lanny Gordin
Capa: Luciano Figueiredo e Oscar Ramos
Reedição em CD: 1993

OS MUTANTES (Polydor, 1968)

1. *Panis et Circensis* (Caetano Veloso/ Gilberto Gil)
2. *A Minha Menina* (Jorge Ben)
3. *O Relógio* (Os Mutantes)
4. *Adeus Maria Fulô* (Humberto Teixeira/ Sivuca)
5. *Baby* (Caetano Veloso)
6. *Senhor F* (Os Mutantes)
7. *Bat Macumba* (Gilberto Gil/ Caetano Veloso)
8. *Le Premier Bonheur du Jour* (Jean Renard/ Frank Gerald)
9. *Trem Fantasma* (Caetano Veloso/ Os Mutantes)
10. *Tempo no Tempo* (J. Philips/ versão: Os Mutantes)
11. *Ave Gengis Khan* (Os Mutantes)

Direção de produção: Manoel Barenbein
Arranjos: Rogério Duprat
Reedição em CD: 1992

MUTANTES (Polydor, 1969)

1. *Dom Quixote* (Arnaldo Baptista/ Rita Lee)
2. *Não Vá Se Perder Por Aí* (Raphael Vilardi/ Roberto Loyola)
3. *Dia 36* (Johnny Dandurand/ Mutantes)
4. *2001* (Rita Lee/ Tom Zé)
5. *Algo Mais* (Mutantes)
6. *Fuga n.º II* (Mutantes)
7. *Banho de Lua (Tintarella di Luna)* (B. de Filippi/ F. Migliacci/ Versão: Fred Jorge)
8. *Rita Lee* (Mutantes)
9. *Qualquer Bobagem* (Tom Zé/ Mutantes)
10. *Caminhante Noturno* (Mutantes)

Direção de produção: Manoel Barenbein
Arranjos: Rogério Duprat (arranjos)
Reedição em CD: 1992

Tropicália   317

A DIVINA COMÉDIA OU ANDO MEIO DESLIGADO (Polydor, 1970)
Mutantes

1. *Ando Meio Desligado* (Arnaldo Baptista/ Rita Lee/ Sérgio Dias)
2. *Quem Tem Medo de Brincar de Amor* (Arnaldo Baptista/ Rita Lee)
3. *Ave Lúcifer* (Arnaldo Baptista/ Rita Lee/ Élcio Decário)
4. *Desculpe, Babe* (Arnaldo Baptista/ Rita Lee)
5. *Meu Refrigerador Não Funciona* (Arnaldo Baptista/ Rita Lee/ Sérgio Dias)
6. *Hey Boy* (Arnaldo Baptista/ Élcio Decário)
7. *Preciso Urgentemente de Um Amigo* (Roberto Carlos/ Erasmo Carlos)
8. *Chão de Estrelas* (Orestes Barbosa/ Sílvio Caldas)
9. *Jogo de Calçada* (Wandler Cunha/ Ilton Oliveira/ Arnaldo Baptista)
10. *Haleluia* (Arnaldo Baptista)
11. *Oh! Mulher Infiel* (Arnaldo Baptista)

Direção de produção: Arnaldo Sacomani
Arranjos para orquestra: Rogério Duprat
Reedição em CD: 1992

TOM ZÉ (Rozenblit, 1968)

1. *São São Paulo*
2. *Curso Intensivo de Boas Maneiras*
3. *Glória*
4. *Namorinho de Portão*
5. *Catecismo, Creme Dental e Eu*
6. *Camelô*
7. *Não Buzine que Eu Estou Paquerando*
8. *Profissão de Ladrão*
9. *Sem Entrada e Sem Mais Nada*
10. *Parque Industrial*
11. *Quero Sambar, Meu Bem*
12. *Sabor de Burrice*

Arranjos: Sandino Hohagen e Damiano Cozzela

TOM ZÉ (RGE, 1970)

1. *Lá Vem a Onda* (Tom Zé/ Aderson Benvindo)
2. *Guindaste à Rigor*
3. *Distância* (Tom Zé/ J. Araújo/ L. Marques)
4. *Dulcineia Popular Brasileira*
5. *Qualquer Bobagem*(Tom Zé/ Mutantes)
6. *O Riso e a Faca*
7. *Jimmy, Renda-se*(Tom Zé/ Valdez)
8. *Me Dá, Me Dê, Me Diz*
9. *Passageiro*
10. *Escolinha de Robô*
11. *Jeitinho Dela*
12. *A Gravata*

Todas as canções, exceto as indicadas, são de autoria de Tom Zé
Arranjos: Chiquinho de Moraes, Lagna Fietta e Capacete
Direção de produção: João Araújo
Reedição em CD: 1994

NARA LEÃO (Philips, 1968)

1. *Lindoneia* (Caetano Veloso)
2. *Quem É* (Custódio Mesquita e Joracy Camargo)
3. *Donzela, Por Piedade Não Perturbes* (J. S. Arvelos)
4. *Mamãe Coragem* (Caetano Veloso e Torquato Neto)
5. *Anoiteceu* (Francis Hime/ Vinícius de Moraes)
6. *Modinha* (Villa-Lobos/ Manuel Bandeira)
7. *Infelizmente* (Lamartine Babo/ Ary Pavão)
8. *Um Chorinho Chamado Odeon* (Ernesto Nazareth/ Vinícius Moraes)
9. *Mulher* (Custódio Mesquita/ Sady Cabral)
10. *Medroso de Amor* (Alberto Nepomuceno/ Juvenal Galeno)
11. *Deus Vos Salve Esta Casa Santa* (Caetano Veloso/ Torquato Neto)
12. *Tema de "Os Inconfidentes"* (Cecília Meireles/ Chico Buarque)

Direção de produção: Manoel Barenbein

A BANDA TROPICALISTA DO DUPRAT (Philips, 1968)

1. *Judy in Disguise* (Fred/ Bernard/ Wessle)
2. *Honey/ Summer Rain* (B. Russell) (J. P. Hendricks)
3. *Canção Para Inglês Ver/ Chiquita Bacana* (Lamartine Babo) (João de Barro/ Alberto Ribeiro)
4. *Flying* (Lennon/ McCartney)
5. *The Rain, the Park and Other Things* (Kornfeld/ Dukoff)
6. *Canto Chorado/ Bom Tempo/ Lapinha* (Billy Branco) (C. Buarque) (Baden Powell/ P. C. Pinheiro)
7. *Chega de Saudade* (Tom Jobim/ Vinicius de Moraes)
8. *Baby* (Caetano Veloso)
9. *Cinderella Rockefella* (M. Williams)
10. *Ele Falava Nisso Todo Dia/ Bat Macumba* (Gilberto Gil) (G. Gil e C. Veloso)
11. *Lady Madona* (Lennon/ McCartney)
12. *Quem Será?* (Jair Amorim/ Evaldo Gouvêia)

Arranjos: Rogério Duprat
Participação especial: Os Mutantes
Direção de produção: Manoel Barenbein

OUTROS ÁLBUNS

MARIA BETHÂNIA (RCA, 1965)

1. *De Manhã* (Caetano Veloso)
2. *Só Eu Sei* (Batatinha/ J. Luna)
3. *Pombo-Correio* (Benedicto Lacerda/ Darcy de Oliveira)
4. *No Carnaval* (Caetano Veloso/ Jota)
5. *Nunca Mais* (Dorival Caymmi)
6. *Sol Negro* (Caetano Veloso) com Gal Costa e Macalé
7. *Missa Agrária* (C. Lyra/ G. Guarnieri) *Carcará* (João do Vale/ José Cândido)
8. *Anda Luzia* (João de Barro)
9. *Feitio de Oração* (Vadico/ Noel Rosa)
10. *Feiticeira* (N. N.)
11. *"X" do Problema* (Noel Rosa)
12. *Mora na Filosofia* (Arnaldo Passos/ Monsueto Menezes)

Produção e direção: Roberto Jorge
Arranjos: Maestro Cipó
Reedição em CD: 1996

LOUVAÇÃO (Philips, 1967)
Gilberto Gil

1. *Louvação* (Gilberto Gil/ Torquato Neto)
2. *Beira Mar* (Gilberto Gil/ Caetano Veloso)
3. *Lunik 9*
4. *Ensaio Geral*
5. *Maria*
6. *A Rua* (Gilberto Gil/ Torquato Neto)
7. *Roda* (Gilberto Gil/ João Augusto)
8. *Rancho da Rosa Encarnada* (Gilberto Gil/ Torquato Neto/ Geraldo Vandré)
9. *Viramundo* (Gilberto Gil/ Capinan)
10. *Mancada*
11. *Água de Meninos* (Gilberto Gil/ Capinan)
12. *Procissão*

Todas as canções, exceto as indicadas, são de autoria de Gilberto Gil
Reedição em CD: 1993

 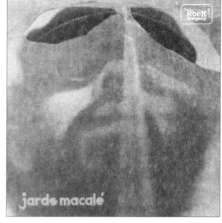

DOMINGO (Philips, 1967)
Caetano Veloso e Gal Costa

1. *Coração Vagabundo*
2. *Onde Eu Nasci Passa um Rio*
3. *Avarandado*
4. *Um Dia*
5. *Domingo*
6. *Nenhuma Dor*
7. *Candeias* (Edu Lobo)
8. *Remelexo*
9. *Minha Senhora* (Gilberto Gil/ Torquato Neto)
10. *Quem Me Dera*
11. *Maria Joana* (Sidney Miller)
12. *Zabelê* (Gilberto Gil/ Torquato Neto)

Todas as canções, exceto as indicadas, são de autoria de Caetano Veloso.
Produção: Dori Caymmi
Arranjos: Roberto Menescal, Francis Hime e Dori Caymmi
Reedição em CD: 1989

JARDS MACALÉ (Philips, 1972)

1. *Farinha do Desprezo* (Jards Macalé/ Capinan)
2. *Revendo Amigos* (Jards Macalé/ Waly Salomão)
3. *Mal Secreto* (Jards Macalé/ Waly Salomão)
4. *78 Rotações* (Jards Macalé/ Capinan)
5. *Movimento dos Barcos* (Jards Macalé/ Capinan)
6. *Meu Amor Me Agarra & Geme & Treme & Chora & Mata* (Jards Macalé/ Capinan)
7. *Let's Play That* (Jards Macalé/ Torquato Neto)
8. *Farrapo Humano* (Luiz Melodia)
A Morte (Gilberto Gil)
9. *Hotel das Estrelas* (Jards Macalé/ Duda)

Direção de produção: Guilherme Araújo
Arranjos: Jards Macalé, Lanny Gordin e Tutty Moreno
Capa: Luciano Figueiredo e Oscar Ramos

TORQUATO NETO (RioArte, 1985)
(compilação)

1. *Louvação* (Gilberto Gil e Torquato Neto) com Elis Regina e Jair Rodrigues
2. *Pra Dizer Adeus* (Edu Lobo e Torquato Neto) com Elis Regina
3. *A Rua* (Gilberto Gil/ Torquato Neto) com Gilberto Gil
4. *Vento de Maio* (Gilberto Gil e Torquato Neto) com Nara Leão
5. *Zabelê* (Gilberto Gil e Torquato Neto) com Gal Costa e Caetano Veloso
6. *Marginália II* (Gilberto Gil e Torquato Neto) com Gilberto Gil
7. *Geleia Geral* (Gilberto Gil e Torquato Neto) com Gilberto Gil
8. *Ai de Mim Copacabana* (Caetano Veloso/ Torquato Neto) com Caetano Veloso
9. *Mamãe Coragem* (Caetano Veloso/ Torquato Neto) com Gal Costa
10. *Deus Vos Salve a Casa Santa* (Caetano Veloso/ Torquato Neto) com Nara Leão
11. *Let's Play That* (Jards Macalé e Torquato Neto) com Macalé
12. *Três da Madrugada* (Carlos Pinto e Torquato Neto) com Gal Costa

Projeto: Centro de Cultura Alternativa
Capa: Ana Maria de Araújo Duarte

ÍNDICE REMISSIVO
Números em *itálico* referem-se às ilustrações

PESSOAS E CONJUNTOS

Abreu, Ester de, 28
Abreu, Gilda de, 175, 180, 211-2, 221
Abreu, Zequinha de, 32
Abujamra, Antônio, 234
Aguiar, Belina de, 44
Albuquerque, Moacyr, 281, 287
Alencar, César de, 28
Alencar, Martha, 142
Alf, Johnny, *54*
Almeida, Neville de, 267
Almeida, Aracy de, 24, 78, 190, 211
Alves, Antônio (Toinho), 97
Alves, Ataulfo, 38, 292
Amado, Jorge, 260
Amaral, Ricardo, 16, 229, 232
Andrade, Oswald de, 132, 142-3, *152*, 179, 184, 210, 215
Ângela Maria, 28, 48
Antônio Renato (ver Perna Fróes)
Aragão, Tereza, 141
Araújo, Guilherme, 62, 74-5, 88, 95, 97, 115, 120, 134, 138-9, 149-50, *155*, 157, 162, 180-1, 186-7, *191*, 196, 199, 201, *214*, 215-6, 218, 223, 234, 238, 242, 244, 248, 264, 267, 270, 282, 292
Araújo, João, 94, *174*
Arnaldo (Baptista), 126, *127*, 128-9, 136, 205, 218-9, 226, 242, 244, 265
Arruda, Ana, 142
Assis, Chico de, 141, 199, 207, *209*, 222-3
Autran, Paulo, 77, 104
Azevedo, João Augusto, 50, 59
Babo, Lamartine, *54*, 299
Banda de Pífaros de Caruaru, 97-99, 290
Baptista, Clarisse Leite Dias, 128

Baptista, Cláudio César Dias, 244
Barcelos, Manuel, 28
Bardi, Lina Bo, 34
Barenbein, Manoel, 159, 162, 172, 194-5, *214*, *217*, *225*, *256*
Barreto, Luís Carlos, 162
Barros, Nelson Lins de, 114
Barros, Théo de, 87, 122
Bastos, Othon, *50*
Batista, Dircinha, 28, 31, 48
Batista, Linda, *174*, 215
Batista, Wilson, 60
Becker, Cacilda, 225-6, 236
Ben, Jorge, 133, 185, 190, *191*, 215, 239, 265, 288
Bittencourt, Sérgio, 182
Bivar, Antônio, 271, 274
Blota Júnior, 118, 140-1, 147, 156
Boal, Augusto, 66, 70, *73*, 75, 86, 138, 203
Bob Nelson, 35
Bonett, Chris, 281, 283
Boni, Regina, 222, 231, 257
Borba, Emilinha, 32, 196
Borghi, Renato, 136, 184, *202*
Bôscoli, Ronaldo, 51, 99, 119
Brandão, Arnaldo, 278
Brandão, Yulo, 44, 172
Bressane, Júlio, 280, 292
Brito, Clodoaldo (Codó), 47
Buarque de Hollanda, Chico, 71, 86, 91, 102-3, 11-2, 118-9, 123, 139, *144*, 146-7, 149, 151, 153, 163, *174*, 178, 183-5, *202*, 220, 234, 255, 257, 265, 292, 302-3
Cabral, Sady, 217
Cabral, Sérgio, 145, 227, 230, 254
Calazans Neto, 63
Caldas, Sílvio, 35, 63, 254

Tropicália   325

Callado, Antônio, 16
Câmara, Isabel, 146
Camargo, Hebe, 132, 141, 154
Campos, Augusto de, 171, 187, *200*, 202, 205, 225, 264, 287, 298
Campos, Haroldo de, 172, 296
Capinan, José Carlos, 44, *80*, 83, 85-6, 100, 102, *144*, 147, 151, 164, 173, *174*, 184, 187, 189, 196, 198, 200, 205, 215, 269, 296, 301
Capovilla, Maurice, 227
Cara de Cavalo, 169, 188, 231, 233
Cardim, Telé, 246
Cardoso, Elizeth, 78, 81, 111, 114, 214
Cardoso, Ivan, 296
Cardoso, Lindembergue, 44
Carlos Fernando, 101
Carvalho, Beth, 230
Carvalho, Paulinho Machado de, 11, 117, 149, 157, 190-1, 238
Castro, Renato Corrêa de, 220
Castro, Tarso de, 268
Cavalcanti, Flávio, 157, 178, 193, 223
Cavalcanti, Péricles, 183, 221, 247, 283, 286
Caymmi, Dori, 94, 96, 98-100, 169, *174*
Caymmi, Dorival, 24, 36, 62, 81, *96*, 141, 147, 194, 301
Caymmi, Nana, 100, *101*, 110, 121, 126, 138, 145, 149, 183, 192, *202*
Celestino, Vicente, 24, 173, 175, 180, 192, 195, 198, 207, 211-2, 238
Chacon, Alex, 78, 85
Chacrinha, *103*, 104, 145, 186, *189*, 190, 192, 198-9, 201, 210-1, 238, 242, 297
Chagas, Walmor, 204, *206*
Chico Anysio, 29, 141
Clodovil, 238
Coqueijo, Carlos, 47, *52*, 56, 72, 74
Corrêa, Djalma, 52
Corrêa, José Celso Martinez, 132, *133*, 180, 187, *191*, *202*, 292
Cortez, Raul, 204, *206*
Costa Filho, César, 226
Cotrim, Paulo, 223
Cozzela, Damiano, 123, 160, 265
Curi, Ivon, 28
Dahl, Gustavo, 173, 180

Dale, Lennie, *106*, 110, 204, *206*, 223
Dandurand, Johnny, *217*, 218, 225, 230
De Kalafe, 210
Dedé (Gadelha), 16, 47-8, 50, 68, *69*, 70, 72, 74, 77-8, 89, 90, 93, 104, 114, 142, 150, 152-3, *154*, 155, 157, 168-9, 180-1, *182*, 192, *202*, 211-2, 218, 223, 238, 240-1, *255*, 267, 270, *271*, 272, 274-6, 283, 294
Denner, 112
Dias, Antônio, 170, 175, 180
Diegues, Cacá, 173, 179, 230, 292
Diniz, Leila, 226
Dirceu, 137, 163, 167, 172
Dom Pepe, 16
Dona Beth, 90
Duarte, Rogério, 90, *92*, 93, 104, 134, 170, 180, 183, 258, 264, 270
Dupin, Hugo, 178
Duprat, Régis, 123
Duprat, Rogério, 123, *124*, 126, 137, 147, 170, *171*, 180, 192-4, 196, 204, 207, *209*, 210, 213, *214*, 216, 218, 226-7, 242, 256, 260, 265, 267, *269*, 283, 294
Duran, Dolores, 28
Edinízio (Ribeiro Primo), 221
Elis Regina, 68, 82, *83*, 87, 107-8, *111*, 145, 229, 232, 298
Erasmo Carlos, 82, 94, 112, 141, 268, 298
Faria, Betty, 90
Faro, Fernando, 234, 284
Fernandes, José, 178
Fernandes, Millôr, 204
Figueiredo, Abelardo, 120
Figueiredo, Luciano, 286
Fortuna, Perfeito, 12
Francis, Paulo, 12
Franco, Walter, 294, 299
Freire, Paulo, 50
Freire, Roberto, 141, 251
Gal (Maria da Graça Costa Penna Burgos), *46*, 47, 49, *51*, 68, 70-2, *73*, 74-5, *86*, 90, 96-8, *101*, 102, 115, 117, 119, 125, 135, 139, 175, 181, 195, *206*, *209*, 218, 226, 232-3, *245*, 246-8, 251, *252*, *254*, 260, 276, 284, *285*, 287, *289*, 292, 298-301

Galvão, Luiz, 261
Garcia, Isaurinha, 28, 67
Gauss, Rogério, 163, 172
Gerchman, Rubens, 195
Gil, Gilberto (Gilberto Passos Gil
 Moreira), 9-16, 18-9, *20*, 23-5, 29, *30*,
 31-2, *33*, 40, 42-5, *51*, 52, 54, *59*,
 67-8, 71, *73*, 75, 79, *80*, 82, *83*, 84-5,
 87, 94-100, *101*, 102, 107-10, *111*,
 112, 117, *118*, 121-3, 125-7, 129,
 130, 131, 134, 136-8, 143, 145, 147,
 149-50, *151*, 152-3, 159-60, *161*, 162,
 167, 170, 172, 178, 180-1, 184-7,
 190, *191*, 194-5, 199, *200*, 201, *202*,
 204, *206*, 207, *209*, 210-13, 215-6,
 219, *220*, 222-3, 225, 229-30, 232-5,
 238, 240, 242, *243*, 244, 250-1, *252*,
 253, *254*, 255-6, *257*, 258, 260-1,
 262, *263*, 264-5, *266*, 267-8, *269*,
 270, 272, *273*, 274, 276-7, *278*, 279,
 281, 286, 288, *289*, 290-2, *296*,
 297-8, 300
Gil, Pedro, 272, 276, 277, 288
Gilberto, Bebel, 72
Gilberto, João, 23-4, *25*, 32, 36, 42, 44-5,
 47, *56*, 72, 74, 94, 120, 160, 162, 167,
 169, 198, 229, 283-4, *285*, 287, 298
Gladys, Maria, 89-90, *278*
Golias, Ronald, 129
Gonçalves, Eros Martim, 35
Gonçalves, Martim, 91
Gonçalves, Nelson, 26, 120, 160, 192
Gonzaga, Luiz, 31, 40, 48, 258, 272, 288
Graciano, Clóvis, 122
Gracindo, Paulo, 28
Grande Otelo, 211
Guarabira, Gutemberg, 90
Guarnieri, Gianfrancesco, *59*, 70, 82, 169
Guerra, Ademar, 204
Guerra, Ruy, 79
Guimarães, Álvaro, 36, 38, *45*
Guizer, Ismael, 204
Gullar, Ferreira, 12, 93, 141, 160
Halfoun, Eli, 145, 207, 250
Harris, Anita, 229
Henfil, 142
Hime, Francis, 94, 98, 100, 136, *174*
Hirszman, Leon, 230

Hohagen, Sandino, 123, 160, *265*
Horta, Toninho, 298
Hungria, Júlio, 288
Imperial, Carlos, 114-5, 137
Jabor, Arnaldo, 173, 230
Jackson do Pandeiro, 40
Jaguar, 292
Jardel Filho, 104
Jardim, Reynaldo, 142
Jô Soares, 129, 210, 251
Jobim, Tom, 23, 44, *52*, *54*, *59*, *95*, 117,
 174, 175, 227
Jorginho, 261
Joyce, 168, 229
Juca Chaves, 138, *235*
Juliano, Randal, 15-16, 233
Koellreutter, Hans Joachim, 34, 42
Lamarca, Carlos, 19
Lamenha, Sílvio, 74
Leão, Nara, 45, 59-62, *63*, 64, *65*, 77,
 82, 87, 109-10, *111*, 112, 139,*161*,
 181, 196, 199, 204, *206*, *209*, 213,
 214, 215, 218, 241, *252*
Leif's, 261
Leme, Ronaldo (Dinho), 229
Lennon, John, 15, 272, 290
Lewgoy, José, 104
Lilico, 13, 261
Lima Jr., Valter, 180
Lima, Helena de, 74
Lima, Luís Tenório de Oliveira, 183
Lima, Marisa Alvarez, 93, 184
Liminha, 205, *243*
Lispector, Clarice, 36
Lobo, Edu, 70-1, 77, 82, 85, 87, 94-5,
 98, 108, 110, 143, *144*, 145, 147, 149,
 151, *174*, 178, 250
Lobo, Fernando, 142, 260
Lona, Fernando, 45, *46*, *52*, *54*
Luiz Melodia, 299
Luz, Alcyvando, 45, *46*, *52*, *54*, 57
Lyra, Carlos, 44, *52*, *59*, 178
Macalé, Jards, 15, *76*, *235*, 265, 281,
 292, 298
Mace, Ralph, 277, 287-8
Machado, Duda, 70, 104, 238, 287
Maciel, Luiz Carlos, 37, 268
Magalhães, Aloísio, 91

Tropicália

327

Maranhão, 141, 199, 222-3
Marcondes, Geni, 64
Maria Bethânia, 27, 38, *39*, 50, 52, *58*,
    60, 62-3, *65*, 66, 69, *73*, 75, 76, *95*,
    100, *111*, 115, 134, 169, 194, 207,
    223, 287, 300
Maria Odete, 78, 87
Mário Cravo, 91
Marisa Gata Mansa, 70
Marlene, 28, 31, 48
Martinha, 82
Martinho da Vila, 288
Martins, João Carlos, 250
Marzagão, Augusto, 225-6
Marzo, Cláudio, 90
Mautner, Jorge, 267, 279, 299
Maysa, 23
Medaglia, Júlio, 123, 160, 163, 167, 180,
    249, 250, 255, 283
Medalha, Marília, 100, 110, *144*, 145,
    147, *151*
Melo Neto, João Cabral de, 36
Mendes, Cassiano Gabus, 234, 250
Mendes, Gilberto, 123
Mendes, Sérgio, 59, 270, 272, 281
Menescal, Roberto, 44, 47, 77, 94
Midani, André, 175, 196, 256, 268, 290,
    301
Miéle, 107
Miller, Sidney, 94, 98, 114, 137, *174*
Millon, Léa, 274
Miranda, Carmen, 135, 181, 184
Mister Eco, 142, 181
Miúcha, 72
Monsueto, 59, 62, 282, 294
Monte, Heraldo do, 122
Monteiro, Cyro, 235
Moraes, Chiquinho de, 126
Moraes, Suzana de, 64
Moraes, Vinicius de, 52, 54, 59, 62, 136,
    174, 213
Moreira, Airto, 122-3
Moreira, Moraes, 260
Moreno, Tutty, 281, 287, *289*
Motta, Chico, 32, 69
Motta, Nelson, 100, 158, 173, *174*, 176,
    178-80, 183-5, 190, 207, 219, 232-3,
    250

Moya, Álvaro, 284
MPB-4, 90, 112, 115, *144*, 145
Muniz, Maria, 45, 52
Murilo, Sérgio, 233
Mutantes, 11, 15, 123, 126, *127*, 128,
    131, 136, 141, 143, 147, 159, 170,
    172, 183, 187, 190, 194-5, 205, *206*,
    209, 210-11, 216, *217*, *220*, 221-3,
    225, 227, 230, *231*, 232-4, 238,
    240-1, *243*, 246-8, *252*, 255, 258,
    268, 270, 284, 299-300
Nascimento, Milton, 142, 229, 294, 298
Nazareth, Ernesto, 213
Ney Matogrosso, 205, 299
Ney, Nora, 28
Novos Baianos, 261, 292, 298
O'Seis, 128
Oiticica, Hélio, 91, 162-4, *166*, 173, 184,
    190, 229, 231-2, 267, 292-3
Oliveira, Aloysio de, 57, 62, 74, 84, 100
Oliveira, Dalva de, 48, 67, 211
Oliveira, Edith, 294
Oliveira, José Carlos, 232, 250
Oliveira, Willy Corrêa de, 123
Osanah, Tony, 255
Palmari, Roberto, 210
Panicalli, Lyrio, 223
Paraná, Luiz Carlos, 145
Pascoal, Hermeto, 32, 126, 294
Paula, José Agrippino de, 104, 134, 183
Paulinho Boca de Cantor, 261
Paulinho da Viola, 90, 98, 102, *174*, *202*,
    235, 287-8
Peixoto, Cauby, 28
Pepeu, 261
Pereira, Cyro, 136
Perna Fróes, 52, *46*
Perroy, Olivier, 196
Pérsia, Miriam, 90
Peticov, Antônio, 181, 267, 270
Petrovich, Carlos, 50, *51*
Pignatari, Décio, 120, 122, 126, 169,
    196, *200*, 204, 222, 286, 298, 301
Pinho, Roberto, 78
Piti, 71, *73*
Pittman, Eliana, 204, *206*
Ponte Preta, Stanislaw (Sérgio Pôrto),
    157, 187

Pontes, Paulo, 64
Powell, Baden, 178
Prado, Cláudio, 267, 270
Prado, Sérgio, 267, 270
Quarteto Novo, 122
Quinteto Violado, 97
Ramos, Oscar, 286
Rangan, Lívio, 190, 201
Ribeiro, Solano, 77, 137
Ribeiro, Sônia, 114, 137, 139, *249*
Rita (Lee), 126, *127*, 128-9, *130*, 136,
   161, 195-6, 205, 218-9, 226, 242-4,
   246-8, 260, 267, 300
Roberto Carlos, 82, 93, *103*, 104, 107,
   110-12, *118*, 120,128, 135, 145, 160,
   181, 235, 264, 268, 287, 298
Rocha, Glauber, 34, 42, 87, *92*, *96*, 108,
   138, 180, 184, 235, 258, 299
Rodrigues, Jair, 84, 87, 107-8, *111*,
   136-7
Rodrigues, Nelson, 37, 142, 180
Ronnie Von, 128, 137
Rosa, Noel, 24, 36, 52, 54, 59-60, 299
Rudzka, Yanka, 34
Sá, Wanda, 47, 95, 229-30
Salomão, Waly, 183, 238, 286-7, 292, 299
Sandra (Gadelha), 9, 15, 19, 74, 150,
   223, 238, 255, 257, 261, 267-8, 270,
   271, 272, 274, 276-7, 288
Santana, Roberto, 45, 59
Santoro, Claudio, 250
Santos, Benil, 275
Santos, Cléber, 89
Santos, Edgard, 34-5
Santos, Jorge, 23, 43-4
Santos, Walter, 137
Sarno, Geraldo, 81
Segall, Lasar, 142
Senna, Orlando, 38, 45, 59, 81
Serginho (Dias), 126, *127*, 128-9, *130*,
   136, 170, 172, *214*, 218-9, 226, 242
Sérgio Ricardo, 98-100, 109, 141, 143,
   145, *146*, 147, 246, 250
Sganzerla, Rogério, 253, 267, 292
Silva, Abel, 90
Silva, Agostinho da, 35
Silva, Ana Maria, 78, *80*
Silva, Ismael, 287

Silva, Orlando, 31, *56*, *96*, 181
Silveira, Ênio, 11
Simonal, Wilson, 77, 107, 264
Sivuca, 32
Smetak, Anton Walter, 34
Soares, Claudete, 210
Sobrinho, José Bonifácio de Oliveira, 223
Solnado, Raul, 267
Sousa, Áureo de, 282, 287
Spencer, Nilda, 60
Sued, Ibrahim, 192
Tagliaferro, Magdalena, 128
Taiguara, 68
Tamba Trio, *56*, 100
Tavares, Heckel, *59*
Telles, Sylvia, 77, 85
Tim Maia, 129
Tiso, Wagner, 298
Tom Zé (Antônio José Santana Martins),
   38, *39*, 40, *41*, 44-5, 54, 71, *73*, 81,
   95, 119, 138, 183, 194, 196, 210-11,
   235, 242-4, 246-8, *249*, 250, *252*,
   258, 264-5, 267, 283, *296*, 300
Toni, Olivier, 123
Toquinho, 90, 100, 110, 115, 117, 159
Torquato Neto (Torquato Pereira de
   Araújo Neto), 78, *80*, 82, 94, 96-7,
   100, 112, 114, 134, 142, 153, 172,
   174, 180-1, 183, 190, 194, 201, 207,
   221, 235, 264, 291, *293*, 297
Toyu, 120, *155*
Travesso, Nilton, 113
Tuca, 100, *174*
Vale, João do, 64, *65*, 66, *75*, 109
Valente, Assis, 250-1
Vanderley, Nancy, 29
Vandré, Geraldo, 52, 79, 81, 87, *96*, *106*,
   107-8, 110-13, 137, 139, 141, 149,
   193, 219, 226-7
Vasconcelos, Naná, 97
Velloso, Rodrigo, 24, *27*, *51*, *69*, *271*
Veloso, Caetano, 9-13, 15-9, *20*, 23-4,
   26, *27*, 28-9, 32, 34-8, *39*, 40, 45, 47,
   48, 50, *51*, 52, 54, 56, 59-62, 66-72,
   69, *73*, *75*, 77-9, *80*, 85, *86*, 87-90,
   92-6, 98-9, *101*, 102, 104-5, 108-10,
   112-15, *116*, 117, 119-22, 126, 131-9,
   140, 141-3, 145, 147, *148*, 149-50,

Tropicália   329

151, 152-3, *154*, 155, *156*, 157-60, *161*, 162-3, 165, *166*, 167-70, 172-3, *174*, 178-81, *182*, 183, 185-7, *189*, 190, *191*, 192-5, 198-9, *200*, 201, *202*, 204-5, *206*, 207, *209*, 210-13, 215-16, *217*, 218-19, *220*, 221-3, 225-6, 229-30, *231*, 232-5, 238, *239*, 240-2, 244, 246, 250-1, 253, *254*, 255-6, *257*, 258, *259*, 260-1, *262*, *263*, 264-5, 267-8, *269*, 270, *271*, 272, 274-7, 279, *280*, 281-4, *285*, 286-92, 294-5, *296*, 297-8, 301
Ventura, Zuenir, 233

Verger, Pierre, 34
Vianna Filho, Oduvaldo (Vianinha), 64, 93, 95
Wanderléa, 82, 264
Widmer, Ernest, 40
Willie, 121
Zé do Caixão, 180
Zé Kéti, 54, 59-60, 64, *65*, 66, 90, 109, 112, *174*
Zé Vicente, 267
Zeloni, 129
Zimbo Trio, 56, 68, 110
Zingg, David Drew, 170, 229

MÚSICAS

A Little More Blue, 279
Acender as Velas, 59
Acrilírico, 260
Adeus Batucada, 276
Água de Beber, 52
Alegria, Alegria, 120, 121, 138-41, 143
All the Way, 194
Amor em Paz, O, 54
Ando Meio Desligado, 205,
Antonico, 286
Aos Pés da Cruz, 56
Aquarela do Brasil, 282
Aquele Abraço, 257, 261, 290
Argonautas, Os, 260
Aroeira, 106, 110
Asa Branca, 272, 279, 284
Astronauta Libertado, 244
Atrás do Trio Elétrico, 260
Avarandado, 94, 117
Ave Maria, 128
Baby, 192-3, 235, 264
Babylon, 279
Back in Bahia, 290
Banda, A, 82, 87, 119, 135
Batmacumba, 230, 235
Beira-Mar, 96
Bem Bom no Tom, 52
Benvinda, 250
Beto Bom de Bola, 141, 143
Bim-Bom, 42, 287
Boa Palavra, 78, 167
Boas Festas, 250
Bom Dia, 102, 126
Bossa 2000 D.C., 52
Cambalache, 260
Caminhando (Pra Não Dizer que Não Falei de Flores), 219
Caminhante Noturno, 219, 226-7, 265
Can't Find My Way Home, 279
Canção do Cangaceiro que Viu a Lua Cor de Sangue, 141
Candeias, 94
Capoeirada, 141
Carcará, 64, 66, 66, 68-9, 75
Carolina, 258
Cavaleiro, 70, 95
Cérebro Eletrônico, 14, 258
Chão de Estrelas, 59, 250
Chega de Saudade, 23, 124, 54, 56, 284
Chuvas de Verão, 260
Clara, 160
Clarice, 169
Clever Boy Samba, 54, 70, 119
Coisa Mais Linda que Existe, A, 264
Combatente, 137
Coração Materno, 173, 195, 207, 211
Coração Vagabundo, 94-5
Corcovado, 74
Cravo e Canela, 294
Crazy Pop Rock, 279
Crepúsculo, 52
Dança da Rosa, 223
De Conversa, 294
De Manhã, 62, 68-70, 77
De Noite na Cama, 284
De Palavra em Palavra, 294
Debaixo dos Caracóis dos Seus Cabelos, 268
Desafinado, 23, 284
Deus Vos Salve Esta Casa Santa, 213
17 Léguas e Meia, 258
Dia da Graça, 250
Dia, Um, 87, 95, 167, 275
Disparada, 87
Divino, Maravilhoso, 234, 244-5, 248, 250, 264
Diz Que Fui Por Aí, 54
2001, 242-4, 248, 250, 258, 265
Dom Quixote, 242, 247, 265
Domingo no Parque, 9, 121-3, 126, 129-31, 136-7, 143, 145, 147, 149, 159, 167, 170, 207, 213, 241, 260, 297
Donzela, Por Piedade Não Perturbes, 213
Dora, 169
Duas Contas, 54
Dúzia de Rosas, Uma, 137
É de Manhã, 52, 60
É Luxo Só, 56
É Proibido Proibir, 11, 216, 218-21, 225-6, 233, 235
Ébrio, O, 173, 212
Empty Boat, The, 260
Ensaio Geral, 87

Tropicália

Estrada e o Violeiro, A, 137, 143
Eu Quero Essa Mulher, 294
Eu Vim da Bahia, 67, 95
Falsa Baiana, 284, 287
Favela, 59
Feitio de Oração, 54
Felicidade Vem Depois, 44
Felicidade, A, 59
Fim-de-Semana em Eldorado, 54
Foi Ela, 59
Futurível, 13-14
Gabriela, 141, 143, 222
Geleia Geral, 9, 194, 198
Girl, 128
Glória, 265
Golden Slumbers, 298
Gosto Que Me Enrosco, 56
Gotham City, 265, 282
Guarany, O, 194
Hey Jude, 17
Hino Nacional Brasileiro, 16, 194, 232-3
Hotel das Estrelas, 287
If You Hold a Stone, 279
In the Hot Sun of a Christmas Day, 279
Irene, 17
João Valentão, 52
Ladainha, 82
Leão Está Solto nas Ruas, Um, 235
London, London, 275, 278-9
Lost in the Paradise, 264
Louvação, 82, 96, 172
Lunik 9, 96
Luta Contra a Lata ou a Falência do Café, A, 235
Mágica, 205, 265
Mamãe Coragem, 213
Mandem Flores para o Brasil, 212
Mangueira, 74
Marcha da Quarta-Feira de Cinzas, 52
Marcianita, 233, 260
Marginália 2, 172
Maria Betânia, 26
Maria Joana, 94
Maria Tristeza, 44, 52
Maria, Carnaval e Cinzas, 145
Marselhesa, 233
Marta Saré, 250
Meu Barracão, 59

Meu Bem, 128
Meu Luar, Minhas Canções, 44
Minha Senhora, 94, 100
Miserere Nobis, 211
Mora na Filosofia, 62, 282
Morena Boca de Ouro, 24, 56
Moreninha, 138
Morro, O, 59
Mulher, 213
Na Baixa do Sapateiro, 54
Na Cadência do Samba, 38
Nada de Novo, 287
Namorinho de Portão, 264-5
Não Buzine que Eu Estou Paquerando, 265
Não Cole Cartaz em Mim, 292
Não Identificado, 260, 264
Não Posso Mais Dizer Adeus, 52
Nas Curvas da Estrada de Santos, 268
Nêga (Photograph Blues), 279
Objeto Semi-Identificado, 258
Odeon, 213
Onde Andarás, 160
Onde Eu Nasci Passa Um Rio, 87
Oriente, 290
Paisagem Útil, 102
Panis et Circensis, 195
Para Lennon & McCartney, 298
Parque Industrial, 194
Pata Pata, 194
Pega a Voga, Cabeludo, 172
Pérola Negra, 287
Pipoca Moderna, 290
Pobre Menina, 172
Pode Vir Quente que Eu Estou Fervendo, 155
Ponteio,143-5
Pra Que Mentir, 112
Premier Bonheur du Jour, Le, 196
Procissão, 9, 83, 172
Profissão de Ladrão, 138
Qualquer Bobagem, 265
Querem Acabar Comigo, 94, 112
Quero que Vá Tudo Pro Inferno, 94
Questão de Ordem, 216, 219-20, 230, 232
Rampa para o Fracasso, 38
Rancho da Rosa Encarnada, 96, 112

Remelexo, 94
Roda, 67, 96, 107, 172
Roda Viva, 143-4, 173, 250
Rosa, 54
Rosa Morena, 56
Rua, A, 96
Sabiá, 227
Sai do Sereno, 290
Samba Ainda Sem Nome, 52
Samba de Maria, 136
Samba Moleque, 52
São São Paulo, Meu Amor, 244, 247-9, 265
Saudade da Bahia, 284
Saudosismo, 229, 232, 235, 264, 284
Saveiros, 100
Se Você Disser, 44
Sebastiana, 264
Serenata de Teleco-teco, 44
Sim, Foi Você, 47, 54, 95
Sol Negro, 52, 54
Sonhei Que Tu Estavas Tão Linda, 54
Sonho Acabou, O, 290
Soy Loco por Ti, América, 160, 178

Stella by Starlight, 120
Strange Fruit, 70
Strawberry Fields Forever, 98
Superbacana, 160, 178, 180, 260
Three Mushrooms, The, 279
Tico-Tico no Fubá, 32
Três Apitos, 24
Tropicália, 162-3, 167-9, 172-3, 178-9, 183, 185-6, 192, 260
Tua Presença, A, 284
Última Valsa, A, 258
Último Desejo, O, 60
Upa Neguinho, 87
Vagamente, 47
Vapor Barato, 287
Ventania, 141
Viramundo, 96
Vitrines, 14
Volks Volkswagem Blue, 258
Volta Amanhã, 139
Vontade de Amar, 44
X do Problema, O, 52
Yes, Nós Temos Bananas, 186
Zabelê, 94

CRÉDITO DAS FOTOGRAFIAS

Ademar Veneziano/Abril Imagens: p. 63
Agência Estado: pp. 106, 111a, 111b, 118, 130, 144, 146, 191b, 200, 206a, 214a, 220b, 252b, 259, 285a
Aldir Tavares/Abril Imagens: p. 101a
Arquivo Fã-Clube Ovelha Negra: p. 243
Arquivo IDART: pp. 58, 65, 133
Arquivo pessoal Clara Velloso: p. 46
Arquivo pessoal Gal Costa: p. 49
Arquivo pessoal Gilberto Gil: pp. 30, 33a, 33b, 80b, 206b, 266, 278
Arquivo pessoal Mabel Velloso: pp. 27a, 27b, 69b
Arquivo pessoal Maria Sampaio: pp. 39a, 53, 55, 69a, 83b, 86, 176, 177, 263, 285b
Arquivo pessoal Rita Lee: p. 127a
Arquivo pessoal Rodrigo Velloso: pp. 51, 271
Arquivo pessoal Rogério Duprat: pp. 124, 214b, 257a, 269b
Arquivo pessoal Tom Zé: pp. 39b, 39c, 41, 73, 249
Arquivo pessoal Tutty Moreno: p. 289b
Carlos Motta/Abril Imagens: p. 252a
Centro de Artes Hélio Oiticica: 8, 20, 164, 166, 293
Cristiano Mascaro/Abril Imagens: p. 171
Cristina Granato: p. 296
Cynira Arruda/Abril Imagens: p. 254
Folha Imagem: pp. 208, 217, 220a
J. Ferreira da Silva/Abril Imagens: p. 101b
Manchete Press: pp. 21, 116, 148, 151, 154, 156, 161a, 182a, 191a, 202, 231b, 262, 269a, 273, 289a
Maria Sampaio: p. 280
Paulo Salomão/Abril Imagens: pp. 83a, 103, 140, 161b, 182b, 236, 239, 245
Reprodução: pp. 25, 76, 80a, 92b, 127b, 174, 188, 197, 224, 228, 231a, 257b
Reprodução Revista *A Cigarra*: p. 92a

Todos os esforços possíveis foram feitos para se determinar a autoria das fotos usadas neste livro. Uma vez localizados os fotógrafos, a editora imediatamente se dispõe a creditá-los nas próximas edições.

Este livro foi composto em Sabon,
pela Bracher & Malta, com CTP da
New Print e impressão da Graphium
em papel Alta Alvura 90 g/m² da Cia.
Suzano de Papel e Celulose para a
Editora 34, em janeiro de 2025.